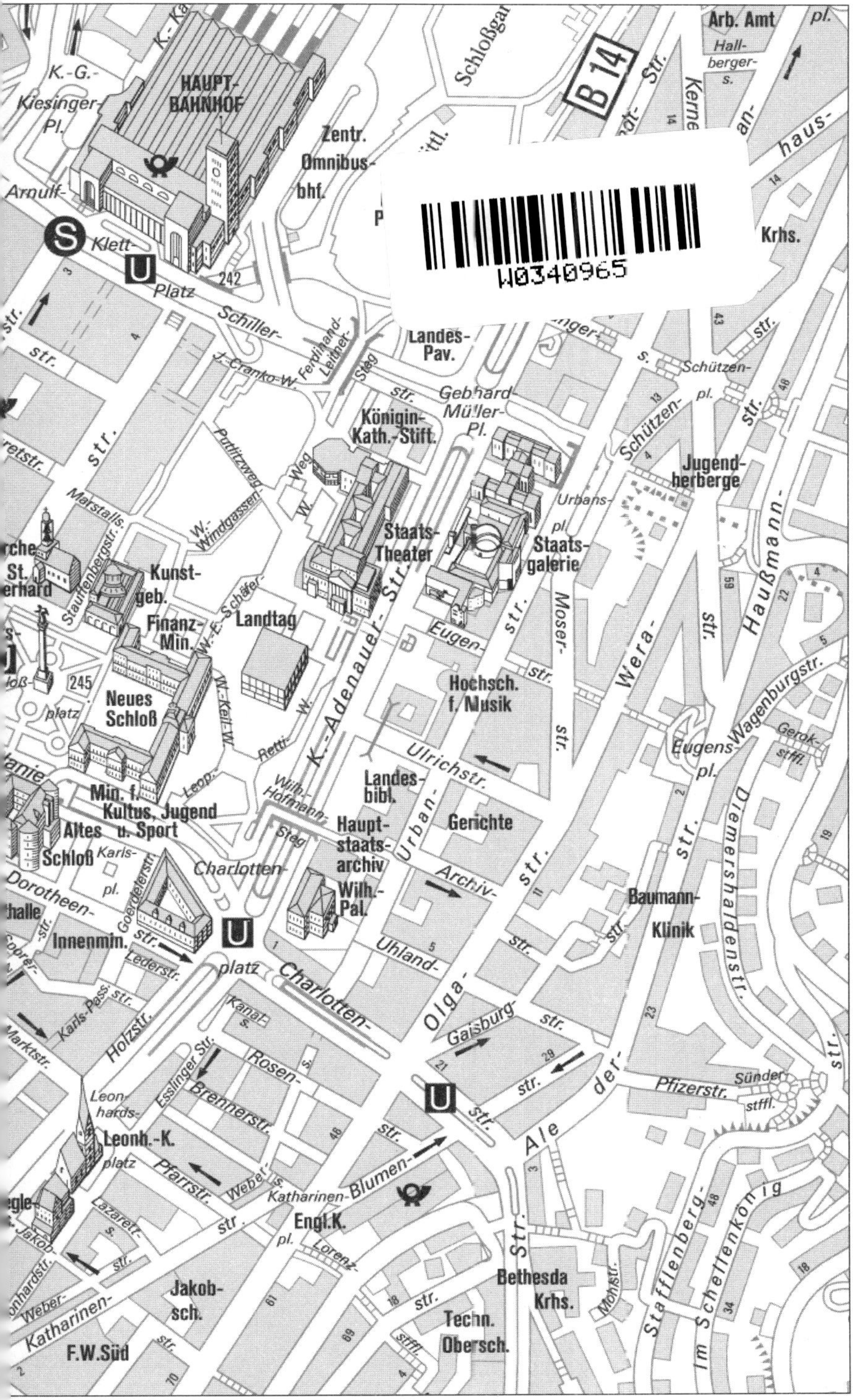

HAUPT-
BAHNHOF
K.-G.-
Kiesinger-
Pl.
Arnulf-
Klett-
Platz
242
Zentr.
Omnibus-
bhf.
Schloßgar
B 14
Arb. Amt
Hall-
berger-
s.
Kerne
haus-
Krhs.
Schiller-
J.-Cranko-W.
Ferdinand-
Leitner-
Steg
Landes-
Pav.
Gebhard-
Müller-
Pl.
Königin-
Kath.-Stift.
Schützen-
pl.
Schützen-
Jugend-
herberge
Urbans-
pl.
Staats-
Theater
Staats-
galerie
Potlitzweg
W.-
Windgassen-
Marstalls.
Staufenbergstr.
Kirche
St.
Eberhard
Kunst-
geb.
Finanz-
Min.
W.-E.-Schäfer-
Landtag
K.-Adenauer-
Str.
Eugen-
str.
Moser-
str.
Wera-
str.
Haußmann-
Wagenburgstr.
Gerok-
stffl.
Eugens-
pl.
245
Neues
Schloß
W.-Keil-W.
Retti-
Hochsch.
f. Musik
Ulrichstr.
Landes-
bibl.
Urban-
Gerichte
Min. f.
Kultus, Jugend
u. Sport
Leop.
Wilh.-
Hofmann-
Steg
Haupt-
staats-
archiv
Altes
Schloß
Karls-
pl.
Charlotten-
Archiv-
Wilh.-
Pal.
Baumann-
Klinik
Diemershaldenstr.
Dorotheen-
Goerdelerstr.
Innenmin.
str.
Ledererstr.
platz
Charlotten-
Uhland-
Olga-
Karls-Pass.
Holzstr.
Kanal-
s.
Rosen-
Gaisburg-
str.
Marktstr.
Esslinger Str.
Brennerstr.
Alexander-
Pfizerstr.
Sünder-
stffl.
Leon-
hards-
Leonh.-K.
platz
Pfarrstr.
Weber-
Katharinen-
Blumen-
str.
Stafflenberg-
Im Schellenkönig
Lazarett-
Jakob-
Engl.K.
pl.
Lorenz-
Bethesda
Krhs.
Mohlstr.
Jakob-
sch.
Katharinen-
Weber-
Techn.
Obersch.
F.W.Süd

→ Irene Ferchl

Stuttgart

Literarische Wegmarken in der Bücherstadt

Klett-Cotta

→ Inhalt

»Bin ich des Vergnügens wegen nach Stuttgart?« 7

»Fürstin der Heimath – nimm freundlich den Fremdling mir auf« 10

Durch die Innenstadt und die Jahrhunderte

»Weil hier gute Köpfe aller Art und Handthierung sich zusammenfinden« 34

Die Hohe Carlsschule, der Cotta-Verlag und die Gesellschaft um 1800

»Sein Heil auch einmal in der Hauptstadt zu probiren« 72

Auf den Spuren von Eduard Mörike, Wilhelm Raabe, Hermann und Isolde Kurz

»Wir sind eben aus Stuttgart in die frische Neckarluft herübergesiedelt« 104

Bad Cannstatt als international renommierter Kurort

»Eine Lage, wie sie schöner nicht gedacht werden kann« 126

Ein Rundgang vom Charlottenplatz über die Höhen des Gänsheideviertels

»Was aber bleibet, stiften die Wirte« 152

Flanieren im Bohnenviertel und in der Esslinger Vorstadt

»Jene erste Anstrengung, über den Rand seines Napfes herauszugucken« 170

Vom Tagblatt-Turm über den Hoppenlau-Friedhof und den Bahnhof zur Weissenhofsiedlung

»Daß Stuttgart eines Tages nur ein Ort meiner Füße gewesen sein wird« 200

Als Stuttgart „Schule" machte: Süddeutscher Rundfunk, Universität und Buchhandlung Niedlich

Dank 226

Quellennachweis und Literaturverzeichnis 227

Bildnachweis 234

Ausstellungen und Öffnungszeiten 235

Hinweis auf Spaziergänge 235

Register der wichtigsten Personen, Buchhandlungen und Verlage 236

Register der literarischen Orte und Straßen 239

→ »Bin ich des Vergnügens wegen nach Stuttgart?«

Eine „Bücherstadt ohne Literatur" sei Stuttgart, behauptete Theodor Heuss 1933:

Beim Überdenken der schwäbischen Geistesgeschichte begegnet man plötzlich der Entdeckung, daß Stuttgart nicht ganz die zentrale Stellung eingenommen hat, die ihm sonst zukommt. Die Geniestatistik des Landes, eifrig gepflegt, gibt nur den Hegel her; von den Talenten kommt einem der biedere Gustav Schwab, der unbiedere Georg Herwegh in den Sinn. Dann ist Schluß. Das besagt ja nun weiter nichts. Doch hat die Stadt keine ihr eigentümliche geistig-literarische Kontinuität geschaffen, und das ist fast merkwürdig. Natürlich bedeutete Cotta als Mittelpunkt sehr viel, wie denn das Verlagswesen bis in unsere Tage eine Kette starker Erscheinungen wachsen ließ, aber etwa der spezifische Stuttgarter Klassizismus war dünn, die Romantik hatte ihre Herbergen in Tübingen und Weinsberg; daß Raabe und der alte Freiligrath einige Zeit hier wohnten, ist nicht viel mehr als literaturhistorische Anekdote.

Damit sind bereits die bestimmenden Töne der öffentlichen Meinung angeschlagen, und die Fraktionen der Lokalpatrioten und Nestflüchter können ihre Positionen beziehen.

Ein öder Ort sei Stuttgart, grämlich und eng, beklemmend und überhaupt ein Jammertal; aus einem Kessel kann man eben nicht hinausgucken. Hielt nicht schon Wilhelm Ludwig Weckherlin im 18. Jahrhundert Manieren und Lebensart der Bewohner für ungebildet, für katzbuckelnd und unhöflich? Es gibt von ihnen nur zwei Kategorien, grob und saugrob, meinte Alfred Andersch, und Friedrich Theodor Vischer brachte es auf den knappen Nenner: „Talent bleibt latent". Kein Wunder, daß alle Intellektuellen Stuttgart möglichst schnell wieder verlassen hätten. Wenn sie nicht gar vertrieben wurden wie Friedrich Schiller und Hermann Lenz. Hat es irgendein Dichter auf Dauer ausgehalten? Selbst der begeisterte Stadtspaziergänger Heißenbüttel war, kaum im Ruhestand, schon weggezogen. Nirgends auf der Welt habe er sich so fehl am Platz gefühlt, sagte Peter Handke, und Käte Hamburger meinte, das beste an Stuttgart sei die Nähe zu Marbach ...

Aber es gibt andere Stimmen. Hat nicht Goethe sich mit den Worten verabschiedet, er habe Tage erlebt, wie vordem in Rom? Schwärmte nicht Ludwig Börne, der kaum des Vergnügens wegen kam, von Stuttgarts Herrlichkeit, rief nicht Joachim Ringelnatz, es sei ein Paris gegen dieses Scheißmünchen? Nikolaus Lenau wußte – jedenfalls bei seinem ersten Besuch – keinen Ort, wo er lieber sein wollte, und Max Ophüls schrieb, er liebe Stuttgart sehr: „Es ist zwischen gemütlichen Hügeln gebaut, und die Wälder und die Weinberge reichen bis in die Geschäftsstraßen." Ähnlich formulierte es Jean Améry: „Warum nicht nach Stuttgart? Dort hat sich angenehm Provinzielles schwäbisch-gediegen erhalten, auch greift schön die Landschaft hinein in die Stadt, die ihrerseits sich hinaufbewegt in die Hügel, so daß man niemals genau weiß, wo Stuttgart beginnt und wo das Land endet."

Immerhin fällt auf, daß längere Aufenthalte das anfänglich positive Urteil ins Negative wenden – außer bei Jean Paul, dem Stuttgart „je länger, je lieber" wurde, und der meinte, die guten Menschen könnten ja nichts für die Nässe und Glut, die ihm so vieles verdarben. Nun sind Literaten sensible Leute und leiden schon in jungen Jahren unter dem Klima, etwa Max Goldt: „Wenn man in Stuttgart ankommt, ist man sofort völlig verklebt. Es ist unermeßlich stickig dort. Nie spürt man den leisesten Lufthauch. In Stuttgart zu wohnen muß sein, wie in einem riesigen Kübel mit kochender Marmelade zu leben."

Was dem einen das Schlaraffenland, ist dem anderen die Hölle oder das Nichts. „Wenn man die breiten Straßen, die stattlichen Häuser erblickt, glaubt man Wunder was erwarten zu dürfen; klopft man dann aber an, so ist Nichts zu Hause", wunderte sich

Friedrich Hebbel, und anderthalb Jahrhunderte später dichtete Samuel Beckett über das Nichts in der Neckarstraße.

Es sind wenige Topoi, die immer wiederholt werden. Auf der Haben-Seite zählt dazu die topographische Lage, wegen der Alexander von Humboldt Stuttgart zu den sieben schönsten Städten der Welt gezählt haben soll, und die Christian Wagner zu seiner begeisterten Einschätzung als einem schwäbischen Florenz brachte. Karl Gerok prägte gerührt das Bild von einem güldenen Kleinod, in Samt gebreitet, während Thaddäus Troll dialektisch geschult von einer „Nachtschönheit ohne Nachtleben" sprach.

An Kneipen fehle es vor allem, analysierte vor ein paar Jahren ein Verleger, nur deshalb sei Stuttgart keine Literaturstadt. Therese Huber wiederum sah zu viele verhockte Wirtshauskreise oder geschlossene Zirkel und zu wenig literarische Öffentlichkeit, kein geselliges Gespräch über neue Bücher, Theaterstücke, Kunstwerke. Doch Wilhelm Raabe erinnerte sich, nachdem er Stuttgart längst wieder verlassen hatte, an „ein Litteraturleben im besten Sinne".

Es sei einfach ein historisches Phänomen, daß Künstler immer verprellt würden, behauptete Reinhard Döhl. Und Peter Härtling ergänzte, es hängt immer von den Leuten ab, die grade da sind, „allerdings besteht die Neigung, daß Leute, die da sind, niedergebügelt werden". Aber ob das nun spezifisch stuttgarterisch ist?

Der Streit, ob Stuttgart jemals eine Stadt für Autoren und Literatur war oder überhaupt sein kann – mal witziges Geplänkel, mal polemische Auseinandersetzung –, wird sich schwerlich schlichten lassen. Immerhin ist von vielen Schriftstellern und wenigen Schriftstellerinnen eine Menge geschrieben worden, was die Lektüre lohnt. Und mit etwas Mühe lassen sich Lebensspuren finden und Wegmarken setzen, ja man kann sogar zeitgenössischen Literaten begegnen – auf Spaziergängen in der Bücherstadt.

→ »Fürstin der Heimath, nimm freundlich den Fremdling mir auf!«

Durch die Innenstadt und die Jahrhunderte

Erster Spaziergang: Königstraße – Schloßplatz – Planie – Dorotheenstraße – Bärenstraße – Marktplatz – Lange Straße – Eberhardstraße

Aber indeß wir schaun und die mächtige Freude durchwandeln,
Fliehet der Weg und der Tag uns, wie den Trunkenen, hin.
Denn mit heiligem Laub umkränzt erhebet die Stadt schon
Die gepriesene, dort leuchtend ihr priesterlich Haupt.
Herrlich steht sie und hält den Rebenstab und die Tanne
Hoch in die seeligen purpurnen Wolken empor.
Sei uns hold! dem Gast und dem Sohn, o Fürstin der Heimath!
Glükliches Stutgard, nimm freundlich den Fremdling mir auf!
Immer hast du Gesang mit Flöten und Saiten gebilligt,
Wie ich glaub' und des Lieds kindlich Geschwätz und der Mühn
Süße Vergessenheit bei gegenwärtigem Geiste,
Drum erfreuest du auch gerne den Sängern das Herz.
Aber ihr, ihr Größeren auch, ihr Frohen, die allzeit
Leben und walten, erkannt, oder gewaltiger auch,
Wenn ihr wirket und schafft in heiliger Nacht und allein herrscht
Und allmächtig empor ziehet ein ahnendes Volk,
Bis die Jünglinge sich der Väter droben erinnern,
Mündig und hell vor euch steht der besonnene Mensch –

In seiner Elegie auf Stuttgart präsentiert Friedrich Hölderlin (1770–1843) die Stadt einem Freund, dem Homburger Dichter Siegfried Schmid, als einen Ort inmitten reizvoller Landschaft, gastfreundlich, fruchtbar und zukunftsverheißend.

Im Juni 1800 zog Hölderlin in das Haus des befreundeten

← **Alter Bahnhof in der Schloßstraße**

Kaufmanns Christian Landauer in der Gymnasiumstraße 1 mitten im Zentrum, das ihm ein Zuhause und anregende Geselligkeit bot. „Mein Logis und die Aufnahme in meines Freundes Hauße fand ich ganz nach meinem Wunsche", schrieb Hölderlin an seine Mutter, „überhaupt haben mich meine alten Bekannten so gutmüthig empfangen, daß ich wohl hoffen darf, hier eine Zeit im Frieden zu leben, und ungestörter, als bisher, mein Tagewerk thun zu können". Dies bestand im Unterrichten der Landauerschen Kinder und gelegentlichen Privatlektionen in Philosophie, vor allem aber entstanden in diesen Monaten viele der großen Gedichte, „Der Neckar", „Der Gang aufs Land", „Brod und Wein" und eben auch „Stutgard". Es ist für ihn nicht mehr die früher verhaßte, verachtete Residenzstadt, sondern ein offener Saal, ein glänzendes Tal, ein gesunder Garten – dies alles verläßt der immer rastlose, oft schwermütige Hölderlin freilich schon im Januar 1801, um in Hauptwil im Thurgau eine neue Hofmeisterstelle anzutreten.

Zwei Jahrhunderte später erzählt Hanns-Josef Ortheil in seinem Buch *Blauer Weg* (1996) von der alten Dame M. und ihrer Hölderlin-Lektüre bei einem Besuch in seinem Gartenhaus. Es liegt an jenem Fußweg, der sich auf halber Höhe über dem Stuttgarter Tal entlangwindet, einem verborgenen, geradewegs „ins Blau der Ferne, des Meeres oder des Südens" führenden Weg.

Schon seit langem hat sie ein gewisses Vergnügen an der Lage der Stadt, vor allem an dem Hügelkranz, der die Talsohle einfaßt, so daß wir uns meist auf den Höhen aufhalten.
M. begeistert sich an den alten Stadtperspektiven, die sie in einem historischen Stuttgart-Buch gefunden hat, wir sind lange dabei, diese Perspektiven wieder zu suchen, den genauen Standort des Malers, die Abweichungen. M. will die Innenstadt, mit ihren Kaufhäusern und Fußgängerzonen, nicht sehen. Sie setzt sich die Umgebung aus lauter Bildern zusammen, die den Eindruck erwecken, die Stadt sei noch immer das ländliche Paradies des achtzehnten Jahrhunderts, als Hölderlin schrieb vom „glüklichen Stutgard". [...]

M., die noch nie länger in Hölderlins Gedichten gelesen hat, weil sie ihr zu dunkel und ‚umwegig' vorkamen, sitzt in diesen Tagen auf der Terrasse des Gartenhauses und liest immer wieder in Hölderlins „Stutgard"-Hymne. Wenn sie müde wird, legt sie die Brille beiseite und schaut ins Tal, als könnte der Blick in die Ferne sie das Begreifen der Verse lehren. Nach einer Weile, auch das lange Schauen scheint noch nicht geholfen zu haben, macht sie sich an eine Arbeit. Sie holt ein großes Bündel Spargel aus der Küche und fängt an, die dicken Stangen zu schälen. Sie scheint aber mit etwas anderem beschäftigt, obwohl sie mit der Arbeit gut und flüssig vorankommt. Jedenfalls legt sie das Schälmesser plötzlich wieder zur Seite und geht nach drinnen, um einen Feldstecher zu holen. Dann sitzt sie erneut eine Weile und mustert die ferne Stadt, in dem sie die Einstellung des Glases immer neu variiert.
Als ich sie frage, was sie sucht, antwortet sie, daß sie den blinden Fleck im Weichbild der Stadt suche, ihrem Sitz auf der Terrasse dieses Gartenhauses in Stuttgart gegenüber. Irgendwo dort, in der dunstigen Ferne, könne es doch einen Garten geben wie diesen, der ihr vielleicht die Illusion verschaffen könne, Hölderlins Elysium gefunden zu haben.

Am schönsten sieht die Welt von halber Höhe aus, meinte Friedrich Nietzsche, und das gilt besonders für Stuttgart, wie eine Fülle von Aussprüchen Durchreisender und Einheimischer beweist. Ob Christian Wagner, der zu Fuß von Warmbronn kommend die Hasenbergsteige hinunterlief und das ihm zu Füßen liegende Stuttgart „Schwäbisches Firenze" nannte (um dann in der „Spanischen Weinstube" in der Charlottenstraße einzukehren); ob Gustav Schwab, der sich in einem Gedicht fragt „Welch ein Tal aus fernen Landen / Ist vor meinem Blick erstanden?", ob Hermann Lenz, der in der Birkenwaldstraße wohnte und auch auf seinen Spaziergängen immer wieder die reinere Luft und die weiten Blicke von oben schätzte, ob Friedrich Wolf in der Zeppelinstraße, Friedrich Wilhelm Hackländer auf der Gänsheide, Alfred Andersch in der Grünewaldstraße, Georg von der Vring am Weißenhof, Max Bense in der Alten Weinsteige; sobald die Höhenlagen bebaut wurden, siedelte – wer es sich denn leisten konnte – nicht mehr im Talkessel.

Dort wurden zu Beginn des 20. Jahrhunderts Türme und Hochhäuser errichtet, um – wie ein Bonmot behauptet – über den Rand des Napfes hinaussehen zu können. Oder, wie Willi Baumeister 1929 vermutete, „zur Orientierung in der Stadt der prozentual meisten Autos Deutschlands. Dieser Tatsache entsprechend, soll die **Königstraße** auf Wunsch der Selbstfahrer zur Rennbahn freigegeben werden". Wie wir wissen, kam es anders, die Verkehrsschneisen verlaufen parallel und schotten ein Stück Innenstadt ab – was früher die Funktion der Stadtmauer war. „Großer Graben" hieß die Königstraße bis 1811, als sie unter König Friedrich bis zur heutigen Schillerstraße verlängert, dort mit einem Königstor begrenzt, und auf ihrer südlichen Seite mit dem Marstall bebaut wurde. Damit es möglichst schnell ging, erhielt Nikolaus von Thouret den Auftrag, den auf der Solitude errichteten Marstall einschließlich der (Eberhards-)Kirche dort oben Stein für Stein abzutragen und in die Königstraße zu versetzen.

Von der einstigen Prachtstraße ist heute nichts mehr zu sehen, wie Klaus Harpprecht 1977 nach einem nächtlichen Gang durch die Innenstadt beklagt:

Die Straßen verödet wie in Cleveland / Ohio oder Denver / Colorado auch. Banken, Warenhäuser, Bürosilos wie überall sonst. Die Architektur, die moderne, nicht besser, kaum schlechter als anderswo; es scheint das Geschick moderner Baukunst zu sein, daß sich das Experiment – als Konvention adaptiert – allzu rasch in einer gähnenden Mittelmäßigkeit niederschlägt. […]
Wenn es der Wunsch war, uns so gründlich wie möglich zu amerikanisieren, dann unterlagen wir einem grotesken Mißverständnis. Die transatlantischen Vettern schüttelten ihre Geschichte niemals ab, als sei sie ein alter, schmutziger Lappen. Wir „bewältigten" die Vergangenheit, indem wir uns ihrer

radikal und bequem zugleich zu entledigen suchten.
Aber sie kehrt unaufhaltsam zurück. Das Neue von 1960 ist schon Vergangenheit, die sich häßlich und aufdringlich als Gegenwart breitmacht – und die werden wir so rasch nicht wieder los. Es ist nicht ausgeschlossen, daß zwischen konservativer Landesgesinnung – ein merkwürdig unhistorischer, kurzatmiger Konservativismus (eher ein Beharrungswille, der sich im Augenblick festgräbt) – und der demonstrativen Beseitigung der Geschichte ein Zusammenhang besteht. [...] Für Stuttgart gilt gewiß, was man im „Europäischen Jahr des Denkmalschutzes" (der Titel: eine Proklamation des schlechten Gewissens) für die gesamte Bundesrepublik notierte: daß durch den sogenannten Wiederaufbau zwei Drittel mehr an historischen Bauten als durch den Bombenkrieg zerstört wurden.

Königstraße

Warum die Königstraße trotz zunehmender urbaner Verödung so belebt ist? Glaubt man Helmut Heißenbüttel, hat es mit der

Schwerkraft zu tun: am tiefsten Punkt der Stadt sammelt sich der Verkehr, und seit die Autos verbannt und die Straßenbahnen unter die Erde gelegt sind, liegt im Gebiet zwischen Wilhelmsbau und Bahnhof das eigentliche Revier der Fußgänger. Als zentrale Achse ist die Königstraße die kürzeste Verbindung zweier Punkte, Ausweichquartier für den Wochenmarkt, vielleicht noch Korso des Wirtschaftslebens, aber gewiß nicht mehr der „Hauptpulsaderstrom" der Stadt. Als solchen hatte Eduard Paulus sie in seinem spöttischen Gedicht „Meine Straße" bezeichnet und gereimt: „Königstraße, meine Wonne / O was wär' ich ohne dich / Auf dein Pflaster scheint die Sonne, / Wenn es noch so winterlich." Er zählt auf, wer ihm alles begegnet, schöne Kinder, ferne Dichter, Redakteure, der eigene Verleger. Fehlt nur einer, der vielleicht Ende des 19. Jahrhunderts, zu Paulus' Zeit, schon ausgestorben war, ein von Carl Theodor Griesinger entdeckter Typus.

Der Königsstraßenlöwe führt diesen Namen, weil er tagtäglich etliche Stunden in der Königsstraße zu Stuttgart auf- und abpromeniert und weil er den andern Männern gegenüber das ist, was der Löwe gegenüber den andern Tieren. [...]
Wie alt er ist, ob fünfundzwanzig oder dreißig oder gar vierzig, kann ich leider nicht angeben, und zwar einfach deswegen, weil er nie älter wird, als er gestern oder vorgestern oder auch vor einem Jahr war. Ebenso unnennbar wie sein Alter ist seine Taille; ja diese ist sogar undenkbar, denn sie geht über alle Begriffe. Um so sicherer dagegen scheint es, daß sein prächtiger Frackrock über der Brust sowie sein Beinkleid da, wo sonst die Waden sitzen, etwelche Watte erhalten hat; und als ganz zweifellos kann es gelten, daß sein Atem wenigstens zur Hälfte dem echten Eau de Cologne sein Dasein zu verdanken hat. Im linken Auge trägt er stets einen „Zwicker", vermittelst dessen er mit großer Verachtung auf die übrige Welt herabsieht, und über den Lippen thront ein Schnurrbart, wie kein anderer Mensch in der Welt einen besitzt; sein ganzes Aussehen aber ist der Art, daß ein fremder Dandy unwillkürlich stehenbleibt und ausruft: „exquisit auf Parole!"

Keine Frage, daß der Königstraßenlöwe unendlich viele Bekanntschaften hat, „namentlich unter der Damenwelt, und ‚Schönheiten' gibts eigentlich gar keine, mit denen er nicht aufs genaueste liiert wäre".

Wer mit wem gesehen wird, wer wen nicht mehr grüßt – eine Fülle solcher Begebenheiten sind durch alle Zeiten in der Königstraße zu lokalisieren. Hier waren die noblen Läden und Cafés, hier sind noch die Kinos und Kaufhäuser, hier war und ist der Ort für Demonstrationen jeglicher Art.

Allerdings kann man sich heute nur noch schwer vorstellen, wie viele Wohnhäuser und Verlagsgebäude (von Cotta, Franckh, Elben, Hallberger) einmal standen, wie viele Paläste und andere repräsentative Bauten, von der „Landschaft" oder der Calwer Compagnie, Attraktionen wie der Große und Kleine Bazar. In den zwanziger Jahren des 19. Jahrhunderts zeigten die Brüder Sulpiz und Melchior Boisserée im Offiziers-Pavillon Königstraße 12 ihre Sammlung niederländischer und altdeutscher Gemälde, die mangels Stuttgarter Interesses den Grundstock der Alten Pinakothek in München bildet. Später war etwa an derselben Stelle die Königliche Kunstgewerbeschule, die der aus Calw stammende Maler und Schriftsteller Rudolf Schlichter (1890–1955) als 17jähriger besuchte, bevor er nach Karlsruhe und dann nach Berlin ging. Von 1936 bis 1938 lebte er wieder in Stuttgart in der Neuen Weinsteige 5, malte sein berühmtestes Bild gegen den Terror, „Blinde Macht", und stellte in den Räumen der Privatkunstsammlung von Hugo Borst im Gähkopf aus. Nachdem er erst aus der Reichskammer der Bildenden Künste ausgeschlossen und wegen „unnationalsozialistischer Lebensführung" drei Monate inhaftiert worden war, verließ Schlichter die „Stuttgarter Gestapoatmosphäre" in Richtung München. Ein in diesen Jahren entstandenes langes Gedicht mit dem Titel „Stuttgart" thematisiert die Diskrepanz zwischen der landschaftlichen Schönheit einerseits, der „Bürger Kleinmut, kahlen Geiz und kalte Gier" andererseits und beschwört in einem alptraumhaften Szenario die Spaltung der schwäbischen Seele.

In der Königstraße gab es zahlreiche Buchhandlungen, auch

(bis 1990) Weise's Hofbuchhandlung, die in der Literaturgeschichte eine gewisse Rolle spielt, weil Peter Altenberg im Winter 1880/81 dort als Lehrling schuftete; er mußte, so will es die Überlieferung, in einem dunklen, von Gaslicht notdürftig erhellten Raum Bücher und Zeitschriften sortieren. Eigentlich schlenderte er lieber in der schönen Umgebung der Stadt herum oder ging tanzen … Ob er sich schon als so junger Mann in Cafés wie dem „Café Marquardt"(früher „Hermann", später „Bechtel") aufzuhalten pflegte, das an der Ecke zum Schloßplatz, in der ehemaligen Danneckerei, beliebter Treffpunkt der Reisenden und Flaneure war?

Gegenüber lag das berühmte „Hotel Marquardt", in dem prominente Persönlichkeiten aus Politik, Wirtschaft und Kultur abzusteigen pflegten. Von der einstigen Pracht sind jedoch wenig mehr als der Name für die Komödie und ein Lokal erhalten geblieben.

»Vor dem Hotel Marquardt aber, das kein Hotel mehr ist, dehnt sich der Schloßplatz mit dem Königsbau, und unsre Königstraße weitet sich wie der Leib einer Schlange, die einen dicken Brocken mühsam verdauen muß.«

HERMANN LENZ

1858 wurde das Hotel eröffnet, in bester Lage neben dem alten Bahnhof in der ehemaligen Schloßstraße und mit direktem Zugang von der Schalterhalle. Richard Wagner, der auf der Flucht vor seinen Gläubigern in Stuttgart Station machte, erhielt hier 1864 den rettenden Brief mit einer Einladung König Ludwigs II., nach München zu kommen. Einige Jahre vorher war Hans Christian Andersen hier zu Gast gewesen, der weitgereiste und extrem hypochondrisch veranlagte dänische Märchendichter, dessen Tagebücher deshalb weniger äußere Eindrücke als innere Befindlichkeiten wiedergeben. Immerhin weiß man aus seinen Aufzeichnungen, daß er Hermann Hauff und Wolfgang Menzel, die Redakteure von *Morgenblatt* und *Literaturblatt*, sowie den Verleger und Buchhändler Carl Hoffmann besuchte, im Theater und auf dem Volksfest war, württembergischen Champagner trank (der ihm nicht bekam) und im Alten Schloß nach der Schiller-Statue von Thorvaldsen fragte. Andersens Schiller-Verehrung war der Anlaß für seine Stuttgarter Aufenthalte, und er betonte gerne die Ähnlichkeit im Profil zwischen sich selbst und dem Vorbild.

»Hotel Marquardt«

Seit 1945 ist diese Straße nach dem ehemaligen württembergischen Staatspräsidenten und als Mitglied der Widerstandsbewegung hingerichteten Eugen Bolz benannt; früher war es der Anfang der Schloßstraße und nach der Eröffnung des Stuttgarter Bahnhofs 1846 die Straße der Hotels und der Droschkenplätze. An der Ecke zur Friedrichstraße stand seit der Jahrhundertwende einer von drei Zeitschriftenkiosken der Buchhandlung Wittwer. Nach dem Zweiten Weltkrieg bildete dieses Provisorium eine Weile deren einzigen Buchverkaufsplatz, heute ist es eine Szenekneipe, genannt „Palast der Republik". Sicher dachten die Namensgeber an Ost-Berlin und nicht daran, daß an dieser Stelle einmal das Conradinsche Haus stand, in dem Ludwig

Uhland viele Jahre gewohnt hat. Um so merkwürdiger mutet diese Koinzidenz an.

Ludwig Uhland (1787–1862), der in Tübingen geboren wurde, dort Jura studierte und mit Justinus Kerner, Karl Mayer und Gustav Schwab den Schwäbischen Dichterkreis begründete, arbeitete ab 1812 als Sekretär im Justizministerium und danach als freier Advokat in Stuttgart, wurde Sprecher der Landstände in der Auseinandersetzung um die Verfassung und 1820–1827 Abgeordneter der Ständeversammlung. Seine erste Sammlung von Gedichten, 1815 bei Cotta erschienen, vor allem die *Vaterländischen Gedichte* (1817) mit dem berühmten Lied über „Das alte, gute Recht" hatten Uhland geradezu populär gemacht. Selbst der schwabenkritische Heine nahm ihn von seinem Verdammungsurteil aus und fand, seine Gedichte würden den politischen, ästhetischen und politischen Geist ihrer Zeit aufs kostbarste bewahren, ja Uhlands Werk sei als „das einzige überlebende lyrische Denkmal jener Töne der romantischen Schule zu betrachten".

Neben Gedichten verfaßte Uhland vielbeachtete Parlamentsreden, und er wurde ein Politiker, dessen Pflichtbewußtsein sprichwörtlich war – sogar am Tag seiner Hochzeit mit Emilie Vischer entschwand er gleich nach der Trauung in eine Sitzung. 1830 wurde Uhland als außerordentlicher Professor für deutsche Sprache und Literatur an die Universität Tübingen berufen. Nachdem ihm dort ein Urlaub zur Wahrnehmung der Pflichten als erneut gewählter Abgeordneter der Stadt Stuttgart beim Landtag verweigert worden war, bat er um Entlassung aus dem Staatsdienst. 1848/49 wurde Ludwig Uhland Mitglied des Siebzehnerrats und württembergischer Abgeordneter der Nationalversammlung in der Frankfurter Paulskirche. Die Geschichte von der Zerschlagung des – gegen Uhlands erklärten Willen – nach Stuttgart verlegten Rumpfparlaments soll hier nicht nacherzählt werden, aber auch da hat er an der Spitze des Demonstrationszugs der Abgeordneten noch eine rühmliche Rolle gespielt und sich öffentlich gegen die Verurteilung der Protagonisten der (von ihm nicht gebilligten) badischen Revolution ausgesprochen:

„Mag die Reichsgewalt zerfallen, das Vaterland mehr als je zerrissen sein, dennoch ist es eine gemeinsame deutsche Sache, daß nicht auch die Rechtsbegriffe untergehen, daß an keinem einzelnen Orte die Rechtsordnung und mit ihr die deutsche Bildung und Nationalehre zu Boden liege."

Uhland verband auf volkstümliche Art seine freiheitlich-demokratischen Gedanken mit romantischen Ideen – und dem Lob des Weines: seine Stammkneipe, das Wirtshaus „Zum Schatten", in der inzwischen verschwundenen Bandstraße im engen Altstadtviertel hinter dem Rathaus gelegen, hat er im „Schattenlied" verewigt, dessen vierte Strophe lautet:

Im Schatten, den ich meine,
Da träumt es sich so mild,
Man sieht im Dämmerscheine
Gar manches schöne Bild.
Wie träumten wir so gerne
Vom heil'gen Rettungsstreit,
Vom nahen Freiheitssterne,
Von Deutschlands gold'ner Zeit.

Und Uhlands Schattenriß – geschnitten von Luise Duttenhofer – begegnet einem unvermutet in der Kirchstraße: als Lesender im Profil tief über ein Buch gebeugt schmückt er das Logo der Osianderschen Buchhandlung.

Wenn man zum ersten Mal in die schwäbische Hauptstadt kommt und von einem dort ansässigen guten Freund am Bahnhof empfangen wird, so ist zehn gegen eins zu wetten, daß er, wenn man mit ihm hinaustritt in die Stadt, seinen Gast auf den angrenzenden Schloßplatz führt und ihn fragt, ob seine Heimathstadt auch solchen Platz aufzuweisen hat. Die Stuttgarter haben auch allen Grund, auf ihren Schloßplatz stolz zu sein. Mit seinen Kastanienalleen und den Gartenanlagen, mit der Jubiläumssäule, dem Herzog-Christof-Denkmal und den plätschernden Fontainen, dem Residenzschloß und dem stattlichen arkadengeschmückten Königsbau muß er selbst weitgereisten Leuten gefallen, und wenn erst das alte Gerümpel an seiner Nordseite, in dem sich das Kafé Bechtel befindet, abgerissen sein und dem geplanten Prachtgebäude, in dem die Herzogin Vera wohnen wird, Platz gemacht haben wird, dürfte er einen weltstädtischen Eindruck machen, trotz der Gänseheerden, die in der Herbstzeit über ihn, wie über eine Dorfstraße getrieben werden. Auch die Königstraße mit ihren hübschen, das neueste jeder Branche bietenden Läden, präsentirt sich sehr stattlich. Aber wenn man sie so hinaufflaniert, staunt man, sie plötzlich aufhören zu sehen. Geradeaus setzt sie sich in der mehr als schmalen, stets schmutzigen Marienstraße fort, in der der Verkehr geradezu lebensgefährlich ist, links in der breiten, aber unschönen Eberhardstraße. Dazwischen steht ein alter Kasten, der den Hammelställen auf pommerschen Gütern sehr ähnlich sieht. Da uns indessen seine riesige Größe zweifelhaft macht, ob er diesem Zweck dient, so erkundigen wir uns bei unserem Begleiter, der uns bedeutet, es sei die Legionskaserne.

Schloßplatz

Ein norddeutscher Geschäftsmann, der im Herbst 1892 einige Wochen in Stuttgart weilte, brachte diese Eindrücke unter dem Kürzel A. K. zu Papier. Es sind tatsächlich, wie der Titel sagt, amüsant zu lesende *Stuttgarter Indiskretionen*, in denen er so präzise wie despektierlich die stinkende Altstadt, die ungemütlichen Lokale, die provinziellen Amüsierstätten und die Vereinsmeierei aufs Korn nimmt. Gefallen haben dem unbekannten Reisenden, dessen Schrift der Historiker Harald Schukraft vor einigen Jahren ausgegraben und veröffentlicht hat, lediglich der Schloßplatz und die schönen Stuttgarterinnen.

Der **Schloßplatz** ist unbestritten Stuttgarts ansehnlichster Ort, eher brauchbare Visitenkarte und Statussymbol als die Königstraße. Wer sich hier einmal langsam um die eigene Achse dreht, erlebt einen Tageslauf „Überm Neuen Schlosse geht die Sonne auf, und hinterm Königsbau versinkt sie" (Hermann Lenz) oder die Geschichte im Zeitraffer: das Alte Schloß in Renaissance-Architektur, errichtet auf den Fundamenten einer Wasserburg aus dem 13. Jahrhundert, die spätgotische Stiftskirche mit ihren beiden charakteristisch verschiedenen Türmen; der Kleine Schloßplatz aus dem Jahr 1968, seinerzeit überschwenglich gelobt, in den neunziger Jahren durch die Freitreppe aufgewertet und jetzt wieder dem Abriß geweiht wie der Kronprinzenbau in den Nachkriegsjahren. Der 1860 fertiggestellte klassizistische Königsbau mit Ladengeschäften, Börse, Cafés hat seine ursprüngliche Gestalt bewahrt, während der Marquardtbau schmuckloser und der gegenüberliegende Olgabau völlig schlicht wieder aufgebaut wurden. An der Stelle des Kunstgebäudes mit dem Goldenen Hirsch (1912/13) stand ab dem Ende des 16. Jahrhunderts das Neue Lusthaus; es muß ein beeindruckend großes Renaissancebauwerk mit Brunnenhalle und Ballsaal gewesen sein. Herzog Carl Eugen ließ es zum Hoftheater umbauen, 1902 fiel es einem Brand zum Opfer. Das weitläufige Neue Schloß, zwischen 1747 und 1806 von den Architekten Louis Philippe de la Guêpière, R. F. H. Fischer und Nikolaus von Thouret in verschiedenen Baustilen errichtet, hatte „365, also gerade so viel

Zimmer, als das Jahr Tage hat, so daß man daselbst nur in Schaltjahren sich im Raume etwas beengt fühlt", wie ein Wiener Feuilletonist spottete. Nach dem Krieg wurde lange darüber diskutiert, das einer Fürstenlaune entsprungene Residenzschloß abzureißen, man hat es dann wiederaufgebaut, Ministerien darin untergebracht und lädt gelegentlich Gäste in den Weißen Saal.

Den Schloßplatz, den Goethe als „anständig, frei und breit" lobte, beschreibt Hermann Lenz:

Noch zu Anfang des vergangenen Jahrhunderts [war er] ein sandiger Exerzierplatz, und junge Alleebäume haben ihn rechts und links umgrenzt. Das Neue Schloß verlangte diese Fläche, diesen freien Raum als Plattform, auf dem sich militärisches und höfisches Leben zeigen und entfalten konnte. So war's dem damaligen Zeitgeschmack und einem Bedürfnis des absoluten Herrschers angemessen, der Abstand vom bürgerlichen Leben zeigen mußte, auch wenn er sich dann später als ein Bürger fühlte und „der Vielgeliebte" genannt worden ist; denn so steht es auf der Inschrift des Sockels jener Säule, die im Volksmund „der Siegesspargel" heißt, am 30. Oktober 1841 zur Feier des 25jährigen Regierungsjubiläums Wilhelms I. von den Ständen Württembergs errichtet und 1863 mit dem Standbild einer Konkordia gekrönt wurde.

Auf dem Sockel stehen vier überlebensgroße allegorische Figuren, und in einer davon glaubte die kleine, vielleicht zweijährige Isolde Kurz bei einem Spaziergang mit dem Kindermädchen ihre eigene Mutter zu erkennen: „Da sie sich nicht regte, schrie ich immer ängstlicher und flehender mein ‚Mamele, komm lunter'." Dieses starre, steinerne Dastehen flößte ihr verständlicherweise „eine bange Furcht, ein wachsendes Grauen" ein, wie Isolde Kurz in ihren Erinnerungen *Aus meinem Jugendland* berichtet. „Ich brach in ein fürchterliches Wehgeschrei aus und blieb für alle Tröstungen taub, während man mich schreiend die ganze Königstraße entlang nach Hause führte, wo erst der lebendige Anblick der für verloren Beweinten mir den Frieden wiedergab."

Anzumerken ist, daß der Erfolgsschriftsteller und Leiter der Königlichen Bau- und Gartendirektion, Friedrich Wilhelm Hackländer, den Schloßplatz 1860 zum Park umgestaltete; er ließ auch die beiden Springbrunnen aufstellen und dafür Neckarwasser hinleiten. Diese Werke haben Bestand, seine Bestseller von damals sind längst vergessen.

Friedrich Christian Delius hat sich in einem Gedicht „Selbstporträt auf dem Stuttgarter Schloßplatz" dargestellt; während des aufsehenerregenden Prozesses wegen seines Buches *Unsere Siemens-Welt* vor dem Oberlandesgericht, der 1975 nach drei Jahren mit einem Vergleich endete, war er oft in der Stadt: „In einer Pause denk ich,/ich würd gern duschen jetzt,/aber ich weiß keine hier in der Nähe, also/geh ich zwischendurch mal übern Schloßplatz."

Der im Jahr 1808 von König Friedrich für die Allgemeinheit geöffnete und nach Nikolaus von Thourets Plänen angelegte Obere Schloßgarten war bis weit ins 19. Jahrhundert hinein bevorzugter Spazierort, allerdings von Zäunen umgeben und von Portiers bewacht, die auf strenge Einhaltung der Reglements achteten – Hunde mit sich zu führen und Rauchen war verboten. So gibt es bei literarischen Äußerungen zwei Tendenzen: die Schönheit und Ruhe der Anlagen, wo zum Beispiel Lenau sich durch den „strömenden Wohlklang" von Nachtigallen in weite Träumereien entführen ließ; oder die polizeilichen Verordnungen, die Personen mit Gerätschaften und Gepäck (also Leute der unteren Schichten) ebenso aussperrten wie Bettler.

»Stuttgart ist die Stadt der Superlative. Stuttgart hat die schönsten Höhenwege, die romantischsten Villenhänge, die saubersten Straßen, die meisten Hochhäuser, die zahlreichsten polizeilichen Verfügungen und staatsanwaltlichen Verbote. Aber Stuttgart hat auch die härtesten Schwabenschädel.«

FRIEDRICH WOLF

Der Spaziergang führt uns über die **Planie** zum Alten Schloß, von dem Goethe meinte, es könne nicht einmal als Theaterkulisse taugen, doch die meisten Bürger und Besucher beeindruckt der wuchtige Bau. Der Humanist und Dichter Nicodemus Frischlin (1547–1590) liefert in seinem Gedicht „Der Gang zum Alten Schloß" eine detaillierte Beschreibung, wie er es nach dem Umbau erlebte: die Mauern und Türme, die Enten, Schwäne und Fische im Burggraben, den weiten Hof, das Schatzgewölbe und die Speisekammer, die Kapelle mit der Orgel, die Reittreppe und die „Tapeterei". Sein begeistertes Lob gipfelt in dem Vers: „Ein überschönes, hochs Gebäu/Drin Gott selbst könnt wohnen frei". Nach der zweimaligen Beschädigung durch Brand und Bomben dient es seit dem Wiederaufbau als Sitz des Württembergischen Landesmuseums.

Daneben steht ein Mahnmal, das der Bildhauer Elmar Daucher 1970 aus vier schwarzen Granitblöcken geschaffen hat; die Inschrift stammt von Ernst Bloch: „1933 bis 1945. Verfemt, verstoßen, gemartert, erschlagen, erhängt, vergast. Millionen Opfer der nationalsozialistischen Gewaltherrschaft beschwören Dich: Niemals wieder!" Gelegentlich legt jemand Blumen oder Kerzen unter die symbolischen Steine, meistens werden sie wohl übersehen, wie Max Fürst einmal sarkastisch bemerkte: „Stuttgart ist eine Stadt mit praktisch veranlagten Bürgern: Vier Steinwürfel für die Opfer des Faschismus. Sie stehen sehr diskret in einer Ecke. Wenn man nicht weiß, worum es sich handelt, sieht man sie nicht. Tag und Nacht pissen die Hunde daran und manchmal die Menschen. Die Stadt hat ihre Pflicht getan, ein wenig so, wie man es früher tat, als man die Gräber mit schweren Steinen belegte, damit die Toten nicht zurückkehren konnten."

In Sichtweite, hinter dem nach Carl Eugen benannten, aber mit einem Reiterstandbild von Kaiser Wilhelm I. besetzten Karlsplatz, wo samstags ein Flohmarkt und im Sommer der Hamburger Fischmarkt stattfinden, in der **Dorotheenstraße** 10, stand das berühmt-berüchtigte „Hotel Silber". In das seit 1844 unter verschiedenen Namen existierende Gasthaus zog nach 1933 die Gestapo ein. Hier hat man die Studentin Lilo Herrmann verhört, die als Widerstandskämpferin verurteilt und 1938 als erste Frau aus politischen Gründen hingerichtet wurde; Friedrich Wolf hat ihr ein biographisches Poem gewidmet, in dem er ihren Mut und ihre Standhaftigkeit würdigt. Vermutlich war auch die Kinderbuchautorin Anni Geiger-Gog als KPD-Mitglied im Gestapo-Hauptquartier, bevor sie nach Gefängnis- und KZ-Aufenthalten freigelassen, unter Polizeiaufsicht gestellt und mit Schreibverbot belegt wurde. Die 1897 in Stuttgart geborene Anni Geiger, Enkelin des Verlegers Johann Heinrich Wilhelm Dietz, heiratete 1924 den „Vagabundenkönig" und Herausgeber der Zeitschrift *Der Kunde*, Gregor Gog, und bewohnte mit ihm ein Gartenhäuschen in Stuttgart-Sonnenberg (Im Betzengeiern 3), das oft Zufluchtsstätte für Verfemte, Anarchisten, Kommunisten und Vaganten war. Im Gundert-Verlag begründete sie die Kinderbuchreihe „Sonne und Regen im Kinderland", deren beliebtester Band, die Hundegeschichte *Schlamper*, 1928 erschien. Fast zehn Jahre zuvor hatte sie mit *Heini Jermann. Der Lebenstag eines Jungen* ein proletarisches Jugendbuch mit Bildern von Max Ackermann veröffentlicht; mit über 30, teils unter dem Pseudonym Hanne Menken publizierten Büchern zählt sie zu den erfolgreichsten Stuttgarter Autorinnen. Die letzten Jahre vor ihrem Tod 1995 verbrachte Anni Geiger wieder in Stuttgart.

Auf der anderen Seite der 1912–14 von Martin Elsaesser erbauten Markthalle, die genausowenig wie ihre Vorgängerin jemals als „Bauch von Stuttgart" literarisch gewürdigt wurde, führt von der Sporerstraße die schmale **Bärenstraße** zum Marktplatz. Hier stand das „Hotel zum Bären", in dem Giacomo Girolamo Casanova (1725–1798) abstieg. Die verschwenderische Hofhaltung Carl Eugens, die Feste, Jagden und Opernaufführungen hatten den Lebemann 1760 nach Stuttgart gelockt, und wie immer bei seinen Reisen war er auf galante Abenteuer und auf schnellen Gelderwerb durch Kartenspiel aus. Letzteres mißlang, die Offiziere, die er übers Ohr hauen wollte, kannten seine Tricks und nahmen ihm mehr Geld ab, als er besaß. Die Gläubiger veranlaßten Casanovas Verhaftung, durch Vermittlung des Herzogs wurde er im „Bären" unter Hausarrest gestellt, konnte aber eines Nachts fliehen. In seiner viele tausend Seiten umfassenden Lebensgeschichte hat er auch dieses Erlebnis wortreich beschrieben. Übrigens soll Nicodemus Frischlin anderthalb Jahrhunderte früher im selben „Bären" Ärger gehabt haben, Anlaß war eine den Adel zu spöttisch aufs Korn nehmende Komödie.

Ein Relikt aus vergangenen Tagen kann ein heutiger Flaneur wie Herbert Friedmann in der Bärenstraße entdecken:

Meine Augen wandern zu einem weißgrünroten Schild. Eine Toto- und Lottoannahmestelle. Nichts Ungewöhnliches.
Wäre da nicht dieses hufeisenförmige Zeichen: Buchmacher. Bilder galoppierender Pferde im Schaufenster, sehr bunt, sehr naturalistisch. Ich spüre ein Kribbeln in der Brust, jenes eigentümliche Gefühl, das mich stets erfaßt, wenn ich in Frankfurt-Niederrad auf der Tribühne sitze und unten „mein" Pferd um Sieg oder Platz kämpft.
Buchmacher kenne ich nur aus Filmen und Romanen. Ich überprüfe meine Barschaft, setze mir ein Limit von fünfzig Mark. „... nimm freundlich den Fremdling mir auf!" Hölderlins Verse auf der Zunge, die Türklinke in der Hand, weicht das angenehme Prickeln einer plötzlichen Beklemmung. Ein bizarres Bild aus Spielhölle in Las Vegas und Unterweltkneipe im Frankfurter Bahnhofsviertel entsteht vor meinem geistigen Auge: Vorstadt-Gigolos, Eierdiebe, Zuhälter und professionelle Zocker [...].
Mein Herz schlägt hart, überschlägt sich fast. Eine knappe Handbewegung, ein kurzer Schritt. Aus der Stuttgarter Alltagswelt in eine Anderswelt.
Eine Ansammlung von Männern, überwiegend im Rentenalter. An einem der Resopaltische holt ein graumelierter Herr aus einer abgewetzten Aktentasche eine Schnitte und wickelt sie aus einem speckigen Butterbrotpapier. Der geflieste Fußboden hat gerade die Stuttgarter Kehrwoche hinter sich. Selbst die Aschenbecher quillen nicht über, die letzte Rauchwolke verschwindet diskret in der Klimaanlage. Hat mir

meine Phantasie einen Streich gespielt? Ich setze mich an einen der freien Tische. Der Fremdling wird kaum beachtet. Die wenigen Augenberührungen signalisieren Einverständnis. Wer sich beim Buchmacher Nüssle einfindet, wird wissen, warum. Die junge Dame, die hinter einem der beiden Schalter sitzt, schenkt mir ein Lächeln und ein freundliches „Grüß Gott". Die Männer an den Nebentischen sind in die Rennzeitung vertieft. Andere starren auf den Bildschirm, auf dem per Computer die Ergebnisse und Quoten des letzten Rennens übermittelt werden. Über Lautsprecher werden die Vorwetten für das nächste Rennen bekanntgegeben. Ich informiere mich an der Pinwand, an der die Zeitung aushängt, und riskiere zehn Mark für eine Platzwette. „In Longchamps sind die Pferde jetzt am Start", verkündet die Lautsprecherstimme. Die Räume des Buchmachers Nüssle verwandeln sich in eine Rennbahn. Ich sehe, wie die Pferde nach und nach in die Startboxen geführt werden, höre das Klingelzeichen, das gleich nach dem Start ertönt, höre die reale Stimme eines Mannes, der den Rennverlauf im Stile eines Rundfunkreporters schildert. [...] Zwischen den Wetten kann man bei Kaffee und Kuchen ein bißchen schwätzen, Tips austauschen, Prognosen stellen, von einem kleinen oder auch etwas größeren Glück träumen. Mitten in Stuttgart und gleichzeitig in Saint-Cloud, Longchamps und anderswo.

Die Bärenstraße mündet auf den **Marktplatz**, der sein Erscheinungsbild durch den Wiederaufbau völlig verändert hat. Besonders das Rathaus gibt sich abweisend und erscheint ganz prosaisch. In seinem Turm, ganz oben, ist die Rathausbücherei untergebracht, und dort verstaubt die Bibliothek von Isolde Kurz.

Seit zehn Jahren finden außer gelegentlichen Symposien zu kulturellen Themen und Preisverleihungen regelmäßig Autorenlesungen im großen Sitzungssaal statt, bei denen der Oberbürgermeister einführt und anschließend zu trockenen Brezeln, Hefezopf und Württemberger Wein lädt.

Im April 1978 schlug der Kulturausschuß vor, einen Literaturpreis zu stiften und ihn nach dem in Stuttgart geborenen Vormärz-Dichter Georg Herwegh zu benennen. Der Gemeinderat billigte wenige Tage später den Vorschlag, aber über die Namensgebung provozierte die CDU eine längere Debatte. Die SPD-Fraktion favorisierte Herwegh, den Unangepaßten, als Patron, die FWW/UBL-Fraktion schlug alternativ Wilhelm Hauff, den Frühvollendeten, jung Gestorbenen als geeignetes Vorbild für junge Autoren vor. Die FDP entdeckte zwar eine bundesdeutsche Preis-Inflation, konnte sich aber mit Herwegh anfreunden, weil Recherchen ergeben hätten, daß es sich um einen *liberalen* Revolutionär gehandelt habe... Oberbürgermeister Manfred Rommel hatte sich mit dem Schriftstellerverband besprochen und warf als Argument in die Diskussion, daß „ein Förderpreis im allgemeinen nicht mit einem Dichternamen geschmückt wird". So blieb es beim namenlosen Preis für Schriftsteller und Übersetzer, jedoch war vom Fördercharakter bald weniger die Rede und von einer Benennung nie mehr ...

Rommel selbst avancierte dann in den achtziger Jahren mit seinen Sprüchen und Gedichten zum Bestseller-Autor.

Eichstraße (um 1900)

Etwa an der Stelle zwischen dem Marktbrunnen und dem Herrenbekleidungshaus Breitling war ab dem 16. Jahrhundert das Gasthaus „Adler", das sich mit einem berühmten Stammgast schmücken konnte: Christian Friedrich Daniel Schubart (1739–1791). Nachdem er 1787 nach zehnjähriger Haft auf dem Hohenasperg entlassen und von Carl Eugen zum herzoglichen Theater- und Musikdirektor ernannt worden war, lebte Schubart in Stuttgart und führte auch seine *Teutsche Chronik* als *Vaterländische Chronik* fort. Von Besuchen berichten Hölderlin, gerührt – „es war eine Freude, so eines Mannes Freund zu sein" –, und Wilhelm von Humboldt, kritisch: „Ein großer dicker Mann, mit einem breiten, fetten Gesichte, über dem linken Auge ein ziemlich großes Fleischgewächs, dabei dickes, ungekämmtes Haar, ein schmutziger Schlafrock und ein paar alte Pantoffeln. Ausdruck ist sehr wenig in seinem Gesicht, nur ein paar Züge über den Augen verraten die Heftigkeit seines Charakters. Noch unverkennbarer aber ist diese, sobald er nur zu reden anfängt."

Allabendlich verkehrte Schubart im „Adler", trank mit seinen Freunden, dem Schieferdecker Leopold Baur, dem Advokaten und Dichter Gotthold Friedrich Stäudlin und den beiden Professoren an der Carlsschule Balthasar Haug und Johann Friedrich Schlotterbeck. Überliefert sind nicht nur die großen Mengen von Weinflaschen, die geleert, sondern die der feuchtfröhlichen Gelegenheitsgedichte, die dort gereimt wurden. Zimperlich und zaghaft ging Schubart nie mit der Sprache um, im Gegenteil, er brachte „seine Donnerworte zum Tanzen" (Bausinger), auch wenn es um die Schwaben ging:

Ihr haschet nur nach Rauch und Dunst,
und nicht nach Wissenschaft und Kunst:
Drum gilt bei Euch der Gauch und Tropf
Mehr als der Weise und der Kopf!
Der Jüngling sitzt beim Wein so kalt,
Als wär' er achtzig Jahre alt
Und säße auf der Alpenhöh
mit bloßem Arsch im ew'gen Schnee.

Während der vier Lebensjahre, die Schubart bis zu seinem Tod noch blieben, wohnte er in der Langen Straße 1; ein paar Häuser weiter in der Nummer 7 lebte seit 1776 die Familie von Georg Wilhelm Friedrich Hegel, der bis 1788 das in unmittelbarer Nachbarschaft befindliche Gymnasium Illustre besuchte und sich „besonders viel Mühe im Hinblick auf Philosophie" gab. Ob der Musterschüler, der, wie man aus Jugendtagebüchern weiß, seine Umgebung neugierig inspizierte, die gewiß auffällige Erscheinung Schubarts wahrgenommen hat? Dieselbe Sympathie für die Ideen der Französischen Revolution hätte er bei ihm sicher nicht vermutet.

Einen Besuch lohnt das Hegel-Haus in der Eberhardstraße 53, das 1770, als Hegel hier geboren wurde, ein bescheidenes Gebäude inmitten einer Häuserzeile war. Seit der Umgestaltung der Straßensituation und sorgsam restauriert wirkt es als Eckhaus sehr beeindruckend. Das darin untergebrachte Museum führt anschaulich in Leben und Philosophie Hegels ein, gibt außerdem einen knappen Überblick über das Alltagsleben in Stuttgart Ende des 18. Jahrhunderts. Man erfährt von Polizeiverordnungen und Ministerialverfügungen, die zu anständigem Verhalten auf den Straßen ermahnen – wer mit einer brennenden Pfeife im Mund oder in der Hand angetroffen wurde, mußte zum Beispiel drei Gulden Strafe zahlen. Erstaunen mag auslösen, daß der Wirt vom nahegelegenen „Goldenen Ochsen" (ein paar Jahre vorher Schillers Stammkneipe) als Gewährsmann bei der Vermittlung einer Hofmeisterstelle für Hegel fungierte. Die drei Jahre jüngere Schwester Christiane Luise wird leider nur mit einem „Notizenblatt" über die Schulzeit ihres Bruders erwähnt; ihr eigenes Leben, symptomatisch für die Zeit, zumal in der württembergischen Gesellschaft, ist verdüstert durch den Schatten Hegels, wäre jedoch sicher einer eigenen Betrachtung wert. Sie muß eine kluge, sensible Frau gewesen sein, deren intellektuelles Potential nicht gefördert wurde. Statt dessen führte sie nach dem frühen Tod der Mutter den väterlichen Haushalt, wurde später aktenkundig als Botin für Gefangene auf dem Hohenasperg, verfiel in Depressionen – was Hegel mit Distanzierung quittierte – und ertränkte sich wenige Wochen nach dem plötzlichen Tod des Bruders 1832 in der Nagold.

Seit 1970 vergibt die Stadt Stuttgart den Hegel-Preis für herausragende Leistungen in den Geisteswissenschaften. Und ein aufmerksamer Spaziergänger entdeckt vielleicht sogar das Zitat Hegels (aus der *Phänomenologie des Geistes*) am Stuttgarter Hauptbahnhof, über den Arkaden an der Front; der Künstler Joseph Kossuth hat es in Neonschrift dort angebracht. Bei Nacht und wenn ausnahmsweise einmal alle Leuchtstoffröhren brennen, kann man dort lesen: „... daß diese Furcht zu irren schon der Irrtum selbst ist".

→ »Weil hier gute Köpfe aller Art und Handthierung sich zusammenfinden«

Die Hohe Carlsschule, der Cotta-Verlag und die Gesellschaft um 1800

Zweiter Spaziergang: Akademiegarten – Staatstheater – Schloßplatz – Schillerplatz – Stiftstraße – Königstraße – Alte Poststraße – Rotebühlplatz – Eberhardstraße – Hauptstätterstraße – Solitude

Hinter dem Neuen Schloß, begrenzt von Planie und Konrad-Adenauer-Straße, liegt lärmumtost der **Akademiegarten** als grüne Oase; darin der 1811 von Thouret errichtete Brunnen mit einem Adler auf dem Säulenschaft und vier wasserspeienden Löwen. Sonst erinnert nichts mehr an die Hohe Carlsschule, die einst mehr umbauten Raum einnahm als das Schloßgebäude.

Es fällt nicht leicht, schrieb der 1927 in Stuttgart geborene und aufgewachsene Publizist Klaus Harpprecht vor 20 Jahren,

den flackernden Geist des Rothaarigen aufzuspüren, der hier, wo einst die Karlsschule stand, unter dem strengen Regime des Herzogs gelitten hat, der „Jüngling von feinerem Stoff als viele", der dort die Räuber entwarf, deren Freiheitsbegriff unscharf gewesen sein mag. Aber er war einer, der wenigstens vom Abenteuer einer freien Existenz träumte, als 1779 der launische, so wohlmeinende und so rabiate Karl Eugen den Kollegen Karl August aus Weimar und seinen Geheimrat Goethe empfing. Ein Ehrentag für den Zögling der Zucht- und Pflanzschule, liest man nach, der für seinen Fleiß mit vier Preisen belohnt wurde; das protestantische Arbeitsethos war in ihm so beharrlich am Werk wie das Uhrwerk Gottes der Pietisten, dessen Zeiger sich am Ende immer aufs Sittlich-Rechte-Moralische richten. […]

← Schillerplatz (1945)

Man hätte die Karlsschule wiederaufbauen und sich für die „Planie" dies und das einfallen lassen können (ein Kino befand sich in den Mauern, 1950 spielte es „Kinder des Olymp", inzwischen ging es pleite). Man hätte, am Ende, die alten Mauern von Studenten behausen lassen können, Kunstschülern, jungem, unordentlichem Volk, das seinen Einfällen nachhängt, käsigen oder wilden Ideen, sich zu ungehörigen Zeiten in die Betten wirft, säuft und lernt, demonstriert und brüllt und, vielleicht, gelegentlich liest oder schreibt oder malt... Gott behüte. Die Stille der Nacht wäre gefährdet, die ohnedies nur Resonanzboden der dröhnenden Verkehrsgeräusche ist, die Innenstadt wäre von einem Leben bedroht, das nur kostet und nichts brächte außer Ärger, Unordnung und frühes Leid. Die Betonsärge der gepflegten Modernität, die ringsum im Dunkeln hocken, könnten mit wirren Parolen beschmiert werden – und wer zahlte für die Reinigung?

Heute könnte Harpprecht anfügen, daß dort, wo die Hohe Carlsschule urprünglich gegründet wurde, auf der Solitude nämlich, junge Künstlerinnen und Künstler unter angenehmen Bedingungen ihren Interessen nachgehen können – und dies meist gesittet tun. Mit den Akademisten des ausgehenden 18. Jahrhunderts verbindet sie freilich wenig.

Herzog Carl Eugen (1728–1793), der sich in der ersten Hälfte seiner Regierungszeit vorwiegend den Vergnügungen und einer extensiven Bautätigkeit hingegeben hatte, wandte sich 1770 einem pädagogischen Unternehmen zu und gründete auf der Solitude die Militär-Pflanzschule, die künstlerische, wissenschaftliche und militärische Ausbildung zusammenfaßte und sich dadurch auszeichnete, daß sie für Adel und Bürgertum offenstand. Nachdem die Akademie 1775 nach Stuttgart, in eine leerstehende Kaserne hinter dem Neuen Schloß, verlegt worden war, wertete man sie sogar zur Universität auf, an der außer Theologie alle Wissenschaftszweige vertreten waren.

Tagesablauf und Lebensweise waren in der „Sklavenplantage" (Schubart) streng vorgeschrieben und einer despotischen Schul-

Hohe Carlsschule

ordnung unterworfen, schließlich rekrutierte sich der Offiziersnachwuchs aus den Absolventen – und ebenso die umfassend gebildete Staatsdienerschaft. „Carlsschüler" gewesen zu sein galt durchaus als Auszeichnung. Viele der Zöglinge hatten später hohe Ämter inne und verbreiteten die Ideen der Aufklärung und der Französischen Revolution. Erinnert sei an die Episode von einem konspirativen Maskenball, bei dem „Zettel mit den ärgsten Freiheitslehren" verstreut wurden, ohne daß die Verantwortlichen gefunden werden konnten.

Der Herzog erwartete täglichen Rapport von seiner Schule, teilte eigenhändig Strafen aus oder verlieh Preise. Bei einer solchen Gelegenheit sahen sich Goethe und Schiller im Dezember 1779 zum ersten Mal: „In Stuttgart haben wir den Feierlichkeiten des Jahrestags der Militärakademie beigewohnt, der Herzog war äußerst galant gegen den unsrigen [Karl August] und ohne das Incognito zu brechen hat er ihm die möglichste Aufmerksamkeit gezeigt." Daß aus dem (dies berichtenden) incognito reisenden Goethe und dem Eleven Schiller, der für seine Leistungen in Medizin, Anatomie und Osteologie ausgezeichnet wurde, später Freunde und die beiden deutschen „Dichterfürsten" werden sollten, konnte keiner von beiden ahnen.

Friedrich Schiller blieb acht Jahre auf der Akademie, erst als Schüler, dann als Student der Rechte. 1775 wechselte er zur Medizin, fühlte sich aber, wie man aus Stammbucheinträgen schließen kann, schon als angehender Dichter. Die Begabung zeigt sich in seiner ersten Carlsschulrede, gehalten zum Geburtstag von Herzogin Franziska am 10. Januar 1779 zu dem vorgegebenen Thema „Gehört allzuviel Güte, Leutseeligkeit und große Freygebigkeit im engsten Verstande zur Tugend?"

Vor dem Verwaltungsgebäude der Staatstheater steht, 1913 von dem Verleger Wilhelm von Spemann gestiftet, ein Schiller-Standbild des Stuttgarter Bildhauers Adolf von Donndorf: Es zeigt den Dichter in antikem Gewand, den Lorbeer auf dem Haupt, in der rechten Hand eine Schriftrolle, in der linken eine Leier – Lyrik und Drama symbolisierend. Diese klassizistische Gestalt dokumentiert ein völlig anderes Bild von Schiller als Bertel Thorvaldsens Denkmal auf dem Schillerplatz, und ganz gewiß nicht den jungen wilden Verfasser der *Räuber*!

Sein erstes und für sein Leben geradezu wegweisendes Schauspiel hatte Schiller 1778 in der Carlsschule, heimlich und zum Teil im Lazarett, wo er länger Licht brennen lassen durfte, geschrieben; 1781 erschien es in einer Auflage von 800 Exemplaren auf Kosten des Autors im Druck und wurde prompt ein Mißerfolg. Die Erstaufführung der überarbeiteten Bühnenfassung im folgenden Jahr in Mannheim war dann jedoch so erfolgreich, daß das Theaterstück immer wieder (illegal) nachgedruckt wurde.

Erhebliches Mißfallen fanden *Die Räuber* bei Herzog Carl Eugen, und vor allem Schillers zweimalige unerlaubte Entfernung aus dem Dienst – er war inzwischen Regimentsarzt in der Legionskaserne – zu Aufführungen in Mannheim. Der Autor mußte deswegen im Sommer 1782 für zwei Wochen in Arrest und erhielt Schreibverbot, außerdem wurde ihm untersagt, mit „Ausländern" (dazu zählten Mannheimer) in Verbindung zu treten. In einem recht dreisten Brief an den Herzog argumentierte Schiller mit seiner Berühmtheit vor allen Carlsschülern und bat, ihn „des einzigen Wegs nicht zu berauben, auf welchem ich mir einen Namen machen kann". Der Fortgang der Geschichte ist bekannt: Alle Eingaben halfen nichts, der Herzog blieb hart, und Schiller, dem „Stuttgardt und alle schwäbischen Scenen unerträglich und ekelhaft werden", floh in der Nacht vom 22. auf den 23. September – da an diesem Abend ganz Stuttgart zu einer Festbeleuchtung auf der Solitude weilte – nach Mannheim.

Erst elf Jahre später – Herzog Carl Eugen war gerade gestorben – kam Schiller wieder nach Stuttgart, als wohlbestallter Professor und gefeierter Dichter. Bei einem Besuch der Carlsschule begrüßten ihn die 400 Akademisten enthusiastisch, zeigten ihm, dem nun wirklich berühmten ehemaligen Schüler, ein (angeblich sein) in Ehren gehaltenes Bett und das Gärtchen, das er gepflegt haben soll.

Kurze Zeit danach wurde die Institution geschlossen. Der Nachfolger als Herzog von Württemberg, Ludwig Eugen, war generell gegen die „Studirsucht" und sich in seiner Ablehnung der Akademie einig mit der Tübinger Universität, der Geistlichkeit und der Ständeversammlung.

Stuttgart hatte sich in wenigen Jahren stark gewandelt, wie Schiller seinem Freund Christian Gottfried Körner in einem Brief vom 17. März 1794 mitteilt:

Ich habe jetzt meinen Auffenthalt verändert, und zwar in Rücksicht des gesellschaftlichen Umgangs sehr vortheilhaft, weil hier in Stuttgardt gute Köpfe aller Art und Hanthierung sich zusammenfinden. […] Nun werde ich einige Monate angenehm hier zubringen, denn vor Ende Mays werde ich wohl nicht abreisen.

Die Militairacademie ist jetzt aufgehoben; und dieß wird mit Recht beklagt, obgleich sie nicht mehr in ihrer Blüthe war. Außer den beträchtlichen Revenuen [Einkünften], welche Stuttgardt daraus zog, hat dieses Institut ungemein viel Kenntnisse, artistisches und wissenschaftliches Interesse unter den hiesigen Einwohnern verbreitet, da nicht nur die Lehrer der Academie eine sehr beträchtliche Zahl unter denselben ausmachen, sondern auch die mehresten Subalternen und Mittleren Stellen durch academische Zöglinge besetzt sind. Die Künste blühen hier in einem für das südliche Deutschland nicht gewöhnlichen Grade; und die Zahl der Künstler, darunter einige keinem der Eurigen etwas nachgeben, hat den Geschmack an Malerey, Bildhauerey und Musik sehr verfeinert. Eine Lesegesellschaft ist hier, welche des Jahres 1300 Fl. [Gulden] aufwendet, um das Neueste aus der Litteratur und Politik zu haben. Auch ist hier ein passables Theater mit einem vortrefflichen Orchester und sehr gutem Ballet.

Ähnliches ließe sich heute über die **Staatstheater** sagen, und es vergeht kaum eine Spielzeit, in der nicht eines von Schillers Theaterstücken auf der Bühne des Kleinen Hauses zu sehen ist. Häufig sind es *Die Räuber*, und dieses Werk hatte seinerzeit in dem jungen Robert Walser (1878–1956) die Theaterleidenschaft dermaßen geweckt, daß er in Stuttgart – vielleicht die Rolle des Karl Moor? – vorsprach, mit niederschmetterndem Ergebnis: „Mit dem Schauspielerberuf ist es nichts, doch, so Gott will, werde ich ein großer Dichter werden.″ Max Ophüls (1902–1957) hatte später in einer ähnlichen Situation mehr Glück.

Die Theater in Stuttgart sind Landestheater, das heißt sie werden nicht von der Stadt, sondern vom ganzen Land subventioniert, und deshalb sind sie repräsentativ und vornehm, und es gibt ein Kleines und ein Großes Haus. Beide Häuser sehen wie wohlgefällige Tempel aus. […] Vor dem Großen Haus liegt eingebettet zwischen hohen alten Kastanienbäumen ein See. Die Schwäne, die auf diesem See herumschwimmen, gehören gewissermaßen zum Theaterpersonal. Jedenfalls sind sie mir an Abenden, an denen eine leichte Spieloper angesetzt war, lustig vorgekommen; und ich fand sie tragisch aussehend, wenn ich zu Macbeth ging – schon eine Stunde, bevor es anfing.

Danach beschreibt er die beiden Theatersäle, die Funktion eines eisernen Vorhangs und erzählt, wie er eines Abends bei einer Aufführung der *Räuber* erlebte, daß der Regisseur immer wieder auf und sogar vor die Bühne geklatscht wurde. Es war Fritz Holl, dem diese Ovationen galten, und ein paar Tage später wählte er bei einem Vorsprechen Max Ophühls als seinen persönlichen Schüler aus. Dieser hat dann allerdings nicht als Schauspieler, sondern als Filmregisseur Karriere gemacht – und Stuttgart in bester Erinnerung behalten.

»Stuttgart hat eigentlich 3 Regionen und Charaktere; unten sieht es einer Landstadt, in der Mitte einer Handelsstadt und oben einer Hof- und wohlhabenden Partikülierstadt ähnlich.«

JOHANN WOLFGANG GOETHE

Einen seiner letzten öffentlichen Auftritte hatte Thomas Mann ein Vierteljahr vor seinem Tod im Großen Haus, als er auf Einladung der Deutschen Schillergesellschaft am 8. Mai 1955 seine eindrucksvolle Schillerrede hielt. Sie geriet zur Huldigung an den dichterischen Genius, den Moralisten wie den Denker; und besonders stark wirkten auf das Publikum jene Passagen zu Schillers Bestreben, „die politisch geteilte Welt unter der Fahne der Wahrheit und Schönheit wieder zu vereinigen", die Mann zum Gebot der Stunde erklärte und gegen den Vorwurf des Eskapismus in Schutz nahm.

Es wäre reizvoll, noch bei den Theatern zu verweilen, Geschichten von triumphalen Erfolgen und erbärmlichen Niederlagen zu erzählen, von Intrigen und dramatischen Zwisten, wie sie sich zum Beispiel zwischen Berthold Auerbach und Charlotte Birch-Pfeiffer abspielten, nachdem die 1800 in Stuttgart geborene Schauspielerin und Erfolgsschriftstellerin seinen Roman *Die Frau Professor* dramatisiert hatte. Oder von begeisterten Zuschauern und erbarmungslosen Kritikern – wie Goethe einer war, der angesichts einer *Don Carlos*-Aufführung „eine Steifheit, eine Kälte, eine Geschmacklosigkeit, ein Ungeschick, die Meubles auf die Bühne zu stellen, ein[en] Mangel an richtiger

Sprache und Deklamation in jeder Art Ausdruck irgendeines Gefühls oder höhern Gedanken" monierte.

Der **Schloßplatz** gefiel ihm besser, und dahin folgen wir ihm auf seinem morgendlichen Spaziergang, den man übrigens auf einem *Stadtgeschichte(n)*-Video verfolgen kann, gefilmt in den menschenleeren und völlig sauberen Straßen eines Stadtmodells:

Ich machte meine erste gewöhnliche Tour früh um 6 Uhr allein, und rekognoszierte die Stadt mit ihren Umgebungen. Eine Seite hat eine Befestigung nach der Heilbronner Art, nur nicht so stattlich; die Gräben sind auch in Weinberge und Gartenpflanzungen verwandelt. Bald nachher findet man die schönsten Alleen von mehrern Baumreihen und ganze beschattete Plätze. [...] Durch die Vorstadt kommt man bald auf den Platz vor das Schloß vielmehr vor die Schlösser. Der Platz ist seit der Anwesenheit des Großfürsten schön planirt, und die teils auf Rasen, in großen regelmäßigen Partien, teils als Alleen gepflanzten Kastanienbäume sind sehr gut gediehen. Das Schloß selbst ist von dem Geschmack der Hälfte dieses Jahrhunderts, das Ganze aber anständig frei und breit. Das alte Schloß wäre jetzt kaum zu einer Theaterdekoration gut. Die alte Stadt gleicht Frankfurth in ihren alten Teilen, sie liegt in der Tiefe nach dem kleinen Wasser zu. Die neue Stadt ist in entschiedenen Richtungen meist geradlinigt und rechtwinklicht gebaut, nach einer allgemeinen Anlage ohne Ängstlichkeit in der Ausführung. Man sieht Häuser mit mehr oder weniger Überhängen, ganz perpendikulär, von verschiedner Art und Größe; man sieht, daß die Anlage nach einem allgemeinen Gesetz und doch nach einer gewissen bürgerlichen Willkür gemacht wird.

Der Tagebucheintrag vom 30. August 1797 macht deutlich, daß Goethe diesmal anderes wahrnimmt als bei dem ersten Stuttgarter Aufenthalt während seiner Kavalierstour. Nicht mehr dem Hof und den Honoratioren, sondern der Kultur gilt sein Interesse; neben dem Theater besucht er die Bibliothek und das Naturalienkabinett, Künstler wie den Hofkapellmeister Johann Rudolf Zumsteeg und den Bildhauer Johann Heinrich Dannecker. Dieser hatte sich sein Atelier mit Antikensaal – die „Danneckerei" – 1808 direkt am Schloßplatz bauen lassen, an der Stelle der heutigen Dresdner Bank. Geführt wurde Goethe von dem „wohlunterrichteten Kunstfreund" Gottlob Heinrich Rapp. Der Dich-ter war angetan von den Gipsmodellen und geradezu begeistert von der lebensgroßen Schillerbüste, die „eine solche Wahrheit und Ausführlichkeit hat", daß sie „wirklich Erstaunen erregt" – wie er Schiller noch am selben Tag brieflich wissen ließ.

Bald nach Schillers Tod am 9. Mai 1805 entschloß sich Johann Heinrich Dannecker (1758–1841), eine Monumentalbüste zu schaffen, die das Schillerbild der Nachwelt eindeutig geprägt hat und über die sich Charlotte von Schiller enthusiastisch äußerte:

Ach wie ist die Büste so einzig! Wie groß und schön über Welt und Zeit steht sie da! Dieser Eindruck soll mir noch wohl thun, wenn ich den Erinnerungen der Welt nach und nach Lebewohl sage. So kann nur ein Freund seinen Freund bilden! Alle kleinen Züge sind ausgeführt, alle Theile des Gesichts, sogar die Ader auf der Stirne. Das Kleinste ist nicht vergessen, und doch ist der Eindruck so groß, daß man nur die große Form sieht.

Johann Heinrich Dannecker selbst berichtet 1806 von einem Besuch König Friedrichs in seinem Atelier:

Wie er Schiller so groß sah, sagte er: „Potz tausend wie groß! – Aber warum so groß?" Ich: „Ihre Durchlaucht, Schiller muß so groß sein." […] „Und was wollen Sie damit machen?" Ich: „Ihre Durchlaucht, der Schwab muß dem Schwaben ein Monument machen, und sollte ich ein Terrain kaufen, das nur so groß (dabei machte ich mit beiden Armen die Bewegung welche das Maß von 4 bis 5 Fuß einnahm) wäre um Schillers Büste aufzustellen." Er lächelte und sagte: „Sie müssen ja ein guter Freund von ihm gewesen sein!" „Ja Ihre Durchlaucht von Jugend auf", war meine Antwort mit Nachdruck.

Zu Schillers 20. Todestag wurde das kolossale Brustbild im Rahmen einer Gedächtnisfeier des Liederkranzes ausgestellt und zum Auftakt einer Kampagne für ein dauerhaftes Denkmal. Der inzwischen gegründete Verein beauftragte den international bekanntesten Bildhauer der Zeit, den Dänen Bertel Thorvaldsen, mit einem Entwurf. Man sammelte Spenden, kaufte, nachdem der Streit zwischen Stuttgart und Marbach zugunsten des „geistigen Geburtsortes" ausgegangen war, erst ein Grundstück vor dem Königstor an der Straße nach Ludwigsburg – heute verläuft etwa dort die 1853 benannte Schillerstraße – und entschloß sich schließlich zu dem Standort auf dem damaligen Alten Schloßplatz. Am 8. Mai 1839 konnte das Denkmal mit einem prachtvollen Fest enthüllt werden: „kein ähnliches ist je in Württemberg gefeiert worden", schrieb der Augenzeuge Hermann Kurz. Tatsächlich waren zahlreiche Liederkränze mit 1500 Sängern selbst aus den Nachbarländern angereist. Sie zogen mit Fahnen durch die festlich geschmückten Straßen der Stadt bis zu dem Platz, der von einer Zuschauertribühne eingerahmt war. Außerdem drängte sich an den Fenstern und auf den Dächern der umliegenden Gebäude das Publikum, um mitzuerleben, was ein anonymer Zeitgenosse über das Schillerfest berichtet:

Um 11 Uhr begann die Feier. Den Anfang machte die Fest-Cantate von Mörike, gesungen von dem Stuttgarter Frauen- und Männer-Liederkranze unter Leitung ihres Componisten, des Herrn Hofkapellmeisters Lindpaintner. […] Während der letzten Strophe ertönte die große Glocke vom Thurme […] und der Schall aller Glocken der vier Pfarr-Kirchthürme der Stadt stimmte ein. Zugleich hatte sich der Mantel, der das Standbild verhüllte, langsam geöffnet; der einzige Enkel des Dichters, der zwölfjährige Sohn Karl v. Schillers, hielt dabei das eine Ende; auf einmal sank die Hülle ganz, die volle Musik fiel ein und wurde vom tausendstimmigen Jubel überhallt. Es war, als ob das Bild selbst, ungeduldig über die lange Verhüllung, den Schleier abgeworfen hätte. Der Eindruck, als nun Deutschlands Gelübde gelöst war, als das herrliche Bild von seiner Höhe ernst auf die Tausende herabblickte, in deren Stimmen sich das Entzücken eines ganzen Volkes aussprach, muß für alle Zeugen des bedeutungsvollen Augenblicks ein unverwischbarer seyn."

Aus heutiger Sicht nicht mehr recht vorstellbar, war dies einer der großen Höhepunkte in der Geschichte bürgerlicher Selbstdarstellung und vielleicht die erste Gelegenheit, bei der außer diversen Werkausgaben auch entsprechende kitschige Souvenirs auf den Markt kamen: Schiller-Busennadeln, Gipsfiguren, „Schiller-Bonbons und Schiller-Trinkgläser, aus denen der Schillerwein vorzüglich mundet, Schillerdosen und Tabakspfeifen", „Schiller-Hüte von Filz und von Stroh, die Schiller Gogelhopfen nicht zu vergessen".

Kritische Stimmen meldeten sich aus Kreisen des Adels – nicht des Hofes, der König hatte sich sogar an der Finanzierung beteiligt – und der kirchlichen Hierarchie, die hier einen Götzendienst witterte. Diesem Vorwurf trat Gustav Schwab, der als führender Vertreter des schwäbischen Literaturlebens die Festrede hielt, mit dem Argument entgegen, „nichts stimmt uns mehr zur Andacht, zur Anbetung des lebendigen Gottes, als die Erscheinung und Verkörperung des Genius auf Erden". Ein anderer Kritikpunkt betraf die Haltung des Standbilds, von Thorvaldsen als „dantesk" und von Schopenhauer als „pensive Stellung" bezeichnet, „als könne er den Reim nicht finden", eine bis heute ungewöhnliche Denkmalpose. In der Zeit des Vormärz mußte sie auf Widerspruch stoßen, galt Schiller doch als Galionsfigur der Liberalen und Patrioten. Formuliert hat dies Franz Dingelstedt in seinem langen Gedicht „Vor Schillers Standbild in Stuttgart. An Thorvaldsen", dessen Kernaussage lautet:

Der erste Dichter solch ein Mucker,
Ein trübes Dunkelmanns-Gesicht?!

Wie? dieser Kopf- und Nackenhänger,
Der wie ein Säulenheilger steht,

Wär' meines Volkes Lieblingssänger,
Der deutschen Jugend Urpoet?
Wo denn auf dieser Stirn ein Schimmer
Von seinen Göttern Griechenlands,
Der Freude rosiges Geflimmer,
Der Ideale gold'ner Glanz?
[...]
Ha! Schlimm genug, daß wir Lebendigen
Krumm wie dein Schiller stehn und gehn,
Daß wir, nachgebend dem Nothwendigen,
Statt in die Welt zur Erde sehn;
Den Todten war's nicht so beschieden,
Und, fremder Mann, du weißt es nicht,
Daß ach! mit ihrer Größ' hienieden
Auch uns'res Volkes Größe bricht!

Solche Töne – die Mitte des 19. Jahrhunderts natürlich einem anderen Impetus entsprangen – erinnern an das mit den Jahrzehnten zunehmende nationale Pathos, das die späteren Schillerfeiern prägte, bis hin zur nationalsozialistischen Vereinnahmung des Dichters anläßlich des 175. Geburtstags im Jahr 1934, als der Platz endgültig nach ihm benannt wurde.

1942 montierte man das Denkmal vorsorglich ab und lagerte es im Wagenburgtunnel ein, aus dem es nach Kriegsende auf Anordnung der amerikanischen Besatzer unbeschadet wieder hervorgeholt wurde. Schon am 10. November 1945 übergab der Chef der Militärregierung das Schiller-Standbild der Öffentlichkeit mit den auffordernden Worten, es solle mit ihm ein neuer Geist die Bürger von Stuttgart beseelen.

Inmitten der zerstörten Gebäude scheint der gesenkte Kopf des Dichters von großer Traurigkeit zu sein. Bis heute wechselt sein Ausdruck, je nach Tageszeit, Sonnenschein oder Mondlicht und je nachdem, ob ihn der Blumenmarkt, das Weindorf oder die Buden des Weihnachtsmarkts umgeben ...

Das Gebäudeensemble rund um den **Schillerplatz** wurde nach dem Zweiten Weltkrieg wiederaufgebaut, mit einer Ausnahme, die Hermann Lenz benennt:

Drüben an der Dorotheenstraße, wo ein graues Geschäftshaus mit kantigen Arkaden die frühere Bombenlücke fühlen läßt, stand jener Gasthof zum König von England, in dem Jean Paul und Thorwaldsen abgestiegen sind. Chopin, der damals noch Szopen hieß, hat hier erfahren, daß Warschau gefallen war, und fast die ganze Nacht auf dem Flügel phantasiert; es heißt, daß so die Revolutionsetüde entstanden sei. Ludwig Börne hat den Mittagstisch dieses Gasthofs gerühmt …

Der „König von England" war seit seiner Erweiterung und eleganten Umgestaltung im Jahr 1800 das vornehmste Hotel in der Stadt; es verdankt seinen Namen der Tatsache, daß Friedrich von Württemberg in zweiter Ehe die englische Prinzessin Charlotte Auguste Mathilde geheiratet hatte. Ursprünglich hatten hier drei kleinere Häuser gestanden, in denen 1712 das erste Stuttgarter Café eröffnet worden war. Im Erdgeschoß befanden sich Trinkstuben, während die „Table d'hôte" im ersten Stock, in einem gleichzeitig als Festsaal dienenden, klassizistisch ausgeschmückten großen Speisesaal gereicht wurde. Wilhelm Hauff läßt seine Novelle *Die Bettlerin vom Pont des Arts* (1826) dort spielen und den Wein des Herrn Schwaderer – so hießen die Wirtsleute bis 1850 tatsächlich – als „echt und gut" loben.

Das kann den überzeugten Biertrinker Jean Paul (1763–1825) kaum umstimmen, denn schon am Tag nach seiner Ankunft in Stuttgart sucht er sich ein Privatquartier und zieht in die Friedrichstraße um, wie er am 9. Juni an Heinrich Voß schreibt:

Mehr glücklicher Weise hat er [Verleger Cotta] sich selber auf eine Woche mit Familie auf sein Landgut davongemacht und mir dadurch das Wohnen in seinem Palast erspart, das ich ihm schwerlich hätte abschlagen können. Jetzo ruh ich seit heute selig in Abrahams gemietetem Schoß, nämlich in zwei Zimmerchen des Kaufmanns Carl Mohr. Himmel! wie erbleicht und verschießt dagegen der König von England, so glänzend und ungemütlich und teuer der auch für mich gewesen!

Und seiner Frau Caroline teilt er mit, daß er bei einem herrlichen kinderlosen Ehepaar so gemütlich wohne wie sonst nur in Nürnberg „mit brauchbaren Möbeln und Aussicht und allem". Sonst gefällt es ihm in Stuttgart nicht besonders, mit Ausnahme der Fahrt von Cannstatt durch die Anlagen und der Silberburg, das sei „die schönste Stelle. Alles Schöne liegt aber weit von Stuttgart". Die Menschen findet er häßlich, schlicht und anspruchslos, das Essen schmeckt ihm nicht, das hiesige Dinkelbrot vergleicht er mit getrocknetem Kleister oder Pappmaché, und überhaupt würde man „aus den Thees gewöhnlich ohne Abendbrot heimgeschickt, das ich dann für einige Groschen im Gasthofe suchen muß".

Tatsächlich ist Jean Paul, der zu dieser Zeit ein gefeierter Dichter und mit seinen Werken recht bekannt ist – „in jeder Gassenecke seh' ich den Rücken eines Verehrers stehen" –, täglich in den angesehensten Stuttgarter Häusern zu Gast: bei Matthisson und Reinbeck, Hartmann und Beroldingen verkehrt er zum Diner oder Thee, bei seinem Verleger Cotta ist er eingeladen („Es war ein Thee, und zwar ein lumpiger; kein Tropfen Punsch") und auch bei der Redakteurin des *Morgenblatts*, Therese Huber.

Die Gedanken, die Frédéric Chopin (1810–1849) im „König von England" plagten, als er im September 1831 auf der Durchreise von Wien nach Paris in Stuttgart abstieg, hatten wohl eher mit seiner, offensichtlich schon vor der Nachricht von der Niederschlagung der polnischen Revolution, depressiven Stimmung zu tun, als mit dem Hotel: „Stuttgart – Merkwürdig! Dieses Bett, in das ich mich schlafen legen werde, hat vielleicht mehr als einem Sterbenden gedient, und dieser Gedanke ruft in mir heute keinen Ekel hervor. [...] Ein Uhr nachts schlägt es von Stuttgarts Turmuhren. Ach! Wieviele Menschen sterben in diesem Augenblick auf der Welt!"

Ludwig Börne (1786–1837) hingegen, der zwischen 1820 und 1825 mehrmals für einige Wochen oder Monate in Stuttgart weilt, schwärmt von der Stadt – „Die Gegend um Stuttgart ist herrlich. Hohe Berge umgeben die Stadt, bis an die Gipfel mit Wein und Häuserchen bepflanzt. Hier möchte ich wohnen. Und so gute Leute!" Vor allem die Küche des „Königs von England" hat es ihm angetan:

Ich platze nächstens. In meinem Testamente vermache ich Ihnen aber meine schöne Leber. Die Spannung zwischen meinen Knopflöchern und meinen Knöpfen wird täglich größer, und ich sehe, daß eine förmliche Ehescheidung nicht ausbleiben kann. Die gerösteten Spätzler allein hätten das nicht getan, aber der Träubcheskuchen und die hundert anderen Herrlichkeiten, die ich täglich in mein Fleisch und Blut verwandele! Was Shakespeare unter den Dichtern ist, was Sie sind unter den Frauen, das ist der hiesige Wirtstisch im „König von England" unter den Wirtstischen. In den 12 Tagen, daß ich hier bin, habe ich nicht einen Tag gegessen, was den andern. Die mannigfaltigsten Suppen, die ausgesuchtesten Mehlspeisen, das herrlichste Dessert, in steter Abwechslung. […] Es ist schon viel wienerische Sinnlichkeit hier, man sieht Dickbäuche und glänzende mit Butter geschmierte Gesichter. Auch viel südliche Lebhaftigkeit. Unter den etlichen dreißig Menschen am Tische ist ein solcher Lärm, als man in Frankfurt nicht hört, wenn viele hundert beisammen sind.

Seine satirische Skizze *Der Eßkünstler* geht auf diese Erlebnisse zurück. In einem weiteren Brief an Jeanette Wohl erwähnt Börne, wie preiswert es im „König von England" sei, „das Abonnement des Mittagstischs mit Wein, im besten Wirtshause kostet 42 kr. [Kreuzer]", in Frankfurt müßte er dafür einen Gulden zahlen. Das Wohnen im Gasthof kommt ihn allerdings auf die Dauer doch zu teuer, denn er bezieht bei einem Herrn Fasetta in der Charlottenstraße „zwei Zimmer, sehr schön, mit der Aussicht ins Freie". Wie für Jean Paul, war der Grund des Stuttgart-Aufenthalts von Ludwig Börne die Geschäftsbeziehung zu dem Verleger Johann Friedrich Cotta. Die gemeinsamen Pläne zu einem Journal für Bürgerleben, Wissenschaft und Kunst mündeten zunächst in Börnes selbst herausgegebene Zeitschrift *Die Wage*; aufgrund der verstärkten Zensur nach den Karlsbader Beschlüssen arbeitete Börne dann vor allem für Cottas *Morgenblatt*.

Rappsches Haus (um 1926)

Gleich oberhalb der Stiftskirche (mit einem Denkmal für den Minnesänger Heinrich von Sachsenheim und dem Grab des Reformators Johannes Brenz), in der **Stiftstraße** 7, stand bis 1944 das Rappsche Haus, ein künstlerischer und gesellschaftlicher Treffpunkt zur Zeit der Wende vom 18. zum 19. Jahrhundert; daß hier Schiller und Goethe zu Besuch waren, dokumentierte bis zur Zerstörung des Gebäudes im Zweiten Weltkrieg eine Tafel. Besonders eine Episode hat das Haus berühmt gemacht: Am 5. September 1797 las Goethe den Familien Rapp, Dannecker und von Wolzogen aus seinem eben erschienenen Epos *Hermann und Dorothea* vor. Dannecker war begeistert: „Ach Gott wie schön, wie groß, wie voll Gefühl ist dieses Werk! Das heiß' ich zeichnen, mahlen, bilden, kurz ich war entzückt; es fatiguierte mich auch so, daß ich den anderen Tag zu nichts taugte." Und Rapps fünfjähriges Töchterchen soll am Ende in breitestem Schwäbisch ausgerufen haben: „Der Ma soll noch meh läsa!" Goethe fühlte sich geschmeichelt und schrieb an Schiller: „Ich hatte alle Ursache, mich des Effekts zu erfreuen . . und es sind unter allen diese Stunden fruchtbar geworden". Das größte Kompliment machte er nach dessen eigenen Worten dem Bildhauer Dannecker, von dem Goethe sich vor seiner Weiterreise nach Tübingen am 7. September mit den Worten verabschiedete: „Nun habe ich Tage hier verlebt, wie ich sie in Rom lebte."

In das Haus des Hofbankdirektors Rapp (1761–1832) war Goethe durch die Empfehlung Schillers gekommen. Als Sohn eines erfolgreichen Tuchhändlers in Stuttgart geboren, wäre Gottlob Heinrich Rapp lieber Künstler als Kaufmann geworden. Nach dem Tod des Vaters mußte der 22jährige dessen Geschäft übernehmen, engagierte sich aber für die Künste und auch für die sozialen Belange der Gesellschaft: er bekleidete zahlreiche öffentliche Ämter, wurde Vorsitzender der von Königin Katharina eingerichteten Sparkasse, beteiligte sich an der Gründung von Cottas Zeitschrift *Morgenblatt für gebildete Stände*, gründete mit Cotta die erste lithographische Anstalt und den Württembergischen Kunstverein, förderte Kunstausstellungen wie die seines Schwiegersohnes Sulpiz Boisserée. Man kann ihn sich als den Idealtypus eines Bildungsbürgers denken, der sogar selbst produktiv wurde: Er schrieb für Cottas Zeitschriften und Kalender und verfaßte 1810 eine lehrreiche Abhandlung über *Das Geheimniss des Steindrucks in seinem ganzen Umfange*. Charlotte Schiller charakterisierte ihn treffend: „Er vereinigt so viel feine Bildung mit einem thätigen Leben und weiß so viel Geist und Genuß in sein Leben zu legen. Und dabei die große Güte und Zartheit des Gemüths, die so selten ist, und sein Talent. Er ist reich von der Natur begabt."

Von 1872 bis 1944 beherbergte das Rappsche Haus die Buchhandlung Lindemann, die heute nicht weit davon entfernt ist:

mit ihrem allgemeinen Sortiment in der Hirschstraße, der Film- und Fotobuchhandlung in der Nadlerstraße. Außerdem – welche Bestätigung des Genius loci – war von Juli 1933 bis 1936 hinter dem Lager der Buchhandlung im ersten Stock die Redaktion der *Sonntags-Zeitung* untergebracht. Der Auflagenschwund als Folge der Repression durch die Nationalsozialisten – denn Bezug war fast ebenso riskant wie Mitarbeit – hatte Erich Schairer gezwungen, sich nach günstig zu mietenden Räumen umzusehen. Erst kurz zuvor war das zweite Verbot vom Innenministerium unter den Voraussetzungen aufgehoben worden, daß keinerlei Tagespolitik vorkommen dürfe und Loyalität gegenüber dem Regime gefordert sei. Ohne seinen aufklärerischen Impetus aufzugeben, gelang es dem überzeugten Sozialisten Schairer, mit scheinbar unpolitischen Themen oder geschickt gewählten Zitaten subversive Aussagen zu machen. Trotz ständiger Überwachung und Einstufung als staatsfeindliches Organ existierte die *Sonntags-Zeitung* unter Schairer noch bis 1937, dann erhielt er Berufsverbot und mußte das Blatt verkaufen. Immerhin war es ihm 17 Jahre lang gelungen, „mit der Setzmaschine in Opposition" zu gehen und den einmaligen Beweis anzutreten, daß eine Wochenzeitung ohne Inserate möglich ist, oder jedenfalls in der ersten Hälfte des 20. Jahrhunderts möglich war. Nach dem Zweiten Weltkrieg wurde Erich Schairer neben seinem ehemaligen *Sonntags-Zeitungs*-Mitarbeiter Josef Eberle Herausgeber der *Stuttgarter Zeitung*.

Gegenüber dem Rappschen Haus – und heute wie dieses ein Modegeschäft – stand früher das Mäntlersche Haus, Stiftstraße 5, in dem von 1800 bis 1808 der Bildhauer Dannecker lebte; es ist auch in Mörikes *Hutzelmännlein* erwähnt und historisch bedeutend, weil es 1440 als herrschaftliche Kanzlei errichtet wurde. Unter den Namen „Neues Steinhaus", „Stiftspropstei" und „Schlößle" bekannt, war es Wohnhaus unter anderem von Johannes Brenz (1499–1570). Der Straßenname „Unter der Mauer" erinnert daran, daß hier, wo alle Häuser neu sind, die älteste Keimzelle der Stadt lag, innerhalb von Stadtmauer und Großem Graben.

An das Rappsche Haus schloß sich oberhalb ein schöner Garten an, der bis zur Ecke der **Königstraße** reichte. Auf der gegenüberliegenden Straßenseite, an der Ecke zur damaligen Linden- (heute Kienestraße), stand das Cotta-Haus (Nummer 42), und eine Plakette weist darauf hin, daß hier am 27. April 1764 Johann Friedrich Cotta geboren wurde. Einige Jahre zuvor hatte sein Vater, der Hofbuchdrucker Christoph Friedrich Cotta das Haus erworben.

J. F. Cotta besuchte in Stuttgart das Gymnasium und absolvierte danach in Tübingen ein juristisches Studium, das er mit Promotion abschloß. 1787 übernahm er die Führung der seit 1659, in der fünften Generation in Tübingen bestehenden J. G. Cotta'schen Verlagsbuchhandlung und erreichte durch wirtschaftliche Begabung, Ehrgeiz und Fleiß in kurzer Zeit die Konsolidierung des Geschäfts. 1810 verlegte er es nach Stuttgart in die Königstraße 31.

Der Wendepunkt zum Erfolg kam durch die von Friedrich Haug gestiftete Verbindung zu Schiller und das Projekt der *Horen*. Während Schillers Stuttgart-Besuch wurden am 4. März 1794 bei einem gemeinsamen Ausflug über den Rosenstein nach Cannstatt bis Untertürkheim die Möglichkeiten einer Zusammenarbeit besprochen. Zunächst willigte Schiller in die Herausgabe einer politischen Tageszeitung ein und erbat von Cotta als Gegenleistung eine „litterarische Monathsschrift *Die Horen*". Von dem Vertrag über die Tageszeitung trat er zwar aus gesundheitlichen Gründen zurück, Cotta verwirklichte den Plan aber trotzdem und gründete die *Allgemeine Weltkunde,* nach 1799 unter der Redaktion Ludwig Ferdinand Hubers mit dem Titel *Allgemeine Zeitung*. Um der Zensur zu entgehen, wurde sie später nach Bayern verlegt und so zur bis heute existierenden *Allgemeinen Augsburger Zeitung*.

Die Horen erschienen nur von 1795 bis 1797 – zu hoch war der Anspruch, den Schiller sich gesetzt hatte und zu gering das Publikumsinteresse. Der Verlag hatte dennoch einen eminenten Vorteil davon, denn die von Schiller gewonnenen Mitarbeiter waren die bedeutendsten Autoren der Zeit und publizierten nahezu alle bei Cotta: Johann Gottfried Herder, Friedrich Wilhelm Joseph Schelling, Friedrich Hölderlin, Jean Paul, Alexander und Wilhelm von Humboldt und natürlich Goethe. Daß man an einem solchen Dichter nicht sparen dürfe, erklärte Schiller Cotta 1795 in einem Brief: „Ein Mann wie Göthe, der in Jahrhunderten kaum einmal lebt, ist eine zu kostbare Aquisition, als daß man ihn nicht, um welchen Preiß es auch sey, erkaufen sollte".

Obwohl er gelegentlich als Geizhals charakterisiert wird, hatte Cotta wohl das richtige Gespür dafür, wann ordentliche Honorare sich rentierten; jedenfalls wurde er *der* Verleger der deutschen Klassik und nach 1815 zumindest der schwäbischen Romantiker mit Justinus Kerner, Ludwig Uhland, Gustav Schwab, Wilhelm Hauff. Eine vielleicht sogar typische Episode berichtet Ferdinand Freiligrath: Von seinem bei Cotta erschienenen Gedichtband war in Holland ein wesentlich billigerer Raubdruck hergestellt worden, worauf der Verleger mit einer noch günstigeren Auflage in 2000 Exemplaren reagierte. Ob dieser „spottwohlfeile Konkurrenz-Freiligrath" seinen Zweck erfüllte, ist leider nicht überliefert.

Neben weiteren Journalen (*Amaliens Erholungsstunden* und *Flora* für „Teutschlands Töchter", *Miszellen*) gründete Cotta das *Morgenblatt für gebildete Stände*, dessen erste Nummer am 1. Januar 1807 erschien, und zwar zum großen Erstaunen ihres Autors mit einer „Abschieds=Rede bei dem künftigen Schlusse des Morgenblatts" von Jean Paul: „Eine Zeitschrift, diese Dutzend und Terzien-Uhr der Zeit, muß mit der Zeit fortgehen, wie jede Uhr, und sogar fortfliegen", hieß es da. Das Abonnement für ein halbes Jahr kostete 10 Gulden, wofür die Abnehmer über jedes Postamt und jede Buchhandlung das (bis 1851 täglich, danach wöchentlich erscheinende) *Morgenblatt* beziehen konnten. Dies war nicht billig, so daß die Auflage nie über 1700, 1800 Exemplare hinauskam. Weniger Privatleute als vielmehr Bibliotheken und Lesegesellschaften in Württemberg, Bayern, Franken, Sachsen, am Rhein und in der Schweiz bezogen die Zeitschrift, die wiewohl täglich gedruckt, keine Tagesaktualität besaß:

Sie brachte Abdrucke und Fortsetzungen schöner Literatur – wie im Frühjahr 1842 die der *Judenbuche* von Annette von Droste-Hülshoff –, Abhandlungen zur Kunst und Kultur, Reisebeschreibungen, biographische Skizzen, Anekdoten, Epigramme, Rätsel und Charaden. Einzig Politik war ausgeschlossen.

Die Kulturzeitschrift existierte 59 Jahre, nach 1840 als *Morgenblatt für gebildete Leser,* und enthielt neben einer Fülle außerordentlicher Beigaben wie Kupferstiche, Lithographien, Noten auch regelmäßige Beilagen wie das *Intelligenz-Blatt,* die *Übersicht der neuesten Literatur,* das *Kunst-Blatt* und das *Literatur-Blatt.* Letztgenanntes wurde erst von Adolph Müllner, dann ein Vierteljahrhundert lang von Wolfgang Menzel redigiert. Beide zeichneten sich durch Scharfzüngigkeit bis Bösartigkeit aus, zudem durch eine dogmatische und konservative Haltung, die der Metternichschen Obrigkeit zuarbeitete. Des „Literatur-Papst" Menzels Polemiken machten oft nicht einmal vor Autoren des eigenen Verlags, geschweige denn vor Goethe halt und trugen 1835 maßgeblich zum Verbreitungsverbot von Büchern der Autoren des „Jungen Deutschland" bei. Ludwig Börne, selbst Beiträger von *Morgen-* und *Literatur-Blatt,* reagierte mit einer Schrift *Menzel, der Franzosenfresser* und Heine, ebenfalls Cotta-Autor, bezeichnete ihn in seinem Text *Ueber den Denunzianten* als „Sittenwart von Stuttgart".

Offensichtlich hatte Johann Friedrich Cotta bei der Wahl seiner Mitarbeiter nicht immer eine glückliche Hand, auch beim *Morgenblatt* gab es anfangs häufige Querelen mit den Herausgebern und Redakteuren. In den Jahren 1817–1823, als die engagierte Therese Huber (1764–1829) das Feld beherrschte, reüssierte die Zeitschrift von der provinziellen zur national beachteten Publikation. „Ich thue alles was dem *Morgenblatt* angeht mit lebendigen Eifer", schrieb sie 1820 an Cotta mit der Bitte um Erhöhung ihres Honorars, und: „Keine Mühe kann mich, so weit meine Kräfte gehen, je verdrießen – das ist gar nicht in meinem Karakter. [...] So lange ich beim *Morgenblatt* meinen Platz einnehme, thue ichs so von ganzen Herzen, deshalb bin ich auch so eifrig darüber." Das Honorar – sie erhielt 700 Gulden jährlich, deutlich weniger als die männlichen Kollegen – wurde nicht erhöht, Therese Huber blieb und hatte natürlich weiterhin Streitigkeiten mit dem Verleger, der mindestens so herrschsüchtig wie sie selbst war: „Da schreibt er mir in einem Billet: warum befolgen Sie nicht meine Verordnung – das ist nun der erste Mensch auf Erden der mir eine Verordnung giebt. Ich habe keine Silbe geantwortet."

Obwohl ihr aufgrund diverser Mißverständnisse die Redaktion entzogen worden war, fiel ihre Charakterisierung Cottas dennoch fair und glaubwürdig aus:

Cotta wird Gott Vater immer ähnlicher – er disponirt über Menschen und Maschinen, immer mehr mit gleicher Willkühr; aber gewiß auch mit gleicher Absicht beide zu Ehren und Vortheil zu bringen. Die Maschinen brechen zuweilen, die Menschen sind zuweilen unglücklich, und die muthigen werden gern bald, aber mit Dank und Wehmuth sich von diesem seltsamen Mann loßlösen. Die Eigennüzigen mißbrauchen ihn ungescheut – denn sie nehmen sein Geld als theile ein Göttliches agrar Gesetz es ihnen zu, um die Gleichheit der Güter etwas zu erwecken. Er hat kein richtiges Urtheil über den Werth geistiger Produkte, zahlt daher die frechen immer am besten. Außerdem überlädt sich der Mann mit zu Vielen – er befördert Anstalten welche nüzlich sein würden wenn Handel und Wandel frei wäre; nach seiner Ansicht sollen sie die Fürsten nöthigen, die Sperren zu heben. Geschieht das, so wird sein Vorschuß für Dampfschiffe, Eisenbahnen, Spinnmaschinen, ewig Papier mühlen, ungeheuer rentiren. Hier kommts drauf an wer am längsten aushält, sein Beutel oder Fürsten Verkehrtheit – ich halte diese lezte für hartnäckiger.

Und Heinrich Heine, ein wichtiger Mitarbeiter in der *Allgemeinen Zeitung* und im *Morgenblatt*, resümiert 1852 ganz ohne Spott und Tadel in einem Brief an Cottas Sohn:

Da tritt oft vor meine Seele das Bild Ihres seligen Vaters, des wackern würdigen Mannes, der mit der vielseitigsten deutschen Ausbildung einen in Deutschland seltenen praktischen Sinn verband, der so brav und so ehrenfest war, auch so höflich, ja hofmännisch höflich, so vorurtheilsfrei, so weitsichtig, und der bei seinen großen Verdiensten um die geistigen wie materiellen Interessen des Vaterlandes, dennoch von einer so rührenden Bescheidenheit war, wie man sie nur bei alten braven Soldaten zu finden pflegt. Das war ein Mann, der hatte die Hand über die ganze Welt!

Zu dieser Einschätzung paßt, daß Zeitgenossen Johann Friedrich Cotta den „Napoleon unter den Buchhändlern" nannten, darauf anspielend, wie erfolgreich er in allen Bereichen seines Wirkens war. Seine Auffassung vom Verlagswesen, von den geistigen und wirtschaftlichen Bedingungen des Berufsstandes machten ihn zum Politiker: auf dem Wiener Kongreß 1815 vertrat er den deutschen Buchhandel mit der Forderung nach unbedingter Pressefreiheit. Als Mitglied der württembergischen Ständeversammlung setzte er sich für eine zeitgemäße, liberale Regierungsform ein, 1819 gehörte er zu den Unterzeichnern der Verfassungsurkunde, außerdem war er an den Verhandlungen über einen Zoll- und Handelsvertrag zwischen den süd- und den norddeutschen Ländern beteiligt. Damit nicht genug, betrieb er Schafzucht auf der Alb, besaß in Baden-Baden das Hotel „Badischer Hof" und war Hauptaktionär der Bodensee-Dampfschiffahrt.

Auf den innovativen Gründer Johann Friedrich Cotta folgten 1832 sein Sohn Georg als konsolidierender Nachfolger und der Enkel Karl als konservativer Bewahrer. 1888 wurde der Verlag an Adolf Kröner verkauft; 1977 übernahm der „Allgemeine Verlag von Ernst Klett" die „J. G. Cotta'sche Buchhandlung" und bringt seither unter dem Label „Klett-Cotta" ein Programm der Humanwissenschaften und Literatur.

In wenigen Jahrzehnten hatte der Verlag von Cotta Weltgeltung erhalten, wobei ihm die politische und wirtschaftliche Entwicklung der nach-napoleonischen Ära zugute gekommen war:

Das selbstbewußte Bürgertum hatte den Bedarf an Lektüre sprunghaft und dauernd ansteigen lassen – man sprach, wie heute von Fernsehsucht, damals von Lesesucht. Dem Stuttgarter Buchmarkt hatte zudem genützt, daß nach der Thronbesteigung König Wilhelms I. 1817 die Zensur abgeschafft wurde. Auch nach deren Wiedereinführung einige Jahre später handhabte man sie in Württemberg vergleichsweise liberal, und Stuttgart konnte so zur heimlichen Hauptstadt des Buchhandels werden. Von zwei Firmen um 1800, der Metzlerschen (gegründet 1691 und seit 1765 in der Büchsenstraße 19 ansässig) und der Erhardschen, stieg die Zahl bis um die Jahrhundertmitte auf 52 Unternehmen an. Seither weist die Statistik Stuttgart immer einen der vorderen Plätze innerhalb Deutschlands zu, inzwischen den dritten bei der Anzahl der produzierten Buchtitel und den fünften in der Rangliste der Zahl von Verlagen – allerdings für Fachbücher und Wissenschaften.

»Stuttgart wurde mir je länger, je lieber. Die guten Menschen da können nichts für die Nässe und die Gluth, die mir und ihnen so vieles verdarben.«

JEAN PAUL

Bei unserem Gang die **Königstraße** hinauf passieren wir den ehemaligen Standort des Geburtshauses von Gustav Schwab (Nr. 39/41); eine Gedenktafel ist an seinem Wohnhaus Hohestraße 8/Ecke Gymnasiumstraße angebracht, in das er 1818 nach der Heirat mit Sophie zog. Als Jugend- und Lesebuchautor zählte Schwab lange zu den bekanntesten – man denke an *Die schönsten Sagen des klassischen Altertums* und die Ballade *Der Reiter auf dem Bodensee* –, und unzählige Straßen in Württemberg wurden nach ihm benannt: in der Hauptstadt eine der längsten, beginnend am Schwabtunnel. Fast sein ganzes Leben (1792–1850) verbrachte Schwab in Stuttgart, abgesehen von der Studienzeit in Tübingen, einigen Reisen und einem kurzen Intermezzo als Pfarrer auf der Alb. Neben seinem Beruf als Professor am Gymnasium, Amtsdekan und Pfarrer an der Leonhardskirche, später „kgl. Oberstudienrat des Konsistoriums" für kirchliche Verwaltung, war er, mehr als ein eigenständiger Schriftsteller, Sammler und Vermittler – unter anderem von Hölderlin-Gedichten –, Mentor für jüngere Kollegen (Mörike, von Platen, Waiblinger, Hermann Kurz und Wilhelm Hauff) und Berater nicht zuletzt des Verlegers Cotta. Mit Adelbert von Chamisso gab er von 1833–1838 den *Deutschen Musenalmanach* heraus, zog seine Mitarbeit zurück und veranlaßte auch alle anderen schwäbischen Dichter dazu, als der Leipziger Verleger ein Porträt Heinrich Heines an den Anfang stellen wollte. Dies wurde neben anderen Attacken aus Württemberg zum Anlaß für Heines Generalabrechnung in seinem *Schwabenspiegel* (1838), in dem er Schwab boshaft-ironisch – Kritik in Lob verpackt – aufspießt: „Der bedeutendste von ihnen ist der evangelische Pastor Gustav Schwab. Er ist ein Hering in Vergleichung mit den anderen, die nur Sardellen sind; versteht sich, Sardellen ohne Salz. Er hat einige schöne Lieder gedichtet, auch etwelche hübsche Balladen; freilich mit einem Schiller, mit einem großen Walfisch, muß man ihn nicht vergleichen."

Die Wohnung Schwabs in der Hohen Straße war ein beliebter Treffpunkt für Schriftsteller aus dem ganzen deutschen Sprachraum, „ein literarisches Hauptquartier". Es käme ein Besuch nach dem anderen, schrieb Sophie Schwab an die befreundete Friederike Kerner, die mit ihrem Justinus in Weinsberg ein ähnlich offenes Haus führte. Daß sie sich neben der damals unvorstellbar mühevolleren Hausarbeit und Schreibarbeiten für den Ehemann gerne Zeit für die Gäste nahm, wissen wir von Nikolaus Lenau, den das dortige Ambiente im Herbst 1831 zwei Monate lang „unwiderstehlich fesselte" und der von den Stuttgarter Begegnungen als einer „poetischen Wallfahrt" schwärmte. Der junge Dichter aus Ungarn muß sehr anfällig für die Bemutterung durch seine „innigen Freundinnen", die praktischen schwäbischen Hausfrauen gewesen sein. Schwab seinerseits ermunterte Lenau, las dessen Gedichte im Leseverein vor und brachte ihn zu Cotta.

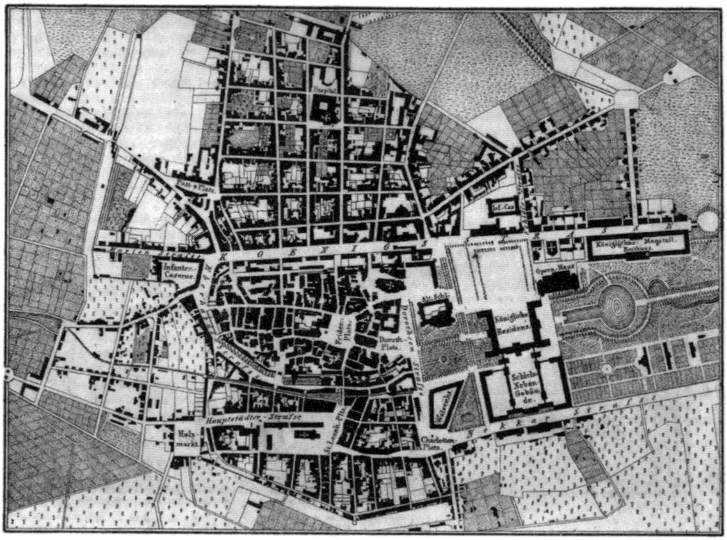

Stadtplan von Stuttgart (um 1810/20)

Ein derart gastfreies Haus oder gar einen Salon konnte Therese Huber natürlich nicht führen, gehörte sie doch als erste deutsche Redakteurin zu den ganz wenigen berufstätigen Frauen ihrer Zeit. Entsprechend fielen Kritik und Bosheiten der männlichen Kollegen aus: Adolph Müllner wollte nicht unter den „Pantoffel einer Matrone" kriechen, Friedrich Schiller warnte vor ihrer Impertinenz – „Mit diesen schlechten Naturen beschmutzt man sich nur" –, Wilhelm Hauff karikierte sie in seinen *Mittheilungen aus den Memoiren des Satan* (1825) als „trivial mordende" Dame, was sie ihrem späteren Nachfolger in der Redaktion des *Morgenblatts* sehr übelnahm.

Als Frau mit einer außergewöhnlichen Biographie – von der vermeintlichen Revolutionärin, der untreuen Ehefrau gegenüber ihrem ersten Mann Georg Forster zur erfolgreichen Schriftstellerin, bedeutenden Publizistin und alleinerziehenden Mutter – wurde Therese Huber in Stuttgart eine Institution mit Kontakten in die verschiedensten gesellschaftlichen Kreise: „Innigkeit finden wir nirgend, Artigkeit überall", stellte sie süffisant fest und erläutert ihre Einschätzung in einem Brief von 1816:

Die Eigenschaft welche man den Wirtb. unter den Titel: Gemüthlich anrühmt, ist ein zutäppisches Wesen das statt Lebensart getrieben wird; aber von Theilnahme und Dienstfertigkeit ganz leer ist. So bald irgend etwas den Leuten imponirt nicht zutäppisch sein zu können, sind sie unhöflich steif, oder kriechend unterthänig. De tirer le diable par la queue für die gredins und etwas *aufzustecken* (zu ersparen, anzulegen) für die Wohlhabenden, ist das einzige Intereße was ich betreiben sah; ist dann noch ein Gefühl neben dem eignen Durchbringen, so ist es die Vetterschaft. Die Männer sizen in täglichen Zusammenkünften bei schlechten Wein und Tabak, die Frauen mit und ohne Karten am schläfrigen Theetisch oder sonst etwas. Aber dieses tägl. Zusammenlaufen stiftet keine Innigkeit, Vertraun, Hülfreichigkeit – kommt Noth am Mann, so weiß keiner von dem Andern.

Ein herbes Urteil, das verbitterter klingt, als die „Huberin" war, jedenfalls stellt man sie sich nach Justinus Kerners Dankesworten vom Januar 1822 anders vor: „Die Erinnerung an die vergnügten Stunden die ich in Stuttgardt hauptsächlich durch ihre Güte genoß begleitet mich freundlich durch den trüben Winter."

Die Persönlichkeiten, mit denen sie korrespondierte, besuchten sie bei Gelegenheit: Auf ihrer Gästeliste standen neben vielen anderen Karoline von Humboldt und Henriette Herz, Varnhagen van Ense, Jean Paul, der während seines Stuttgarter Aufenthalts mehrmals bei ihr zum Tee war und sie eine „geist- und herrliche Frau" nennt, oder Ludwig Börne, von dem eine amüsante Beschreibung in einem Brief an Jeanette Wohl vom November 1820 überliefert ist:

Ich habe gestern Frau Huber besucht, die Morgenblattlaus. Sie wohnt auf Dichterart dem Himmel näher als andere Menschen, im höchsten Stocke des Hauses. Erbärmlich genug sieht

es bei ihr aus. Sie ist eine Frau in den besten Jahren – für den Ehemann, wenn er jung ist, so zwischen sechzig und mehr, klein und hager, etwas quecksilbern und sehr jovialisch.
Sie trägt eine Haube und darüber einen Schleier auf Nonnen- oder Matronenart. Ich habe mich eine Stunde lang recht angenehm mit ihr unterhalten.
Sie hatte einen Husten, der sie und mich plagte, sie aber länger. Denn da sie leise sprach und ich sie oft nicht verstand, fragte ich „He?", worauf sie sich anstrengen mußte und lauter sprach. Wenn die drei Arzneien, die sie zu gleicher Zeit einnimt, nicht ihren Zweck erreichen, so hat sie mir ihren Tod zu verdanken. Sie ist ein satirischer – nicht Engel wie Sie – sondern Drache. Sie macht sich über alles und alle lustig, besonders über die Mitarbeiter oder Mitarbeitsuchenden beim *Morgenblatte*. Von denen hat sie mir nun die lustigsten Dinge erzählt.

Therese Huber ist übrigens erst 56 Jahre alt, und wenn man einer Äußerung glauben darf, trotz zehn Schwangerschaften zwanzig Jahre jünger wirkend: „Haltung, Gang, Lebhaftigkeit, alles ist jugendlich an ihr". Daß es bei ihr erbärmlich aussehe, mag hingegen stimmen, denn man weiß, wie sehr sie mit dem Geld rechnen mußte: allein für Wohnung und Holz gab sie die Hälfte ihres Morgenblatt-Honorars aus. Sie wohnte zu dieser Zeit in der **Alten Poststraße** 4, später in der Hirschgasse und der Marienstraße 3b, wo eine Tafel an sie erinnert. Zwischen 1798 und 1804, als ihr zweiter Mann Ludwig Ferdinand Huber Cottas *Allgemeine Zeitung* betreut hatte, war ihre Wohnung in der Langen Straße 20. Daher datiert ihre Freundschaft mit dem Staatsrat August von Hartmann und seiner Frau Mariette. Wegen solcher „vortrefflicher" Menschen bezeichnete sie die Stuttgarter Jahre nach ihrem Weggang wehmütig als die liebsten ihres Lebens.

Hier muß nun ein Exkurs über das Hartmann-Reinbecksche Haus folgen, das über drei Generationen und an verschiedenen Orten das Zentrum der gebildeten Stuttgarter und Anziehungspunkt für durchreisende Fremde war.

Der Domänenrat Johann Georg Hartmann (1731–1811) hat damit begonnen, in der Casernenstraße 20 auf dem Bollwerk (heute Fritz-Elsas-/Ecke Leuschnerstraße) Intellektuelle aus Kunst, Wissenschaft und Politik um sich zu versammeln: Goethe ist auf Vermittlung von Lavater während seines ersten Stuttgart-Aufenthaltes zu Gast und verbringt besonders gern seine Abende dort. Johann Caspar Schiller, den Vater, nannte Hartmann seinen „wahren Freund" und redigierte dessen Buch über die Obstbaumzucht; er selber züchtet Seidenraupen auf Maulbeerbäumen bei der heutigen Seidenstraße. Für Friedrich Schiller ist Hartmann die erste Anlaufstelle, als er Stuttgart wieder betritt; er mietet sich dann im Frühjahr 1793 darauf nicht weit entfernt im Hofküchengartenhaus in der Augustenstraße 9 1/2 ein, schreibt am *Wallenstein* und an seinen *Ästhetischen Briefen*. Im Hartmannschen Haus verkehren Nicolai, Jung-Stilling und Schubart nach seiner Entlassung vom Hohenasperg, logieren Karl Mayer und Friedrich Matthisson längere Zeit und Wilhelm Hauff wohnt hier während seiner letzten Monate bis zu seinem Tod im November 1827.

Der älteste Sohn, August Hartmann (1764–1849), Jurist und Professor an der Hohen Carlsschule, später Geheimrat und Verwalter der von Königin Katharina eingerichteten Wohltätigkeitsinstitutionen und Erziehungsanstalten, führt die Tradition mit seiner Frau Mariette fort. In ihrem Haus begegnen sich die schwäbischen Dichter, sind Gäste wie Ludwig Tieck und Jean Paul willkommen, aber vor allem ist es Ort des „Lesekränzchens", der bescheideneren Stuttgarter Variante eines Salons, dem die Familien von Wangenheim, Schwab, Matthisson und Therese Huber angehören. Hier findet die Scherenschneiderin Luise Duttenhofer (1776–1829), die mit ihrem Mann, dem Kupferstecher Christian Friedrich Traugott Duttenhofer, nicht weit entfernt in der Casernenstraße 10 wohnt, Vorbilder für ihre originellen und virtuosen Porträts. Über die ambivalente Reaktion der Konterfeiten auf ihre Silhouettenkunst – die zweimal öffentlich ausgestellt wurde – reimte Johann Christoph Friedrich Haug ein treffliches Epigramm:

Ich fürchte die Schere der Parzen sehr;
Doch, weiblicher Hogarth, die Deine mehr.
Zusatz.
Allein – Ich sag's mit Offenheit –
Trotz heimlicher Betroffenheit
Bewundr' ich die Getroffenheit.

Interieur des Hartmann-Reinbeckschen Salons

1829 bezieht Hartmanns Tochter Emilie (1794–1846) mit ihrem Mann, dem Gymnasialprofessor und *Morgenblatt*-Mitarbeiter Georg Reinbeck ein neues Haus am anderen, nördlichen Ende der Stadt, in der Friedrichstraße 14. Die literarische Anziehungskraft im nun Hartmann-Reinbeckschen Haus bleibt dieselbe und ist wesentlich der „köstlichen Frau" zu verdanken, wie Lenau Emilie nennt. Der hübsche junge Dichter, eigentlich Nikolaus Niembsch Edler von Strehlenau (1802–1850), bezaubert die Herzen seiner Umgebung, nicht nur die weiblichen, durch Liebenswürdigkeit, durch sein Gitarren- und Geigenspiel, und Emilie Reinbeck ist als verständnisvolle Freundin bald damit beschäftigt, ihn von einer Verbindung mit Schwabs Nichte Charlotte Gmelin abzubringen, die er nicht gleich heiraten will. Ob das aus engem Moralverständnis geschah oder zum Schutz des

Mädchens, das verständlicherweise nicht als sitzengelassene Muse eines umschwärmten Dichters enden wollte? Jedenfalls schreibt Lenau unter dem Eindruck der Trennung die „Schilflieder", die 1832 im Morgenblatt abgedruckt, von Emilie Reinbeck illustriert und von der Stuttgarter Komponistin Emilie Zumsteeg vertont werden. Entstanden sind die fünf Gedichte, in denen Naturerscheinungen mit menschlichen Empfindungen korrespondieren, am Vogelsangsee im Stuttgarter Westen; zitiert sei das erste:

Drüben geht die Sonne scheiden,
Und der müde Tag entschlief;
Niederhangen hier die Weiden
In den Teich, so still, so tief.

Und ich muß mein Liebstes meiden!
Quill, o Träne, quill hervor!
Traurig säuseln hier die Weiden,
Und im Winde bebt das Rohr.

In mein stilles, tiefes Leiden
Strahlst du, Ferne! hell und mild,
Wie durch Binsen hier und Weiden
Strahlt des Abendsternes Bild.

Diese leidvolle und vielleicht noch andere Erfahrungen verändern Lenaus Bild von Stuttgart, dem er zuerst bescheinigt: „Eine schöne Achtung vor den Menschenrechten spricht hier aus allen Zügen des Privatlebens", während er später spießbürgerliche Enge beklagt: „Die Philisterei an einem kleinen Ort halte ich nicht aus. Sie ist gewiß dem Dichter noch verderblicher wie die Despotie. Diese reizt ihn auf, jene mergelt ihn aus." Doch nicht nur das: „Das Stuttgarter Klima ist abscheulich, ich liege in diesem Tal wie auf einer Bratpfanne. Ich habe alles getan, was mir leiblich frommen sollte, auch das Baden nicht vergessen; doch die Luft ist gar zu lax und erbärmlich." Dennoch reist Lenau immer wieder für Wochen oder Monate nach Stuttgart, wo er im Oktober 1844 einen schweren psychischen Zusammenbruch erleidet. Eine Äußerung vom Mai deutet vielleicht schon darauf hin:

Beständiges Unwohlsein, Kopfschmerz, Schlaflosigkeit, Mattigkeit, schlechte Verdauung, Rhabarber, Druckfehler und Ärger über den trägen Fortschlich meiner Geschäfte – das waren die Freuden meiner letzten Woche. Emilie will es nicht gelten lassen, daß die Stuttgarter Luft nichts als die Ausdünstung des Teufels sei; doch mir ist es zu auffallend, daß ich in Heidelberg frisch und gesund war und nun, kaum wieder nach Stuttgart gekommen, bresthaft und elend sein muß. Verdammtes Kloakental! Die Luft ist zwischen diesen fleißigen und abgeschwitzten Weinbergen so dumpf und matt, so verbraucht und beschmutzt, als wäre sie durch meilenlange Windungen von Eingeweiden hindurchgegangen, ehe man sie in Nase und Lunge bekommt. O meine Nerven! mein unglückseliges Sonnengeflecht! Ich schnappe nach Gebirgsluft wie ein Spatz unter der Luftpumpe. Wer mit Gemsen eine Luft getrunken, atmet nicht behaglich bei den Unken. In vielen der hiesigen Straßen riecht es *am Ende* auch lenzhaft, nämlich pestilenzhaft. Und die guten Stuttgarter merken das gar nicht; süß duftet die Heimat. Nur über ihre Gärten klagen sie, daß sich darin das Ungeziefer immer vermehre. Ich aber glaube, daß in ihren Häusern dasselbe zu beklagen wäre, wenn das viele und fanatische Fegen und Scheuern nicht entgegenarbeitete.

Emilie Reinbeck verfaßt einen ausführlichen Bericht über „Lenaus Erkranken", aus dem deutlich wird, wie beunruhigt sie über den Zusammenbruch ist und wie verzweifelt, als man ihn nach Winnenthal bringt: „Ach, das war eine so furchtbare Szene, daß ihr Eindruck, mit all den erschütternden Auftritten, die ich in dieser Zeit erlebte, einen schwarzen Schleier auf den Rest meines Lebens geworfen hat, den nur der Tod weg nehmen kann."

Nikolaus Lenau starb 1850 in Oberdöbling bei Wien in völliger geistiger Umnachtung.

Alter Postplatz

Ein Buch über *Lenau in Schwaben* schrieb Emma von Suckow (1807–1876), die seit 1837 mit ihrem Mann, einem Hauptmann, in Stuttgart lebte und in der Rotebühlkaserne einen Salon führte. Er stand im Ruf, mehr Genüsse für den Geist als für den Magen zu bieten, und die Dame des Hauses hat man wenig galant „Anmutstrampel" (Clemens Brentano) und „wehmütig gewordene Äolsharfe" (Justinus Kerner) genannt. Im engen Schwaben wurde eine Frau, die allein in fremde Länder reiste und darüber (unter dem Pseudonym Emma Niendorf) schrieb, mißtrauisch beäugt – oder vom leisen Neid der Zeitgenossinnen begleitet:

Die Suckow ist mir merkwürdig wie sie immer all diese Reisen möglich macht. Ich hätte neulich nur zu gern auf ein paar Tage eine Freundin in Böblingen besucht, und fand bei näherer Überlegung, daß es gescheiter sei, um die 6 fl., die mich die Reise gekostet hätte – einen Schmalzhafen zu füllen und hübsch daheim zu bleiben, und ich wäre sehr gern gegangen. Und die reist nach London und Paris, nach Neapel und Sizilien wie ein andres ins Schwärzloch!

Ottilie Wildermuth, die dies 1855 ihrem Freund Justinus Kerner mitteilt, setzt ein wenig trotzig hinzu, daß keine Reise ein „gesundes Familienleben" ersetzen könne – aber: „Mich geniert's wohl manchmal ein bißchen, daß mir die Flügel so gar kurz beschnitten sind".

„Das ist ein Paradies, nur ohne Engel, darum sollen Sie hierherreisen, das Paradies zu vollenden". Ludwig Börnes begeisterte Briefe aus Stuttgart hatten auch den Hintergrund, Jeanette Wohl in den Süden zu locken, und er malte die Vorzüge der Stadt in den schönsten Farben. Drei Jahre später klang sein Urteil ganz anders: „Der Teufel hole dieses stille Nest. Heidelberg ist London dagegen. Man könnte sich auf der Straße schlafen legen und würde nicht aufgeweckt. Und da wohne ich noch der Post gegenüber." Damit meinte er den Postplatz mit der Thurn und Taxisschen Poststation und das Hotel „Waldhorn", etwa an der Stelle des kürzlich abgerissenen Radio Barth am **Rotebühlplatz** gelegen. Wenige Meter entfernt, an der Ecke zur Marienstraße, war das Hotel „Römischer Kaiser", in dem er 1820 abgestiegen war. Er berichtet von abschreckendem Pietismus und Mystizismus des Gastwirts, der durch seine Narrheit und weil es abends nach 10 Uhr keinen Wein mehr gab, alle Gäste vertrieben habe. Und was den im Frankfurter Ghetto geborenen Börne besonders amüsierte: „Er läßt zum Frühstücke aller Hausbewohner (auch der Fremden) Mürbes in Gestalt eines Kreuzes backen, so daß ich alle Morgen das Kreuz kriege."

Zwei Jahrzehnte vorher hatte Goethe dort noch ein weit unangenehmeres Erlebnis, wie er am 30. August 1797 über die erste Nacht in Stuttgart an Schiller schreibt: „Nachdem ich Sie heute Nacht, als den Heiligen aller, am schlaflosen Zustande leidenden, Menschenkinder, öfters um ihren Beistand angerufen, und mich auch wirklich durch Ihr Beispiel gestärkt gefühlt habe, eines der schlimmsten Wanzenabenteuer im Bauche des Römischen Kaisers zu überstehen; so ist es nunmehr meinem Gelübde gemäß Ihnen sogleich eine Nachricht von meinen Zuständen zu erteilen."

Trotz des „Wanzenabenteuers" blieb Goethe während seines achttägigen Stuttgarter Aufenthaltes im „Römischen Kaiser" wohnen, wo er – wie die Schlußrechnung verrät – häufig Portion oder Tasse „Chocolade" bestellte.

Direkt nebenan stand die Legionskaserne, in der Schiller als Regimentsarzt arbeitete; 1906 wurde sie abgebrochen und an ihrer Stelle der Wilhelmsbau errichtet. Ein paar Häuser weiter, **Eberhardstraße** 63, damals Kleiner Graben, weist eine Tafel auf Schillers Wohnung hin, die er am 1. Februar 1781 bezog. Sie bestand nur aus einem beheizbaren Zimmer, das er zusammen mit seinem Freund Leutnant Kapf von der Hauptmannswitwe Luise Dorothea Vischer im Haus seines Lehrers Balthasar Haug gemietet hatte. Gleich ums Eck, in der **Hauptstätter Straße** 30 an der Einmündung zur Kreuz- (heute Dorn-)straße befand sich Schillers Stammkneipe, „Zum Goldenen Ochsen".

Seid mir schöne Kerls. Bin da gewesen und kein Petersen, kein Reichenbach. Tausendsakerlot! Wo bleibt die Manille heut? Hol Euch alle der Teufel! Bin zu Haus, wenn Ihr mich haben wollt. Adieu.

Schillers Stammkneipe »Zum Goldenen Ochsen«

Angeblich hinterließ Schiller schon mal eine verärgerte Nachricht, wenn er seine Freunde, den Musiker Johann Andreas Streicher, den Leutnant Georg von Scharfenstein, die Bibliothekare Wilhelm Petersen und Karl Reichenbach (dessen Schwester Ludovike Simanowitz eines der schönsten Schillerporträts malte) nicht antraf. Sommers wurde gekegelt, im Winter Karten (Manille) gespielt und dazu wohl ordentlich gebechert.

Die Überlieferung weiß, daß der Wirt Johann Brodhag öfter Wein, Schinkenbrot und Salat ankreiden mußte, obwohl Schiller sich durch seine Tätigkeit als Redakteur bei der Mäntlerschen Hofbuchdruckerei ein paar Gulden zu seinem kärglichen Sold hinzuverdiente. Im September 1782 mußte er die Zeche jedoch schuldig bleiben, seine überstürzte Flucht aus Stuttgart ließ zum Bezahlen keine Zeit. Nachzulesen ist über das lockere Treiben, in das sich gelegentlich der ernste Geist des Genius oder die aufkeimende Rebellion mischen, in Hermann Kurz' *Schillers Heimatjahre* (1843).

Hier könnte dieser Spaziergang enden. Entweder in einer Kneipe, um auf Schillers Karriere außer Landes anzustoßen – denn mit Versen wie „Ein Wirtemberger ohne Wein / Kann der ein Wirtemberger sein?" hätte er nicht reüssiert. Oder mit einem Gang durch die Ausstellung der Stadtgeschichte(n) im Tagblatt-Turm, solange sie noch existiert… Am passendsten wäre es, hier in den 92er Bus einzusteigen und zur **Solitude** hinaufzufahren, wo einer der ersten Gäste in der 1990 eröffneten Akademie Schloß Solitude, der Schriftsteller und Künstler Gino Hahnemann, uns führt:

eine perfekte filmkulisse, könntest du meinen, oberhalb
stuttgart's prosperität: das schloß solitude..
ein spiegelfestsaal über ovalem grundriß mit kuppel, zur
morgen- und abendseite jeweils ein niedriger, mehrachsiger
trakt angefügt, spätbarocke balustraden, architrav, türen,
fenster, pilaster unter grau-blauem dach an beige-gelber
fassade.

auf rundbogen umlaufende terrasse, die das sockelgeschoß verdeckt, mit geschwungenen treppen nach nord und süd. von ihr eine sehnsuchtsaussicht in schwäbische landschaft, bis das auge sie in unkenntlichkeit zu imitationen verkürzt. südlich der schloßhof, in den stündlich der bus wie eine große sänfte einbiegt, begrenzt in elliptischer harmonie von zwei flachen, ziegelrot gedeckten wirtschaftsgebäuden, an deren enden sich zweistöckige kavaliershäuser mit Mansarddach postieren.
auf der wiese vor dem schloß sonntägliche spaziergänger wie auf einer romantiker-illustration, mit im winde wehenden mänteln. im schloßhof werden zwischen treppenläufen fotomodelle, frauen, männer und automobile für etwas reales gehalten.
eine schloßgaststätte. (für mich unbezahlbar jede weitere halbe stunde.) eine manchmal geöffnete kapelle. die akademie. guibal-saal, oberer und unterer hirschgang, vortrags- und ausstellungsräume, zugänglich für alle interessierten. an der eingangstür namensschilder und schellen, mit denen jeder bei malern, komponisten, schriftstellern anklingeln kann.
mein arbeitstisch im östlichen kavalierhaus, breit wie die mansarde. unerledigte ansammlungen beschriebenen und unbeschriebenen papiers, bücher, skizzen, fotografien, laserkopien, zigaretten, ein bier. mit einem komponisten ein gespräch, wie, ohne traditionen zu leugnen, neues entsteht. ein anderes, um ein gedicht in musikalische form zu bringen.
nachts der ausblick auf die beleuchtete kuppel des schloßes und das beruhigende geräusch beim anschlagen der schreibmaschine gegenüber.
das alles ist keine wahnhafte scheinwelt, keine dekoration, keine kulisse. das gibt es, nahe stuttgart, fünfhundert meter über dem meer.

→ »Sein Heil auch einmal in der Hauptstadt zu probiren«

Auf den Spuren von Eduard Mörike, Wilhelm Raabe, Hermann und Isolde Kurz

Dritter Spaziergang: Mörike-Denkmal in der Silberburganlage – Augustenstraße – Rotebühlstraße – Hermannstraße – Paulinenstraße – Sophienstraße – Hospitalstraße – Marktplatz – Kirchstraße – Hohe Straße – Willi-Bleicher-Straße – Friedrichstraße – Charlottenplatz (Wilhelmspalais) – Moserstraße – Pragfriedhof

Ach, viel zu frühe durch das Grab
Ging er ins ewige Ruhland –
Wie vor ihm schon der Gustav Schwab,
Der Kerner und der Uhland.

Doch wenn ein schwäbischer Poet
Das Augenlid geschlossen,
Wird kolossal, so gut es geht,
Sein Bild in Erz gegossen.

Freund Mörike kommt jetzt daran –
Es wurde stets in Schwaben
Für einen Dichter was getan,
Sowie man ihn begraben.

Die sarkastischen Verse von Eduard Paulus, zur Mörikefeier am 4. Mai 1876 gedichtet, klingen in diesem Fall vielleicht doch zu hart. Immerhin hat Mörike in seinen Stuttgarter Jahren den Erfolg seiner Werke, offizielle Ehrungen und – zumindest an deren Anfang – auch privates Glück erleben können. Die ständigen Wohnungswechsel haben neben nachvollziehbaren äußeren

← **Die Silberburg (um 1850)**

Gründen eine Ursache sicher in seiner persönlichen Unstetigkeit: Peter Härtling nennt ihn einen „neurotischen Flüchter auf engstem Raum". Zehn Domizile hat Eduard Mörike in den Jahren von 1851 bis zu seinem Tod 1874 bewohnt, und zwischendurch lebte er noch insgesamt vier Jahre an anderen Orten: in Lorch, Nürtingen und Fellbach. Warum es ihn wohl immer wieder in die Hauptstadt zurückzog?

Schon nach dem Tod seines Vaters hatte der (1804 in Ludwigsburg geborene) 13jährige Eduard für ein Jahr in Stuttgart bei seinem Onkel Eberhard Friedrich von Georgii gewohnt und das Gymnasium Illustre besucht. 1824 war er, psychisch und physisch angeschlagen, aus dem Tübinger Stift nach Stuttgart zur Mutter geflohen; vom Dezember 1826 bis zum folgenden Mai versah er seine zweite Vikariatsstelle in Möhringen, und im Herbst 1828 nahm er Urlaub vom Pfarrdienst, um in Stuttgart eine ihm gemäße literarische Beschäftigung zu finden. Doch die Produktion von Erzählungen für die neugegründete *Damen-Zeitung* provozierte nur seinen allergrößten Widerwillen, und nach zwei Monaten äußerte er: „Der ganze Franckh'sche Handel wird wieder von mir aufgesteckt. Ich bin die lezten Wochen hier fast krepirt vor Ekel an der Sache und vor Zorn über die Blindheit, worin ich mich bereden konnte, daß ich mir jemals, auch nur ein Vierteljahr bei diesem Geschäft gefallen könnte, ohne daß meine Poesie sich die Schwindsucht dabei hole." Untergekommen war er bei Verwandten, eine Zeitlang bewohnte er eine eigene Wohnung in der Sophienstraße 12. Nach weiteren zwei Jahren ließ er sich noch einmal von der „Vikariatsknechtschaft" beurlauben, wohnte in einem Gartenhaus in der Nähe des Charlottenplatzes und im sogenannten „Römischen Wirtshaus" des exotischen Gartens in Hohenheim. Dort beendete er 1830 den *Maler Nolten*. Immer wieder also ist Stuttgart ein Punkt in diesem „irrwitzigen Mäander" (Härtling).

Die Häuser, die Mörike einmal hier bewohnt hat (und von denen kein einziges mehr steht), sind weit voneinander entfernt, weshalb der Spaziergang, der auf seinen Spuren durch die Stadt führt, nicht alle Stationen berührt – für unerschrockene Pflastertreter werden sie trotzdem erwähnt.

Den Ausgangspunkt markiert das **Mörike-Denkmal in der Silberburganlage**, das einige Jahre nach Eduard Paulus' Vers auf Veranlassung der Lesegesellschaft zwar nicht „in Erz gegossen", sondern von Wilhelm Rösch in Marmor gemeißelt und zum 5. Todestag am 4. Juni 1880 enthüllt wurde. Es steht in der kleinen dreieckigen Grünanlage zwischen Silberburg- und Hohenstaufenstraße, zu Füßen des Reinsburghügels, den seinerzeit die Silberburg krönte. Zu Beginn des 19. Jahrhunderts hatte Lorenz Silber im vormals Thurn und Taxis'schen Lusthaus eine Weinschenke eröffnet; 1836 kaufte die Museumsgesellschaft das Anwesen für sommerliche Konzerte und Feste. Gleich gegenüber beginnt die seit 1884 so benannte Mörikestraße mit ihren herrschaftlichen Häusern und dem Städtischen Lapidarium (Nummer 24), das immer einen Besuch lohnt, denn dort werden unter Arkaden und auf Terrassen eines schönen Hanggrundstücks die Reste des alten Stuttgart bewahrt.

Die Willy-Reichert-Staffel hinauf und dann über die Karlshöhe führt der Weg zur Reinsburgstraße 67, wo – heute knapp vor der Schwabstraße – das vorletzte Domizil der Mörikes stand. An den Weinhängen des Hasenbergs hatten sie sich bessere Luft als im Talkessel erhofft, als sie nach einem anderthalbjährigen Intermezzo in Nürtingen im August 1871 hier einzogen: Eduard mit Frau Margarethe, den Töchtern Franziska (genannt Fanny, geboren 1855) und Marie (geboren 1857); mit dabei war natürlich auch seine Schwester Klara. Mit dem Heranwachsen der Töchter brachen die bisher versteckten und verschleppten Konflikte wieder auf, so daß Mörike mit Klara und Marie zwei Jahre später wieder auszog. Wohlgefühlt hat er sich auch äußerer Gegebenheiten wegen nicht: es gab viel Baulärm zu ertragen, denn hier wurden in der Gründerzeit vier- bis fünfgeschossige Mietshäuser errichtet.

Zwei Jahrzehnte zuvor, vom 22. August bis 20. November 1851, hatte Mörike im Erdgeschoß des Hauses **Augustenstraße**

14 b, der zweiten Station seiner Stuttgarter Wanderjahre gewohnt. Margarethe und er waren noch nicht verheiratet – gleichwohl half sie beim Einzug und blieb drei Wochen. In den Monaten danach entstanden die Gedichte „Erinna an Sappho" und „Denk es, o Seele!", das damals noch „Grabgedanken" überschrieben war und später die Mozart-Novelle abschließen sollte:

Ein Tännlein grünet wo,
Wer weiß, im Walde,
Ein Rosenstrauch, wer sagt,
In welchem Garten?
Sie sind erlesen schon,
Denk es, o Seele,
Auf deinem Grab zu wurzeln
Und zu wachsen.

Zwei schwarze Rößlein weiden
Auf der Wiese,
Sie kehren heim zur Stadt
In muntern Sprüngen.

Sie werden schrittweis gehn
Mit deiner Leiche;
Vielleicht, vielleicht noch eh
An ihren Hufen
Das Eisen los wird,
Das ich blitzen sehe!

Mörike war zu dieser Zeit Ende Vierzig, ein pensionierter Pfarrer in Erwartung seines Lebensabends. Ihn plagten neben Rheumatismus diverse körperliche Beschwerden, und er war sich offenbar nicht sicher, was die Zukunft bringen würde; den ursprünglich gehegten Plan, eine Mädchenpension am Bodensee zu eröffnen, hatte er wieder verworfen. In einem Brief vom 5. August 1851 an Elise Mährlen, der Frau seines besten Stuttgarter Freundes, heißt es:

Ja denn, da säß ich jezt! Gott weiß auf wie lange, vielleicht für immer. Desto betrübter! werden Sie ausrufen. Ich kann Sie mit dem scharfen Lied das Sie dem guten Stuttgart singen – es war nur etwas grausam für einen hoffnungsvollen Inwohner – vollkommen wohl verstehn; doch werden Sie es natürlich finden, daß Jemand der lange Zeit weder auf dem Land noch in der Stadt gelebt, in frühern Jahren aber, ganz auf das Dorf beschränkt, mit einem übergroßen Hang zur einsamen Natur, sich beinah daran aufgerieben hat, versucht seyn kann, sein Heil auch einmal in der Hauptstadt zu probiren, selbst wenn die Wahl ihm freigegeben wäre. Was faul und hohl hier ist, berührt und ärgert mich wenig, des Guten aber und des Neuen, – es sey Persönliches oder von Seiten der Kunst pp ist jedenfalls für einen armen Schlucker so viel da, daß ich, bei meiner physischen und geistigen Gebundenheit, bei meiner ängstlich abgemessenen Diät mir mehr Mäßigung in dem Genusse des Vorhandenen als sonderliche Billigkeit in Ansehung des Mangelhaften muß befohlen seyn lassen.

Seit April wohnte Eduard Mörike mit seiner Schwester Klara bei Verwandten in der **Rotebühlstraße** 65 (dort ist heute die Treppe zur S-Bahn), einer geschotterten, belebten Chaussee: wochentags ging hier der Verkehr zum Markt, sonntags waren Ausflügler unterwegs. An seine Verlobte Margarethe Speeth schrieb er:

Welche Stille u. Einsamkeit umgiebt mich wohlthätig heut zum erstenmal in dieser umtreibenden Stadt! Hie u. da rollt ein Gefährt die Straße herunter – vorhin war schöner Gesang mit Clavier im nächsten Haus – jezt eine Kindertrommel auf der Gasse. Ein Strom von Menschen im Putze, zu Fuß u. zu Wagen, der Solitüde zu, ist längst verrauscht. Die Hälfte der Einwohnerschaft, wie ich, in ihre kühlen Wände eingeschlossen.

Ein paar Häuser weiter – auf dem heutigen Areal des Klett-Verlags – hatte der Buchhändler Carl Hoffmann Verlag und Druckerei, daneben standen die Schokoladenfabrik Waldbaur und die später zur BASF fusionierten Farbenfabriken von Heinrich Siegle und Rudolf Knosp. Stadteinwärts, neben dem Eingang zur Infanterie-Kaserne, heute Finanzamt und ehemals eines der ersten Gebäude vor dem „Rotenbildthor", lag die Hackhsche Brauerei mit dem Gasthaus „Zum Herzog von Württemberg", im Volksmund „Herzog Carl" genannt, und einem Biergarten, in dem sich sonntags die Bürgerfamilien und – bis zum Bau der Liederhalle 1864 – der Liederkranz zu Konzerten trafen. Hier machte Wilhelm Raabe (1831–1910) bei seinem ersten Stuttgart-Besuch im Sommer 1859 die persönliche Bekanntschaft von Leuten wie Friedrich Wilhelm Hackländer, Edmund Hoefer, die die *Hausblätter* herausgaben, den Redakteur des *Literaturblatts* Wolfgang Menzel und Hermann Hauff vom *Morgenblatt,* die Verleger Emil Ebner und Adolph Krabbe. Die württembergische Residenzstadt, Zentrum des süddeutschen Verlagsbuchhandels und der radikalen Literaten aus ganz Deutschland, muß Raabe in diesen Tagen als idealer Ort für seine eigene Karriere als Schriftsteller erschienen sein, denn nach einem weiteren Besuch im August 1861 stand sein Entschluß fest, den Hausstand in Stuttgart zu gründen. Dazu trug die freiere Luft – politisch wie gesellschaftlich – ebenso bei wie der Wunsch, weit entfernt von der niedersächsischen Heimat seine Unabhängigkeit zu demonstrieren.

»Für mich als Schriftsteller wie als Mensch könnte ich jetzt in ganz Deutschland keinen besseren Aufenthaltsort finden; habe mir deshalb soeben auch meine Aufenthaltskarte auf ein Jahr verlängern lassen.«

WILHELM RAABE, 1863

Wilhelm Raabe übersiedelt mit seiner frisch angetrauten Ehefrau Bertha Leiste noch am Hochzeitstag, dem 24. Juli 1862, für acht Jahre nach Stuttgart. Zunächst bewohnen sie eine „recht behagliche" Wohnung im dritten Stock eines Hauses in der Gymnasiumstraße 13 – nach einigen Tagen Hotelunterkunft im „König von Württemberg", denn der Schreiner hatte (man kolportiert aus Mißtrauen gegenüber den Norddeutschen) die bestellten Möbel nicht rechtzeitig geliefert. Zunächst fühlt das junge Paar sich wohl, man blickt „aus jedem Fenster auf einen grünen Berggipfel, und dann auf den Thurm der Hauptkirche, von welchem nach Stuttgarter Sitte, morgens, mittags und abends ein Choral geblasen wird. Bertha amüsiert sich über das Leben auf den Dächern, das hierorts herrscht; es ist aber auch wirklich merkwürdig, was die Leute alles auf Balkonen, Brüstungen, platten Dächern, ja sogar Schornsteinen treiben."

Im Moment sind wir in der **Hermannstraße** 11, wo Wilhelm und Bertha Raabe mit ihrer 1863 geborenen Tochter Margarethe am 2. Mai 1864 wiederum im dritten Stock eine Wohnung beziehen. Begeistert schreibt Raabe an seine Mutter und legt zur Illustration eine Bleistiftzeichnung bei:

> Unsere jetzige Wohnung läßt nach meinen Begriffen wenig zu wünschen übrig, und ich hoffe, daß wir recht lange und glücklich in derselben wohnen werden. Die Zimmer sind groß, freundlich und wohlerhalten [...]. Die Aussicht ist wunderschön; wir übersehen einen Theil der Stadt, viele Gärten und

die ganze Bergreihe bis zum Neckar (Letztern sehen wir freilich nicht.) ... Augenblicklich sind wir ganz von blühenden Obstbäumen umgeben.

In diesem noch existierenden (und mit einer Tafel versehenen) Haus an der Ecke Augustenstraße bleibt die Familie Raabe für die Dauer ihres Stuttgarter Aufenthalts bis Juli 1870 wohnen. Sommers hat man es nicht weit zur Silberburg, im Winter kann man auf dem Feuersee Schlittschuh laufen. Zahlreiche Spaziergänge führen Wilhelm Raabe auf den Hasenberg hinauf, wo ihm die Idee zu seinem Roman *Abu Telfan* kommt, oder hinunter ins Tal zum Vogelsang. Der dortige, 1882 trockengelegte, See lebt in der Literatur fort: in Nikolaus Lenaus „Schilfliedern" und Theodor Storms Novelle von den zwei Königskindern. Die Gegend „unter dem Osterberge" bildet einen Schauplatz in Raabes *Die Akten des Vogelsangs* (1896):

Wir zu unserer Kinderzeit hatten es noch, dieses Gefühl des nachbarschaftlichen Zusammenwohnens und Anteilnehmens. Wir kannten einander noch im „Vogelsang" und wußten voneinander, und wenn wir uns auch sehr häufig sehr übereinander ärgerten, so nahmen wir doch zu anderen Zeiten auch wieder sehr Anteil im guten Sinne an des Nachbars und der Nachbarin Wohl und Wehe. Auch Gärten, die aneinandergrenzten und ihre Obstbaumzweige einander zureichten und ihre Zwetschen, Kirschen, Pflaumen, Äpfel und Birnen über lebendige Hecken weg nachbarschaftlich austeilten, gab es da noch zu *unserer Zeit*, als die Stadt noch nicht das „erste Hunderttausend" überschritten hatte [...].
Bauschutt, Fabrikaschenwege, Kanalisationsarbeiten und dergleichen gab es noch nicht zu unserer Zeit in der Vorstadt, genannt „Zum Vogelsang". Die Vögel hatten dort wirklich noch nicht ihr Recht verloren, der Erde Loblied zu singen; sie brauchten noch nicht ihre Baupläne dem Stadtbauamt zur Begutachtung vorzulegen. [...]
Der Wald war selbst damals schon dort oben von ziemlich

wohlgehaltenen Pfaden durchschnitten, wie man sie heute in den Bädern als „Promenadenwege" kennt. Hier und da hatte sogar schon irgendein Naturliebhaber und Wohltäter der Menschheit eine Bank aufgestellt, die meisten in das Gehölz und Gebüsch hinein, doch eine oder zwei auch an den Rand des Hügels mit dem Blick ins Tal und auf die liebe Heimatstadt und Hochfürstliche Residenz, halb in diesem Tale und halb im offenen Lande.

Allerdings muß es in dieser Zeit auch in dem Viertel um Hermann-, Augusten- und Silberburgstraße ähnlich ruhig und idyllisch gewesen sein. Es sei „nett und still wie auf dem Land", berichtete Margarethe, und Eduard Mörike beschrieb dementsprechend den Weg zur Militärstraße 51 (heute Breitscheidstraße), wo sie von August 1859 bis April 1864 wohnten: „wenn man zur Stadt herauskommt u. geht hinunter auf di Mil. Straße u. dann fort, bis wieder Häuser kommen". Trotzdem hatte Mörike zu Beginn des Sommers 1859 ein Gartengrundstück einige hundert Meter nordwestlich am Kornberg erworben. Zu Nutzen und Vergnügen wurden Küchengarten, Blumenrabatten, Obstbäume und etwas Rebland bewirtschaftet, ein Gartenhäuschen für Feiern genutzt, aber es wurde auch literarisch gearbeitet: Mörike wird mehr Notizen gemacht haben, als die auf einem vollgekritzelten Fensterladen erhaltenen. Viel später, von November 1873 bis Ende 1874, lebte Eduard Mörike mit Schwester Klara und Tochter Marie noch einmal in diesem Bezirk, in der Forststraße 35 (heute Sportplatz des Dillmann Gymnasiums), die damals das Ende der Stadtbebauung markierte; außerhalb lagen Wiesen, Ackerland und vor allem Weinberge.

Zurück zur Hermannstraße: Die Nummer 5 beherbergt seit einigen Jahrzehnten Verlag und Druckerei der alteingesessenen Firma Steinkopf, und *Hermannstraße 14* lautete – nach der Lektoratsadresse – der Titel einer in sechs Heften erschienenen „Halbjahrsschrift für Literatur", die Helmut Heißenbüttel und Bernd Jentzsch von 1978 bis 1981 im Verlag Klett-Cotta herausgegeben haben. Ein Sonderheft und eine Plakette erinnern an den Erzähler und Essayisten Jean Améry (1912–1978), dessen Werk ebenfalls bei Klett-Cotta erschien.

Der Spaziergang führt weiter zur **Paulinenstraße**. Von dem ursprünglich vornehmen Viertel, in dem zwischen Gärten und Weinbergen Villen standen, ist wenig geblieben. Am Nachkriegsbau mit der Nummer 19 erinnert eine Tafel daran, daß hier am 21. Dezember 1853 Isolde Kurz geboren wurde, Tochter von Hermann Kurz und Marie von Brunnow. Bis 1856 wohnte die Familie hier, und Isolde Kurz beschreibt in ihrer Biographie *Hermann Kurz. Ein Beitrag zu seiner Lebensgeschichte* (1919) recht drastisch die Wohnsituation:

Von der äußeren Szenerie, die uns in Stuttgart umgab, weiß ich wenig zu sagen. Die schöne Gartenwohnung in der Paulinenstraße Nr. 5, wo wir drei Ältesten geboren sind, ist völlig für mich im Nebel versunken. Das umgebende Grün machte dieses Haus meinen Eltern sehr lieb, bis ein pensionierter Offizier, der in dem oberen Stockwerk einzog, sie durch fortgesetztes Gehämmer auf dem Klavier zum Auszug nötigte. In der Militärstraße, wo sie sich nun einmieteten, kam der Dichter vom Regen in die Traufe, denn kaum war die Einrichtung vollendet, so wurde ein Nebenhaus abgebrochen und umgebaut, und vor dem Krachen und Poltern mußte man abermals flüchten.

Nach einigen Jahren als Redakteur des demokratischen *Beobachter* lebte Hermann Kurz (1813–1873) wieder als freier Schriftsteller: Weder sein historischer Roman *Schillers Heimatjahre* (1843) noch *Der Sonnenwirt. Eine schwäbische Volksgeschichte* (1854) brachten ihm den gewünschten Erfolg, so daß er in dieser Stuttgarter Zeit Werke der Weltliteratur übersetzte. Baulärm und Klavierspiel nebenan scheinen ihn dabei mehr gestört zu haben, als seine lärmenden Kinder, wie Isolde Kurz erzählt:

Die Innenräume unserer Wohnung waren mit den Resten einer einst kostbaren Einrichtung, teils im Stil des Empire, teils in dem der Biedermeierzeit angefüllt: den alten Oberesslinger Herrlichkeiten, soweit sie nicht schon zu Gelde gemacht waren. Diesen aristokratischen Erbstücken [der Mutter, die aus altem Adel stammte] aus dem eigenen Hause mochte es schlecht in den engen Räumen der Mietwohnungen [...] behagen, aber bald sollten sie ihrer unebenbürtigen Umgebung nur zu ähnlich werden, als wir Kinder anfingen, unsere Kräfte an ihnen zu erproben. Die Mutter war der Meinung, daß man den kindlichen Zerstörungstrieb austoben lassen müsse, um ihn unschädlich zu machen, und gab uns die schönen Geräte preis, auf deren Erhaltung sie bei ihrer wahrhaft asketischen, Bequemlichkeit und Luxus verachtenden Sinnesart keinen Wert legte. Wenn der Geist der Tollheit über uns kam, sprangen wir von den eingelegten Tischen auf den Flügel, daß es hoch aufrauschte, und wieder vom Klavier in die damastenen Polster des Diwans hinab; nach Bildern und Gipsbüsten schossen wir mit der Armbrust. So gab es bald kein Möbel mehr im Hause, das seinen ursprünglichen Glanz bewahrt hätte.

Aufgewachsen sind Isolde Kurz und ihre vier Brüder nach 1856 im „Königsbad", am Nesenbach zwischen Stuttgart und Berg, ab 1859 in Oberesslingen, später in Kirchheim und Tübingen. Ihre Erinnerungsbücher *Aus meinem Jugendland* (1918), *Die Pilgerfahrt nach dem Unerreichlichen* (1938) und *Meine Mutter* (1926) machten die Lyrikerin und Erzählerin in Württemberg bekannter als ihre *Florentiner Novellen* (1890) und *Italienischen Erzählungen* (1895). Vielleicht hat man der landflüchtigen Poetessa übelgenommen, jahrzehntelang in Italien gelebt zu haben und als Frau von großer „Sehnsucht nach dem Leben in all seinem Reichtum" durchdrungen zu sein.

Von der Paulinenstraße aus hätte Hermann Kurz, der „Mann des Salons und der Kneipe", es nicht weit ins gegenüberliegende „Café Reinsburg" gehabt, das Ernst Mayer 1862 an der Ecke Marienstraße gründete und das bis vor kurzem mit leckeren Auslagen wie der „Stuttgarter Torte" in seine gediegenen Räume lockte. Schnell avancierte es zum Treffpunkt von Wilhelm Raabe und seinem Freund Karl Schönhardt, von Friedrich Wilhelm Hackländer, dem Dramaturgen des Hoftheaters Franz Dingelstedt, Theobald Kerner, Albert Dulk und Ferdinand Freiligrath, der 1868 aus seinem Londoner Exil nach Stuttgart kam. Ein Teil der Herren bildete das legendäre „Sonntagskränzchen", das sich privat bei seinen Mitgliedern traf; wiederum eine andere Gruppe war die von Hackländer gegründete Stuttgarter Künstlergesellschaft „Das Bergwerk" mit entsprechendem Zeremoniell: die Treffen wurden als „Schicht" durchnumeriert, jeder neue „Bergmann" hatte zum Einstand ein sogenanntes „Probegeding" zu liefern. Obwohl Raabe, der dort den Namen „Krähe" erhielt, sich nach einem Jahr wegen zeitraubender Verpflichtungen wieder aus dem „Bergwerk" zurückzog, richtete die Gesellschaft am 1. Juni 1870 in der Liederhalle eine „Schlußschicht mit Damen" aus, was Bertha Raabe ironisch kommentierte: „Alles schreit u raufft sich fast die Haare aus, daß Wilh Raabe sobald Stuttgart verlassen will, nachdem er 8 Jahre hindurch ungesehn und ungekannt täglich nach dem Museum gewandert ist. Ohne Liebeszeichen u Dankeswort schrieb er in Stuttgart *Die Leute aus dem Walde*, den *Hungerpastor, Abu Telfan*, den *Schüdderump*. Die Zeit war den Leuten zu kurz um mit ihm bekannt zu werden."

Warum Wilhelm Raabe Stuttgart wieder verlassen hat, um sich in Braunschweig niederzulassen? Nach außen gab er als Begründung an, „um mein ältestes Kind von Anfang an in norddeutsche Schulbildung geben zu können". Doch ging „jene junge, gute, sonnige Zeit unter den Reben und den Freunden und Freundinnen des Neckartals" wohl eher zu Ende, weil er sich wegen der württembergischen Agitation gegen Preußen politisch isoliert fühlte und sich über die Stuttgarter Verleger Ebner, Hallberger und Kröner sehr geärgert hatte, die zum Beispiel das Romanmanuskript seines *Schüdderump* mit dem Argument, ein Erfolg beim großen Publikum sei fraglich, abgelehnt hatten. Zudem waren seine besten Freunde Marie und Wilhelm Jensen weggezogen, und Raabes Asthma bekam das Stuttgarter Sommerklima gar nicht.

Das folgende, von Fritz Hartmann überlieferte Gespräch mit Wilhelm Raabe klingt ziemlich verkrätzt:

„Haben Sie eigentlich Uhland noch kennengelernt?"
„Leider nicht."
„Aber Mörike kannten sie doch?"
„Das ist der einzige Stuttgarter Genosse von der Feder, den ich nie gesehen. Eine quabblige, faule Natur, die sich sogar durch eine wöchentliche Literaturstunde im Katharinenstift beschwert fühlte und lieber drum die gutbezahlte Stelle aufgab."
„Friedrich Theodor Vischer aber, das muß doch ein Kernmann gewesen sein."
„I wo. Der platzte vor Eitelkeit. Meine Frau haßte ihn geradezu. Er war einmal ihr Tischherr, und hat er denn das schöne junge Weib nicht taktvoller unterhalten können, als indem er in breitestem Schwäbisch auseinandersetzte, ihre braunschweigische Mundart höre sich doch einfach scheußlich an."

Mit dem Abstand vieler Jahre erinnert sich Raabe dann doch gerne an die Zeit in Stuttgart: „Es war damals ein schönes, heiteres Leben dort und ein Litteraturleben im besten Sinne. […] Welche Leute hatte aber auch das Schicksal im Laufe der sechziger Jahre am lieben Nesenbach zusammen gebracht!" Und er bedauerte, daß er mit Mörike nicht persönlich in Berührung gekommen war, nannte aber auch den Grund: „Ich, damals ein junger Ehemann im vollen, geselligen, literarischen und – politischen Tummel und Taumel der Tage, fühlte wirklich nicht das Bedürfnis, den alten großen Träumer in seinem Winkel aufzustöbern: gereut hat das Versäumnis mich später natürlich sehr."

Auf dem Weg zu dem nächsten Domizil Eduard Mörikes passieren wir die **Sophienstraße** 35 (heute „Hotel Royal" und Lokalität für die Treffen der Stuttgarter Verlegerrunde), wo der Gastronom Gustav Werner von 1840 bis 1873 ein Tiergehege mit Affen als besonderer Attraktion besaß: daher sein Spitzname „Affenwerner". In der 48er Zeit hatte er seinen Papageien den Ruf der

Revoluzzer „Hecker heil" beigebracht, weshalb der Garten für Soldaten verboten wurde. Später zeigte er auch Tierdressuren mit Bären, Löwen und Leoparden. Zu Ehren kam die Gartenwirtschaft bei Wilhelm Raabe in dem „schwäbischen" Roman *Christoph Pechlin* (1873). Für die Titelfigur stand sein Freund Ludwig Seeger Pate, mit dem Raabe hier öfters saß. Und in der köstlichen Novelle von Hermann Kurz, *Die beiden Tubus* – einem satirischen Denkmal württembergischer Theologensozialisation – erholen sich die beiden Jungen Eduard und Wilhelm (!) von den Strapazen des Landexamens mit ihren Vätern, den Pfarrern von A...berg und Y...burg, in einem öffentlichen Garten, „der weit und breit eines großen Rufes genoß".

Wer meint, am Rotebühlplatz ein Schattenbild von Mörike mit Zylinder und hochgerecktem Stockschirm gesehen zu haben, träumt keineswegs: es ist das Signet der Buchhandlung Steinkopf nach einem beliebten Scherenschnitt.

Von der Augustenstraße war Eduard Mörike mit Ehefrau und Schwester am 20. November 1851 in die **Hospitalstraße** 36 umgezogen, wo sie immerhin für dreieinhalb Jahre wohnen blieben; hier entstanden das *Stuttgarter Hutzelmännlein* und Teile der Novelle *Mozart auf der Reise nach Prag*. In dem alten, 1616 erbauten Haus, wohnten Mörikes zunächst im ersten, später im zweiten Stock; es gab dahinter einen Garten mit großem Nußbaum, Blumenpracht und Himbeeren, vor allem ein Gartenhaus, dessen Dach in einem Gedicht an die Schwester besungen wurde, nicht zuletzt, um sie durch Beschwörung der Idylle nach einem Streit wieder nach Hause zu locken:

„Der liebe Knopf
Zum NamensTag"

In Sonne- Mond- und Wetterschein,
Es mochte regnen oder schnei'n,
Sah dieser Freund in guter Ruh
Dem Wechsel aller Dinge zu.
Doch, guter Tröster, alter Knopf,

Das will Dir sicher nicht in Kopf,
Daß wir vom Fenster aus zu Dreien
Uns nicht mehr sollen Dein erfreuen!
– Getrost! was krumm, ward oft noch grad,
Oft über Nacht kam guter Rath.

Mörikes Ausblick aus der Wohnung in der Hospitalstraße (1853)

In diesem bürgerlichen Viertel, in der Nähe des Zentrums der Reichen Vorstadt und der Hospitalkirche, unter den „Prototypen der Ehrbarkeit" (Hans-Ulrich Simon) und mit zahlreichen Bekannten in der Nähe (der Optikus Carl Geiger, von dem Mörike sich 1855 daguerrotypieren ließ, war ein Nachbar) hätte man es eigentlich auf Dauer aushalten können. Was den Ausschlag für einen neuerlichen Umzug gegeben hat, ist unklar: War es der Lärm, unter dem Mörike litt, wenn oben „gebeethovelt" wurde? Natürlich konnte er „Gebrauch von seinen alten Ohrstöpseln machen", dann allerdings wäre es „fast so still, wie auf dem untersten Meeresgrund". War es der geplante Verkauf des Nachbargrundstückes an die israelitische Gemeinde, die hier 1856 eine

(1938 von den Nationalsozialisten zerstörte) Synagoge errichtete, was eine Umgestaltung des Hauses mit sich bringen sollte? Oder war es zum erstenmal der Wunsch, aus dem Stadtzentrum hinauszuziehen, wegen der Gesundheit, die „in diesem schwülen Thal" leide? Jedenfalls packten die Frauen Ende April 1854 wieder alle Habseligkeiten zusammen und verfrachteten sie in die Alleenstraße 9, heute Geschwister-Scholl-Straße. Über die Aufteilung der Wohnung wissen wir aus einem Brief von Margarethe Mörike an ihre Mutter gut Bescheid:

Von der Küche kommt man in ein Zimmer mit 2 Fenster das rückwärts gegen Gärten zu liegt, dort schlafen wir jetzt und ist Eduards Arbeitszimmer – das soll also mein Zimmer werden und Clara wird bei mir schlafen; dann kommt ein Eckzimmer mit 3 Fenster, gegen schöne Gärten und die Straße zu gelegen, darinen hatten wir unsere guten Möbel für den Winter – dieses würdest Du bewohnen, es ist auch das größte und schönste von allen; dann geht es ins Wohnzimmer, wo das Klavier der Mädchen steht und wir eßen, es ist zugleich das Besuchs und Arbeitszimmer, und hat 2 Fenster auf die Straße; daneben ist ein schmales Zimmer mit 2 Fenster, wo Antonie ist [eine Kostgängerin]; und von dort geht es wieder in ein schmales Zimmer rückwärts, was bisher Clara bewohnte, später aber Eduards Schlaf und Arbeitszimmer werden muß. Ich hoffe die Unruhe des Nachts mit der Nähe des Kindes soll Dich doch nicht so stören wenn die Thüre zu bleibt, denn anders wäre es ja fast nicht zu machen, weil Eduard am entferntesten arbeiten muß, weil auch jenes Zimmer viel zu klein für Dich (d.h. für ein Bett und Sopha pp) wäre, und weil wir des Ausgangs wegen auch kein anderes zum gemeinschaftlichen Wohnzimmer machen können.

Es mag wohnlich und heiter gewesen sein, aber – zumal mit Untermieterinnen und der Mutter – räumlich doch sehr beengt. Mörike und seine Schwester wichen aus diesem Grund später in ein Stübchen unterm Dach aus. Daß es hier vor hundertfünfzig

Jahren in einer schönen, stillen Straße Amselgesang und Musik auf der Seewiese, Luft und Sonne, einen unvergleichlichen Blick bis zur Stiftskirche und auf der anderen Seite Gärten und Weinberge gegeben haben soll, ist angesichts der Hochhaussituation kaum mehr vorstellbar. In dieser Wohnung wurden 1855 und 1857 die Töchter Fanny und Marie geboren, die Mozart-Novelle fertiggestellt, die *Vier Erzählungen* und die zweite Auflage der *Idylle am Bodensee* bei Schweizerbart herausgebracht. Hier war im August 1855 Theodor Storm zu Besuch „in der einfach aber nett eingerichteten Wohnung, freilich mehrere Treppen hoch". Von ihm haben wir anschauliche Beschreibungen des Ehepaars:

Bald kam Frau Gretchen – eine schlanke Gestalt von 35 Jahren, mit edlen Gesichtszügen und besonders schönen, sanften und dabei doch schelmischen Augen, aber mit einem sehr wetterbraunen Teint… Frau Gretchen hieß mich im allerschwäbischsten Akzent willkommen und setzte mir zum Frühstück gesottene Kringel, ungesalzene Butter und Käse vor, nebst selbstgezogenem Wein, der natürlich wie Wasser aus Biergläsern getrunken wurde. Dann kam Eduard Mörike.
Er sieht beweglicher, nicht so bürgerlich vornehm aus, wie auf dem Dir bekannten Bilde, obgleich er bei Gelegenheit sehr vornehm soll sein können. […]
Er war damals erst einundfünfzig Jahre alt; in seinen Zügen aber war etwas Erschlafftes, um nicht zu sagen Verfallenes, das bei seinem lichtblonden Haar nur um so mehr hervortrat; zugleich ein fast kindlich zarter Ausdruck, als sei das Innerste dieses Mannes von dem Treiben der Welt noch unberührt geblieben.

Storm wunderte auch, daß Mörike „sich in behaglichster Weise in der Sprache seiner schwäbischen Heimat erging". Als er ihn darauf hinwies, legte ihm dieser die Hand auf den Arm und sagte lächelnd: „Wisse Sie was? I möcht's doch net misse."

Diese Anekdote gibt das Stichwort fürs *Stuttgarter Hutzelmännlein*, das im Mai 1853 in einer Auflage von 1500 gehefteten für 1 fl. [Gulden] 12 kr. [Kronen] und 500 elegant gebunden mit Goldschnitt zu 1 fl. 48 kr. bei Schweizerbart erschien. In diesem erfolgreichen Märchen (nach zwei Jahren wurde schon die zweite Auflage gedruckt) um Glücksschuhe, nachwachsendes Hutzelbrot, zauberhafte Krackenzähne, Klötzle aus Blei und nicht zuletzt die schöne Lau im Blautopf, pflegt Mörike einen künstlichen schwäbischen Dialekt und erläutert besonders ungewöhnliche Ausdrücke in Anmerkungen.

Wohl vor fünfhundert und mehr Jahren, zu denen Zeiten, als Graf Eberhard von Wirtemberg, ein tapferer Kriegsheld und ruhmvoller Herr, nach langen, schrecklichen Fehden mit des Deutschen Reichs Häuptern, mit dem Habsburger Rudolf und dessen Nachfolgern, zumal auch mit den Städten, das Schwabenland nun wieder zu Ruh und Frieden kommen ließ, befand sich in Stuttgart ein Schustergesell namens Seppe bei einem Meister, der ihm nicht gefiel, deshalb er ihm aufsagte; und weil er nie gar weit vor seine Vaterstadt hinausgekommen, nicht Eltern noch Geschwister mehr hatte, so war er jetzt willens zu wandern.

So beginnt die wegen diverser sagenhafter Einschübe einigermaßen verwickelte, aber immer wieder vergnügliche Lektüre. Die Eingangsformel nennt historische Daten und entspricht gleichzeitig einem „Es war einmal"; die Gebäude schildert Mörike, wie er sie zu seiner Zeit sah, und nicht, wie er vorgibt, daß sie im 14. Jahrhundert ausgesehen haben. Er bringt also bewußt „anachronistische Brechungen in die historische Perspektive", und diese „Vermischung von Mittelalter und 19. Jahrhundert macht das Märchen streckenweise zur Groteske" (Simon).

Indem Mörike – „Ich habe soviel Lokalitäten und Namen als möglich gebraucht" – verschiedene, inzwischen verschwundene Örtlichkeiten der Landeshauptstadt wie das Büchsentor oder den Bopserbrunnen realistisch beschreibt, setzt er ihnen gewissermaßen ein Denkmal, schafft eine Mythisierung, die im Fall der

Erkerkonsole des im Zweiten Weltkrieg zerstörten Hauses **Marktplatz** 5 besonders kurios wirkt.

Am Markt gegen dem Adler über sieht man dermalen noch ein merkwürdiges altes Haus, vornher versehen mit drei Erkern, davon ein paar auf den Ecken gar heiter wie Türmlein stehn mit Knöpfen und Windfahnen, hüben und drüben unterhalb der Eckvorsprünge zwei Heiligenbilder aus Stein gehauen, je, mit einem kleinen Baldachin von durchbrochener Arbeit gedeckt: Maria mit dem Kind samt dem jungen Johannes einerseits und St. Christophor der Riese andererseits, wie er den Knaben Jesus auf seiner Schulter über das Wasser trägt, einen Baumstamm in der Faust zum Stab. Dies Haus – in seinen Grundfesten samt dem Warengewölb vermutlich noch dasselbige – gehörte von Voreltern her dem Grafen eigentümlich und ward von ihm auf jenen Tag unserem Schuster in Erkenntlichkeit für seine kostbare Gabe und zum Beweis besonderer Gnade als freie Schenkung überlassen, nebst einem Teil des inbefindlichen Hausrats.

Rathaus mit Marktplatz, rechts Haus Nummer 5 (um 1900)

Der Christophorus, der aus dem kriegszerstörten Haus gerettet, jahrelang im Lapidarium aufbewahrt wurde, bevor er in die Ausstellung „Stadtgeschichte(n) im Tagblatt-Turm" kam, steht auf einer Konsolfigur, die Mörike seinem Gast Theodor Storm bei einem Abendspaziergang als das „Hutzelmännlein" zeigte. Und seither gilt diese gedrückte Gestalt als Vorbild für den „Pechschwitzer".

An der Ecke des Stiftsfruchtkastens, die zur spiegelverglasten Commerzbank weist, hängt über Augenhöhe ein jüngeres, akrobatisch die Beine verdrehendes Hutzelmännlein. Seine Identität erklärt der darunter eingemeißelte Spruch, ein Zitat vom Anfang des Märchens:

Ein Kobold gut bin ich bekannt
In dieser Stadt und weit im Land;
Meines Handwerks ein Schuster war
Gewiß vor siebenhundert Jahr.
Das Hutzelbrot ich hab erdacht,
Auch viel seltsame Streich' gemacht.

Unweit davon in der **Kirchstraße** 14 erstand Eduard Mörike bei der Hofmesserschmiede Gebr. Müller ein besonderes Messer als Geburtstagsgeschenk für Margarethe am 10. Juni 1859, sanktioniert durch eine Anmerkung in seinem *Hutzelmännlein,* es sei eine alte Sitte, sich zum Zeichen der Freundschaft mit Messern zu beschenken.

Der Heimweg führte Mörike durch die Stift- und Lindenstraße (heute Kienestraße), dann in die Rote Straße (heute Theodor-Heuss-Straße), um dann über die Lange in die **Hohe Straße** zu kommen, wo die Familie im Haus Nr. 16 vom 30. Juni 1858 bis September 1859 im zweiten Stock vier Zimmer und Küche bewohnte. Diesen vermutlich häufigeren Gang vom Einkauf nach Hause beschreibt Mörike in einem dem Messer beigefügten Geburtstagsgedicht:

„Mit einem Messerchen und einem kupfernen Fingerring"

Von Müllers Laden her kam ich im Sonnenbrand
Die rothe Straße hergerannt;
Erwog in meinem Sinn mein armes Angebinde,
Und ob sich nicht dazu noch etwas Hübsches finde,
Ein Blumenstrauß, ein Band, ein Tüchlein – oder – schau!
Im selben Augenblick – ich lüge nicht – o Frau, –
Seh ich vor mir was auf dem Pflaster blinken,
Ein goldnes Kleinod, will mich dünken!
Schnell raff' ich es vom Boden auf,
Betracht' es wie ein Dieb verstohlen nur im Lauf,
Schon bang, ich werd' es, pflichtgeflissen
Zur Policei gleich tragen müssen,
Ward aber nur zu bald gewahr,
Insofern hab' es nicht Gefahr.

Ein wundersamer Fund auf jeden Fall, just heute!
Wenn es Dir gilt, sag an, was solch ein Pfand bedeute? –
– Sey's was es will, ich bin nicht eifersüchtig drob.
Auf dieses Zeichen geb' ich nichts verloren.
Dein erster Mann lebt noch, Gottlob,
Für einen zweiten – bist Du nicht geboren!

Die Gymnasiumstraße, in der gleich am Anfang mit der Hausnummer 5 das Gymnasium Illustre stand, hätte Mörike ebenso gut gehen können. Hier entlang führte schon sein Schulweg in den Jahren 1817–1818, als er bei seinem Onkel, dem Direktor des Obertribunals Eberhard Friedrich von Georgii in der Büchsenstraße 48 wohnte. „Das Haus, unfern des Büchsenthors gelegen und durch einen auf zwei Säulen ruhenden Erker als etwas Besonderes gezeichnet, zeigte den behaglichen Luxus des Rococo, der Garten am Haus war in französischem Geschmack gehalten: es gab zusammen ein einheitliches Bild", weiß ein Zeitgenosse – und auch, daß sich dahinter „ein Lustgarten mit verschnittenen Büschen und Granatbäumen an die einstige Stadtmauer zog".

Hier hatte 1810 Friedrich Wilhelm Joseph Schelling im Gartensaal Vorlesungen gehalten, vor Mörikes Zeit also: „In meiner Gymnasiumszeit bekam ich meines Wissens den Schelling nie zu sehen. [...] Von den regelmäßigen Gästen, z. B. der Kegelgesellschaft im Garten, machte nur der witzige Haug einen Eindruck auf mich."

Mit Wehmut hat Mörike miterlebt, wie das Wohngebäude (das man sich etwa gegenüber der heutigen Liederhalle denken kann) im Sommer 1874 abgerissen wurde: „Ganz im Zerfall fand ich am gleichen Abend das Georgiische Haus, die Galerie auf dem Erker, wo mein Stübchen war, schon abgebrochen."

Das Büchsentor beim Abriß

In dem Quartier hinter dem Kleinen Schloßplatz kann man sich angesichts der Nachkriegsarchitektur und Straßenführung selbst mit Hilfe historischer Fotografien und alter Stadtpläne kaum mehr eine Vorstellung von seiner früheren Bebauung machen – und bald wird das Areal sein Aussehen noch einmal völlig verändern. Außerdem wurden nach dem Krieg drei Straßen – Kanzlei-, Rote- und Lindenstraße – umbenannt, so daß man sich die Lage des Oberen Museums zwischen **Willi-Bleicher-Straße**,

Theodor-Heuss- und Kienestraße denken kann. Ganz in dessen Nähe, Kanzleistraße 11, lebte Eduard Mörike von April 1864 bis 1870. Sie war an ihrem Anfang eine noble Geschäftsstraße mit dem Großen Bazar und dem Ständehaus, im weiteren Verlauf jenseits der Schloßstraße in Richtung Katharinenhospital lag der spätere Stadtgarten. Von der Wohnung (Kanzleistraße 8) im dritten Stockwerk – zudem der größten, die er je bewohnte – schweifte der Blick über die Dächer bis zur Uhlandshöhe, zum „rothen Steinbruch" am Kanonenweg und zum Schießhaus; Mörike sah den vergoldeten Engel des Theaters und aus dem Fenster gelehnt bis zur Königstraße; in der anderen Richtung die Calwer Straße entlang bis zum Alten Postplatz und im Hintergrund Weinberge mit Hoffmanns Schweizerhäuschen.

»Mein bestes Glück liegt innerhalb des Hauses«

EDUARD MÖRIKE, 1861

In unmittelbarer Nähe der Mörikes residierten der Buch- und Kunsthändler Roth, der Musikalienhändler Gustav Adolph Zumsteeg (Calwer Straße 4) und der Fortepianofabrikant Klinckerfuß (Kanzleistraße 18). In diesem Haus hatte Ludwig Uhland während seiner Tätigkeit in der Abgeordnetenkammer zwei Jahre gewohnt, hier wurden Gesellschaftsabende mit den Dichtern Schwab und Kerner veranstaltet, gingen später Musiker wie Johannes Brahms, Clara Schumann und *der* Mörike-Komponist Hugo Wolf ein und aus. Voller Stolz hat Mörike über dieses Domizil geschrieben: hier wohnte er „ganz mitten in der Stadt", im Zentrum der Ehrbarkeit, zwischen Stifts-Pfarrhaus und Museum, mit Blick auf Residenz und Theater und hatte trotzdem noch „ein paar Schnitzel grüner Landschaft" im Visier.

Ende Januar 1865 fand der legendäre Besuch Iwan Turgenjews (1818–1883) bei Mörike statt, von allen Biographen mit verschiedenen hübschen Details ausgeschmückt: So soll der russische Dichter als Replik auf Mörikes Geständnis, keines seiner Werke gelesen zu haben, die Verserzählung *Der alte Turmhahn* fast vollständig rezitiert haben. Außerdem habe die spanische

Komponistin Pauline Viardot-Garcia Turgenjew von Baden-Baden her begleitet und Mörike von ihr vertonte Lieder vorgesungen, dem dies als „starker spanischer Pfeffer" erschienen sei – während die Gäste sich über den dünnen Kaffee bei Mörikes mokierten. Eine besonders komische Anekdote berichtet Isolde Kurz. Mörike habe ihr selbst erzählt,

wie er einstmals als Lehrer am Katharinenstift in Stuttgart seinen jugendlichen Zuhörerinnen über Goethes Iphigenie sprach und gerade beim Vortrag des Monologs „Heraus in eure Schatten", vom Bedürfnis nach seinem Schnupftuch getrieben, rückwärts nach der Tasche griff, etwas Weißes, Langes herauszog und zur Nase führte, wobei ihm die ungewohnte Rauheit und Härte des Stoffes auffiel. Aber unbeirrt im Sprechen fortfahrend, wollte er das Tuch wieder in die Tasche stecken, doch nun schien es ihm wie verhext; er stopfte und stopfte und konnte nicht damit zu Ende kommen, je mehr er hineinschob, desto länger wurde es, bis er zuletzt den Kampf aufgab und das Tuch hängen ließ. Als er es nach einiger Zeit von neuem langte, kam es ebenso lang aus der Tasche wieder heraus und nun sah er – o Schrecken! –, daß es eine Fenstergardine war, was er bearbeitet hatte. „Aber denken Sie sich", setzte er am Schluß der Geschichte mit Befriedigung hinzu, „ein ganzer Saal voll mutwilliger junger Mädchen und auch nicht eine, die zu ihres Lehrers Nöten den Mund verzog! Sie saßen sämtlich in heroischer Fassung da, als ob sie nichts gesehen hätten."

»Er muß also damals, zumindest in Stuttgart, eine geachtete und beachtete Persönlichkeit gewesen sein, und Leute, die etwas auf sich hielten, wollten ihm ihre Aufwartung machen.«

HERMANN LENZ

Von 1851 an, fünfzehn Jahre lang, unterrichtete Eduard Mörike am Katharinenstift deutsche Sprache und Aufsatz, alte und moderne Literatur, wobei ihm die Behandlung des *Werther* gleich zu

Anfang Schwierigkeiten mit den Eltern der Mädchen einbrachte. Obwohl er nur wenige Wochenstunden zu geben hatte und davon ganz gut leben konnte, die Schülerinnen ihn nach anfänglicher Irritation wegen seiner „schlechten Kleidung" und des „wenig Gepflegten seines Äußeren und seines faltigen, ältlichen Gesichts" wohl auch gerne mochten, war ihm diese Arbeit eine Last, und er bat im November 1866 um Entlassung. Dank eines königlichen Gnadenakts bezog er als Pension weiterhin sein Gehalt.

Das Katharinenstift in der Friedrichstraße

Das Katharinenstift, 1818 nach dem Plan der württembergischen Königin Katharina als „Anstalt für Bildung der Töchter der mittleren und höheren Stände" gegründet, war seit 1819 in der **Friedrichstraße** 34/36 beheimatet, ehemals Wohnhaus von Joseph Süß Oppenheimer. „Mit hundert Fenstern steht ein stattlich Haus, Da blüht ein Jugendflor, der wallet ein und aus", schrieb Mörike einer Schülerin ins Album. 1903 zog das „Katzenstift" in einen Neubau an der Schillerstraße. Zu Mörikes Zeit wurden hier rund 300 Schülerinnen von 20 Lehrern, meist Theologen, unterrichtet. Ob er sich daran erinnerte, fünfzehn Jahre zuvor als „Liebmund Maria Wispel" ein Gedicht „An die Schönen des Katharinenstifts" verfaßt zu haben, in dem er sich über die „Fuscher und suspendierte Pfarrer" als Lehrkräfte mokierte?

Nun waren ihm die Mädchen, die im angeschlossenen Internat lebten und wegen ihrer grünen Tracht „Laubfrösche" genannt wurden, Anlaß für Verse: „Laßt mir die Grünen in Ruh, und schweigt mir doch von dem Laubfrosch! / Dieser plumpe Vergleich, dieser erbärmliche Witz! / Kleidet denn nicht das Grün auf Erden die edelsten Dinge? / Vielbesungener Lenz, zeige dein stolzes Gewand!"

Das Obere Museum

Parallel zum Unterricht am Katharinenstift hielt Mörike schon Anfang 1852 unter großem Zulauf und viel Beifall „Damen-Vorlesungen" im Oberen Museum; das heißt, er rezitierte zweimal wöchentlich aus den Stücken von Shakespeare oder deutsche Gedichte, hielt einen Vortrag über Goethe – was „viel Rumor unter den Frommen gemacht" habe, denn „zuerst hat er ihn gegen den Vorwurf der Unsittlichkeit in Schutz genommen u. die Naivetät seiner antiken Anschauungsweise an den Elegien nachgewiesen". Außerdem las Mörike aus seinem *Hutzelmännlein*-Manuskript. Kollegen wie Friedrich Theodor Vischer oder Julius Klaiber hielten später ihrerseits Vorträge über Mörikes Dichtung und Häuslichkeit: „ein schwäbischeres Gefühl für das Anheimelnde der eigenen vier Wände und alles dessen, was sie Liebes umschließen, hat wohl nie ein Schwabe gehabt". Raabe hat diese Äußerung freilich ironisch mit dem Hinweis kommentiert, seine Frau habe es bei ihm ja nicht aushalten können.

An dieser Stelle sei ein kurzer Exkurs über eine in Vergessenheit geratene Institution gestattet. 1807 hatte sich in Stuttgart eine zweite Lesegesellschaft konstituiert, die den Namen „Oberes Museum" trug, weil sie nur Mitglieder aus höheren Ständen aufnahm. 1816 kaufte die Gesellschaft das Haus in der Kanzleistraße 11 und eröffnete im folgenden Jahr, worüber die *Schwäbische Chronik* berichtet:

Gewiß wird das Museum in der Folge viel zur Annehmlichkeit des gesellschaftlichen Lebens in unserer Stadt beitragen, und Fremden, die durch ein Mitglied der Gesellschaft eingeführt, daran Theil nehmen, Gelegenheit verschaffen, manche nützliche und angenehme Bekanntschaft zu machen. – Gegenwärtig besteht die Gesellschaft aus beinahe 600 Mitgliedern. […]
Für gesellschaftliche Unterhaltungen wird in wenigen Wochen, wenn das Bauwesen vollendet ist, aufs beste gesorgt sein, und die dazu bestimmten in einer ununterbrochenen Reihe durch den ganzen ersten Stock des Gebäudes laufenden 12 Zimmer und Säle bieten hierzu hinlänglichen Raum, sowie noch besondere Zimmer für Billards, und die künftig statt habende Mittags-Wirthstafel bestimmt sind. Den Winter über werden Bälle und Concerte gegeben. Ein eigener im Museum wohnender Wirth ist zur Bewirthung der Gäste aufgestellt.

Die Gäste, das versteht sich in dieser Zeit, waren fast ausschließlich Männer, nur einmal in der Woche gab es einen „Damentag", über den Therese Huber sich 1818 lustig machte: die liberal gemeinte Vermischung der Stände sei gelungen, wie bei Essig und Öl, wenn man mit Schütteln aufhört... Als Annette von Droste-Hülshoff im Sommer 1842 für einen Tag in Stuttgart weilte, führten ihre Bekannten Gustav Pfeifer und Albert Schott sie aber ins Museum als einer offenbar vorzeigbaren Institution. Beeindruckend muß die Bibliothek gewesen sein, in der (Anfang der 1850er Jahre) außer Büchern 85 deutsche, sechs französische und vier englische Zeitschriften auslagen, die sich aus Kostengründen kaum jemand selber halten konnte. Die Mitglieder zahlten dafür monatlich 16 Gulden. 1836 wurde die Silberburg von der Gesellschaft erworben, wo dann während des Sommers Veranstaltungen und Familienfeste stattfanden.

Der Weg von der Friedrichstraße zum **Charlottenplatz** führt am alten Bahnhof (heute Metropol-Kino) vorbei, wo Mörike, der gerne mit der Eisenbahn fuhr, nach Lorch oder Nürtingen abreiste: seine Stationen in den Jahren 1867/68 und 1870. Im Neuen Schloß war er gelegentlich vom König empfangen worden: Mörike hatte 1841 für das Regierungsjubiläum von Wilhelm I. „Das Fest im Gebirge" geschrieben, später schickte er ihm seine Bücher. Die *Idylle vom Bodensee* erschien 1846 sogar mit Widmung an den Kronprinzen Karl, und als Gegengabe kam darauf ein Brillantring; 1864 dekorierte man ihn mit dem Ritterkreuz des Friedrichsordens.

Im obersten Stock des Wilhelmspalais ist im sogenannten Mörike-Kabinett die Vitrinenausstellung der Privatsammlung Dr. Fritz Kauffmann (dem Urenkel eines engen Mörike-Freundes) über „Eduard Mörike und seine Freunde" zu sehen, leider zugunsten des Veranstaltungsraumes sehr zusammengepfercht. Dennoch läßt sich dort einiges in diesem Kapitel unerwähnt Gebliebene nachlesen.

Vom Charlottenplatz wäre es nur noch ein Katzensprung zu Mörikes Sterbehaus in der **Moserstraße** 22, doch auch dieses

Gebäude, das einst herrliche Aussichten auf Stadt und Alleen bot, wurde im Krieg zerstört. Eine Tafel erinnert daran, daß Eduard Mörike mit seiner Schwester Klara im November 1874 hier einzog. Die Trennung von Margrethe hatte im Jahr zuvor stattgefunden, und erst kurz vor Mörikes Tod am 4. Juni 1875 kam es noch zu einer Versöhnung. Von hier trat am 6. Juni 1875 der aus nur etwa zwei Dutzend Personen bestehende Trauerzug den Gang zum **Pragfriedhof** an. Mit dabei waren Friedrich Theodor Vischer, Karl Gerok, Albert Zeller, Ferdinand Freiligrath und Johann Georg Fischer, der am Grab davon sprach, „daß Mörike ein Stern erster Größe am deutschen Dichterhimmel sei". Den hellen Stein mit einem Bronzerelief von Rudolf Dietelbach findet man im ältesten, südöstlichen Teil des Friedhofs.

Eigentlich hatte Mörike sich seine Grabstelle auf dem Hoppenlau-Friedhof gedacht, wo er zu Beginn seiner Stuttgarter Zeit gerne spazierenging. Der Pragfriedhof wurde erst 1873 eröffnet und bald zur größten Beerdigungsstätte der Stadt. Man findet dort heute auch die Gräber von Friedrich Wilhelm Hackländer, Friedrich Karl von Gerok, Tony Schumacher.

Auf seinen ausdrücklichen Wunsch wurde Albrecht Goes (1908–2000) auf dem Pragfriedhof begraben: Er wollte in der Nähe seines verehrten Pfarrer- und Dichterkollegen Mörike ruhen. Als einen „Mozart der deutschen Sprache" hat Goes Mörike in seinem 1938 bei Cotta erschienenen Essay gepriesen und ihn gleichzeitig vom Dichtersockel geholt: „Da lebte er […] getreu seinem Wahlspruch ‚No nix forciere', dem Motto der Trödler und Philister." Doch es ist ein liebevolles, verständnisinniges Porträt, schon ganz im Geiste seines 1947 formulierten schriftstellerischen Credos: „In allem, was ich schreibe, ist es mir darum zu tun, einen Beitrag zur Wiederherstellung der Einheit der inneren Person, zur Erneuerung der in Mauthausen und an hundert anderen Stellen so tief verstörten Menschenwürde zu leisten. In solchem Betracht verstehe ich auch das leiseste Gedicht, auch die abseitigste Besinnung als ein Stück politisches Leben und Handeln, fern aller idyllischen Zeitlosigkeit."

Albrecht Goes, der von sich sagte, er habe viele Jahre in großen Städten gelebt, sei aber kein Stadtmensch geworden und kenne von Stuttgart fast nur seine Rohrer Höhe, hat 1992 ein Gedicht mit vielen Anspielungen auf Stuttgart geschrieben, das wie ein Vermächtnis wirkt.

„Stuttgart"

Werkzeug zuerst – und immer dieser alte
Sag: Grüblergeist, sag: Tüftlersinn und -mut.
Sag jenen Fleiß, den früh die Armut weckte,
Und jene Klugheit, die den Sieg bewacht.
Das „Bosch forever", „Daimler hic et nunc",
Groß Macht und Glanz. Und Glanz und groß Gefahr.

Den Dichter ruf' vom Bopserwald her, ruf'
Den Stiftskopf, der den Weltgeist reiten sieht;
Dann einen stillen Mann: „Denk es, o Seele!"

Und du, Urenkel schon und wieder Ahnherr,
Einwohner dieser Stadt und Zeitgenosse,
Den Türmen rings, den Staffeln lang vertraut,
Besuch' am Rathausplatz den Wochenmarkt:
Die Filder schicken Spitzkraut, schicken Früchte.
Drei Stockwerk hoch regiert ein Magistrat,
Der zanken, doch auch lächelnd denken kann.
Der Hausherr selbst ist unverwechselbar
Präsent im Duktus seiner Unterschrift.
Ein Herr durchaus. Die Stadt hat einen Herrn.

Weiß oder Rot? O höchst willkommene Fehde:
Kriegsberg ist angesagt und Götzenberg,
Hofkammerabzug aus des Herzogs Kelter:
Sie suchen und sie finden und geleiten
Noch ihre Dichter, ihre Possenreißer
In Kachelofens Abendeinigkeit.

Der Sprachgeist, rauh, doch zärtlich zu den Seinen,
Weiß viele „le", „'s ka sei", und weiß: „so ischs",
– andante, denk ich, läßlich, mezzoforte –
Der bleibt uns treu zu Weg und Weiterweg,
Und allewege hiegutwürttemberg.

Zuletzt denn dies: Trabrößlein im Signet nur,
Die Gestern in Vitrinen wohl verwahrt;
Fühl zwei dir nah, dir beide zuerkannt:
Zum Lebenstag im Schloßpark die Kastanien,
Die prächtigen, die blütenüberreichen,
Und zum Valet: Zypressen auf der Prag.

→ »Wir sind eben aus Stuttgart in die frische Neckarluft herübergesiedelt«

BAD CANNSTATT ALS INTERNATIONAL RENOMMIERTER KURORT

Vierter Spaziergang: Wilhelmsbrücke – Thaddäus-Troll-Platz – Marktstraße – Wilhelmsplatz – Badstraße – Brunnenstraße – Kursaal – Taubenheimstraße – Uffkirchhof – Hofen

Einen Spaziergang durch Bad Cannstatt sollte man immer am Neckar beginnen – nicht nur, weil der Fluß alle boshaften Sottisen über Stuttgart wegzuspülen scheint. In Cannstatt hat die Geschichte Stuttgarts angefangen, hier siedelten sich wegen der klimatisch günstigen Lage schon in vorgeschichtlicher Zeit Menschen an, wie Funde aus der Altsteinzeit beweisen. Die Kelten der Hallstattzeit haben am Rand des Schmidener Felds zwei Fürstengräber mit Goldschmuck hinterlassen. Im ersten Jahrhundert nach Christi kamen die Römer, errichteten am linken Neckarufer, auf der strategisch idealen Höhe ein Kastell und eine ausgedehnte Siedlung. Vermutlich haben sie die Mineralquellen bereits zum Baden benutzt. Entdeckt wurde die römische Anlage auf der Steig 1894 von dem Cannstatter Gymnasiallehrer Ernst Kapff, der in den Folgejahren die Ausgrabungen leitete und seinen Freund Hermann Hesse bei einem Spaziergang dorthin führte.

Matthäus Merian, der 1643 eine schöne Ansicht Cannstatts mit der Kanne im Wappen stach, machte sich – wenn nicht historisch richtige, so doch plausible – Gedanken zur Namensgebung.

Einige schreiben, man habe einen Stein gefunden: Ca. Ant. Stat. Das ist: Cai Antonii Stativa, daß nämlich Römisches Volk, unter dem besagten C. Antonio, allhie gelegen, aus welchen abgekürzten Worten folgend der Name Cannstatt entsprungen. Liegt am Neckar, eine kleine Meil, oder große halbe, von

← Wilhelmsbrücke in Richtung Cannstatter Altstadt

Stuttgart und ist dem Herzog von Württemberg gehörig. Allda ein Posthaus und um die Stadt Hügel und Berg, so viel Wein tragen; auch fruchtbare Äcker, Wiesen, Gärten und gute Weide. Hat auch außerhalb der Stadt ein Bad, für die Krätzen und Krankheiten von Kälte, heilsam das Sulzbad, gleichsam Salzbad, von dem Wasser, so einen salzigen Geschmack hat, genannt.

»Mit Cannstatt sind wir im Herzen des Landes, dem Mittelpunkt des Unterlandes, bei dessen Reizen schon die Römer das Heimweh nach dem sonnigen Italien vergaßen.«

KARL JULIUS WEBER, 1826

Warum – trotz der älteren Geschichte und der besseren topographischen Gegebenheiten – nicht Cannstatt, sondern Stuttgart die Metropole wurde, ist immer wieder von Schriftstellern thematisiert worden.

Gottfried Wilhelm von Leibniz schlug 1669 in einem Gutachten vor, die Stuttgarter Residenz und sogar die Tübinger Universität nach Cannstatt zu verlegen, weil der am Neckar und an der Fernstraße Ulm-Straßburg gelegene Ort sehr viel bessere Voraussetzungen für eine Hauptstadt des Herzogtums besitze als das verkehrsungünstige Stuttgart. Unter König Wilhelm I. wurde Cannstatt so etwas wie die heimliche Hauptstadt und das international berühmte Kurbad; die Erhebung zum Bad kam aber erst 1933. Mittlerweile ist Stuttgart gewissermaßen zum Neckar hingewachsen und hat Cannstatt 1905 eingemeindet.

Zwar, das Wasser fehlt, und darum ist Stuttgart nicht so berückend wie Würzburg oder Bamberg. Aber am Ende ist es gar nicht einmal ganz wahr, daß Wasser fehlt? Denn Cannstatt ist einverleibt, und Cannstatt hat nicht bloß die hübschen Schlösser Rosenstein und Wilhelma und den Kursaal, sondern auch die reizende Kurve des Neckars; ja, mit Untertürkheim und Obertürkheim gehört ein gutes, ein schönes Stück des Neckarlaufs der Zone der Hauptstadt an. Also fehlt dem schönen Stuttgart schließlich doch nichts zur Ganzheit.

Die Argumentation scheint zwar etwas verquer, doch Wilhelm Hausenstein (1882–1975) war es in seinem Essay ernstlich darum zu tun, die Schönheit Stuttgarts, wo er in seiner Jugend öfter geweilt hatte, zu loben. Ein Einheimischer wie Thaddäus Troll sah das ganz anders:

Ein Geständnis gleich vorweg. Ich bin in Cannstatt geboren und lebe in Stuttgart, also in der Emigration. Denn ein Cannstatter hat ganz andere Wurzeln, hat seinen eigenen Krattel und will nichts mit Stuttgart zu tun haben.
Der Stuttgarter bringt den Blick schwer über seinen Bergleshorizont hinaus. Stuttgart brodelt im Kessel, während Cannstatt frei und offen am Neckar liegt.

Beginnen wir den Spaziergang am Neckar, an der **Wilhelmsbrücke**, deren Vorgängerin über Jahrhunderte als einzige Brücke im Umkreis den Fluß überquerte. Hier, an der Kreuzung der großen Straßen von Augsburg und Nürnberg nach Frankfurt und Straßburg, war die Poststation der Thurn und Taxis'. Am linken Ufer liegt die Neckarvorstadt mit Industrieansiedlungen, aber wer der Brückenstraße den Berg hinauf folgt, entdeckt bald Weinberge. Auf der Höhe liegen die Gebäude der Reiterkaserne, zu Beginn des 20. Jahrhunderts auf den Fundamenten des Römerkastells errichtet und heute kulturell genutzt, und der Steigfriedhof, der älteste christliche Begräbnisplatz auf Stuttgarter Stadtgebiet. Thaddäus Troll ist dort begraben.

In der Neckartalstraße 73, im Haus des bis heute bestehenden Gasthofs „Alter Hasen" lebte und starb Ferdinand Freiligrath (1810–1876). Der im Vormärz fast mehr von Fernweh als von Freiheitsdenken getriebene Dichter aus Detmold, der aktiv an der 1848er Revolution teilnahm und nach der Rückkehr aus dem Exil ein deutscher Patriot wurde, kam 1868 nach Cannstatt. Erst logierte er im „Hotel Hermann", dann lebte er von 1870–1874 in Stuttgart in der Ulrichstraße 9 und schließlich bis zu seinem Tod in der Neckartalstraße: „Wir sind eben aus Stuttgart in die frische Neckarluft herübergesiedelt", schrieb er in einem Brief.

Die Wilhelmsbrücke mündet direkt in die Marktstraße, und gleich rechts liegt der 1989 angelegte **Thaddäus-Troll-Platz**, seiner Ausdehnung nach eher ein Plätzchen. Die Plastik von Elke Krämer stellt die Figur „Dr Entaklemmer" aus Trolls gleichnamigem satirischen Volksstück nach Molières „Geizigem" dar, den schwäbischen Bauern, der nachschaut, ob sich nicht noch ein Ei im Leib seiner Enten befindet, bevor er sie verkauft. Die Uraufführung des Stücks am Stuttgarter Staatstheater 1976 war ein großer Erfolg und trug zu Trolls Berühmtheit ebenso bei wie seine humoristischen Besteller *Deutschland deine Schwaben* und *Preisend mit viel schönen Reden*. Thaddäus Troll war das Pseudonym des Autors und Journalisten Hans Bayer (1914–1980). Er arbeitete als Redakteur der satirischen Zeitschrift *Das Wespennest* und als Korrespondent für den *Spiegel*, bevor er sich dem Bücherschreiben widmete. Außerdem engagierte er sich bereits bei dessen Gründung im Verband Deutscher Schriftsteller und als Vizepräsident des deutschen PEN-Zentrums; zu seinem Gedächtnis wird alljährlich der Thaddäus-Troll-Preis an jüngere, kritische Autoren aus Baden-Württemberg vergeben.

Immer wieder versuchte Troll, humorvoll und selbstironisch dem schwäbischen Wesen und dem Cannstatter Charakter nachzuspüren, den man am überzeugendsten in der Fremde erkennt:

Wer in Cannstatt wohnt, seine Steuern ans Finanzamt Bad-Cannstatt zahlt und ab und zu sein Sauerwasser trinkt, ist noch lange kein Cannstatter. Dagegen können Cannstatter in San Francisco, in Schanghai, in Addis Abeba oder gar in Degerloch wohnen. Es gibt sogar Cannstatter, die das Schicksal nach Stuttgart verschlagen hat. Auf den Wohnsitz, wie man amtlich so schön sagt, kommt es also nicht an. […]
Ein Cannstatter ist, wer im tiefsten Rußland plötzlich die Stadtkirchenuhr hört: die vier grellen, unsonoren, fast blechernen Schläge, bevor die wohlklingende, dunkle Glocke die Stunden anzeigt. Wer beim feurigen Ätnawein, beim körperreichen Rioja in Spanien, beim samtigen Beaujolais plötzlich Lust auf ein Glas Zuckerle bekommt und das Cannstatter

Bodeng'fährtle so deutlich auf der Zunge spürt, als habe er den heimatlichen Wein getrunken. Wer auf dem großen Zocco, dem Marktplatz von Tanger, bei türkischem Kaffee vom Appetit auf ein Glas Sauerwasser gepackt wird. Wer sich vor den Silhouetten von Gent der absonderlichen Perspektiven der Spreuergasse erinnert, die ihm in der Zeichenstunde so viel Beschwerden gemacht haben.
Mißverstehen Sie mich nicht: ich verlange vom Cannstatter nicht, daß er seine Heimatstadt für den Nabel der Welt hält. Daß er das Erbsenbrünnele schöner findet als die römischen Brunnen, die Marktstraße gemütlicher als die Champs Elysées, einen Gaisburger Marsch besser als eine Bouillabaisse in Marseille, und daß er auf dem Mittelmeer in den Gesang „Im scheensten Wiesengruhunde" ausbricht. Obgleich wir Schwaben bisweilen dazu neigen. Wobei mir der Wiesengrund immer noch lieber ist als der Hohenfriedberger Marsch.
Zum Cannstatter gehört ein Spritzer sentimentalen Heimatgefühls. Und vor allem ein Schuß Cannstatter Selbstbewußtseins. [...]
Der echte Cannstatter ist kerniger, männlicher, bodenständiger, bäuerlicher und hausbackener als der Stuttgarter. Cannstatt hat in seiner Ehe mit Stuttgart seinen Mädchennamen fast verloren. Aber was ein rechter Cannstatter ist, der empfindet es wie einen Verrat, wenn er in einem Hotel in Madrid als Geburtstort Stuttgart angibt. Und um sein schlechtes Gewissen zu beruhigen, schreibt er dann eine Postkarte nach Hause mit der Anschrift „Bad Cannstatt – Alemañia". Ohne Stuttgart auch nur zu erwähnen.

Wie stolz wäre Thaddäus Troll, wüßte er, daß sein Platz das Entree zum ältesten Gebäude auf Stuttgarter Gemarkung bildet! Bei dem 1463 erbauten „Klösterle" handelt es sich um ein ehemaliges Beginenhaus, in dem ledige oder verwitwete Frauen klosterähnlich lebten und soziale Dienste verrichteten. Das jahrzehntelang unter häßlichem Verputz und Anbauten versteckte architektonische Kleinod war Ende der 70er Jahre dem Abriß geweiht, konnte aber glücklicherweise durch bürgerschaftliches Engagement gerettet werden. Heute beherbergt es eine Weinstube und das mittwochnachmittags öffentlich zugängliche Büro des Architekten Hermann Kugler, der die Sanierung beförderte. Zu besichtigen sind die spätgotischen Kreuzrippengewölbe in der Kapelle und andere bemerkenswerte Details. Über einen Holzsteg ist das Klösterle mit der Scheuer verbunden, in der sich das Cannstatter Stadtmuseum befindet. Erinnert wird dort unter anderem an die Schriftsteller Berthold Auerbach, Ferdinand Freiligrath und Hermann Hesse.

Die Altstadt von Cannstatt eignet sich wie wenige Quartiere Stuttgarts zum Flanieren, und der Spaziergänger Hermann Lenz hat sie in seinen Feuilletons entsprechend gewürdigt: „Jedenfalls haben's manche Zeitgenossen gern, zuweilen ein bißchen abseits zu schlendern und beispielsweise Cannstatt aufzusuchen und die Marktstraße hinabzugehen, die nur da und dort mit glattgebügelten Fassaden prunkt, ansonsten aber wie in alter Zeit sich zwischen Giebeln und vorragenden Stockwerken bis zum Neckarufer streckt."

Er bezeichnet diese seltsam mäandernde, ein halbes Jahrtausend alte Straße, „die sich schlingt und krümmt, Ein-, Aus- und Durchblicke in Behäbiges und Wohnliches" bietet, als ein quicklebendiges Museumsstück. Der Charme hat sich bis heute erhalten, besonders an Markttagen, wenn man sich in dem lautstarken Stimmengewirr und dem farbenprächtigen Gemüseangebot viel weiter im Süden wähnt oder wenn zur Fasnet alle Gassen von Haus zu Haus mit bunten Lumpen überspannt sind.

Der Weg führt an der Stadtkirche – 1460–1471 von Aberlin Jörg als dreischiffige Hallenkirche auf romanischen Fundamenten erbaut und von Heinrich Schickhardt 1612/13 um den Turm ergänzt –, dann am Rathaus vorbei in Richtung Wilhelmsplatz. Man sollte gelegentlich den Kopf heben, um Fassaden und alte Wirtshausschilder zu betrachten; das Eckhaus Marktstraße 48 beherbergte zum Beispiel über zwei Jahrhunderte den „Bären", in dem der junge Hermann Hesse zechte. Einen Blick oder ein paar Schritte lohnen die Seitengäßchen, deren Namen Sulz-, Sulzbach-, Erbsen-, Bader- oder Kühlbrunnengasse auf die zahlreichen Brunnen verweisen. Mit 19 Mineralquellen, aus denen täglich 22 Millionen Liter fließen, ist Stuttgart-Bad Cannstatt nach Budapest der mineralwasserreichste Ort in Europa.

»Auf einer Kugel steht ein nackter Bub und streckt den Bauch heraus. Er hält einen Krug hinter sich und legt als selbstbewußter Schwabensohn eine Patschhand auf die Brust.«

HERMANN LENZ

Das Erbsenbrünnele spendet als einziges kein Sauerwasser, sondern weiches, was sich – daher der Name – zum Kochen von Hülsenfrüchten besser eignet. Berühmt ist es jedoch aus einem anderen Grund (den Hermann Lenz aber offenbar nicht kannte): Der Bildhauer Fritz von Graevenitz, der 1929 die Brunnenschale und das „Erbsenbüble" aus Travertin schuf, hatte seinen Neffen als Modell genommen, den späteren Bundespräsidenten Richard von Weizsäcker.

Einer der häßlichsten unter den häßlichen Stuttgarter Plätzen, eigentlich nur ein Verkehrsknotenpunkt, ist der **Wilhelmsplatz**. Wo heute wie eine Betonfestung das Kaufhaus dominiert, stand bis in die sechziger Jahre das Haus des Seifensieders Wilhelm Bayer, Trolls Geburtshaus. Errichtet war es auf den Fundamenten der Stadtmauer, von denen ein lächerlicher Rest als Steinskulptur auf der Marktstraße übrigblieb. An der Ecke Bad-/Marktstraße waren von 1839 an fast ein Jahrhundert lang die erste deutsche Hautklinik von Albert Veiel und gegenüber, Ecke Waiblinger-/Seelbergstraße, das Anwesen der 1867 gegründeten orthopädischen Heilanstalt von Heinrich Ebner beheimatet. Ein Jahrzehnt später ging das Gebäude an die Mechanische Gurten- und Bandweberei Gutmann & Marx über, die 1939 als jüdisches Unternehmen an die Stadt veräußert werden mußte; es war das Geburtshaus des Fabrikantensohnes und Schriftstellers Leopold

Marx (1889–1983), der 1938 ins KZ Dachau eingeliefert wurde, aber im Jahr darauf nach Palästina emigrieren konnte.

Vor einer Ladenpassage steht ein steinernes Denkmal aus dem Jahr 1946 – nicht zu verwechseln mit der Merkur-Skulptur von Ubbo Enninga auf dem Grünstreifen in der Mitte der Bundesstraße – mit einem Zitat von Leopold Marx: „Die Botschaft der Toten ist einfach und schlicht, drum ist sie so schwer zu fassen: ‚Ihr sollt auf der Erde mehren das Licht, und Liebe wachsen lassen.'"

Die **Badstraße** wirkt heute nicht besonders einladend, und es braucht eine Portion Phantasie, sich vorzustellen, wie hier vor 150 Jahren „die Welt zu Gast" war: 1852 belief sich laut Cannstatter Chronik die Zahl der Kurgäste auf 1456. „Darunter befanden sich 2 Könige, 2 Königinnen, 2 Großfürsten, 5 Fürsten, 4 Herzoginnen, 2 Prinzen, 1 Prinzessin, 1 Markgraf, 1 Graf, 5 Marschälle und 2 Lords und eine Anzahl Angehöriger des niederen Adels." Außerdem kamen – neben den bereits erwähnten Freiligrath und Auerbach – Schriftsteller wie Honoré de Balzac (1799–1850) und der Nobelpreisträger Paul Heyse (1830–1914). Sie logierten im „Hotel Hermann", einem der bekanntesten und vornehmsten Hotels in Württemberg, von dessen einstiger Pracht die graue Eternitfassade des Rot-Kreuz-Krankenhauses nichts mehr ahnen läßt.

Den Grundstein zu seiner Bedeutung hatte der Arzt Johann Jakob Frösner gelegt, der den Gebäudekomplex bis 1821 auf ein 106 Zimmer umfassendes Hotel mit Speisesaal für 300 Personen, Badhaus, Konversationshaus, Ballhaus mit zwei Tanzsälen im Garten und Stallungen für 110 Pferde erweiterte. Der über 30 000 qm große Garten war mit Baumgruppen und Alleen bepflanzt; es gab Lusthäuschen, Schaukeln, Rutschen, ein Kegelspiel, ein Karussel und einen Schießstand. Für die intellektuelle Unterhaltung bot eine Buchhandlung in einem Pavillon deutsche- und fremdsprachige Bücher zur Ausleihe an und unterhielt einen Salon littéraire sowie ein Lesekabinett.

Unter Carl Heinrich Hermann wurde das Hotel nach 1844

noch einmal erweitert und muß selbst anspruchsvollen Gästen gefallen haben. Jedenfalls schrieb Honoré de Balzac in einem Brief vom Dezember 1845 an Eva Hanska, mit der er im Sommer zuvor in Cannstatt eine Badekur genossen hatte:

Für mich, mein geliebtes Wölfchen, gibt es dreiundzwanzig Städte, die mir heilig sind und das sind die folgenden: Neuchâtel, Genf, Wien, Petersburg, Dresden, Cannstatt, Carlsruhe, Straßburg, Passy, Fontainebleau, Orléans, Bourges, Tours, Blois, Paris, Rotterdam, Den Haag, Anvers, Brüssel, Baden, Lyon, Toulon, Neapel. Ich weiß nicht, was sie Ihnen bedeuten, aber wenn mir einer dieser Namen ins Gedächtnis kommt, dann ist es, als ob Chopin eine Klaviertaste anschlagen würde; der Hammer weckt Töne, die in meiner Seele vibrieren, und es erwacht ein langes Gedicht.

Was Cannstatt an die Spitze der Städte stellt, war sein Plan, die polnische Geliebte, die wohl ein Kind von ihm erwartete, dort heimlich zu heiraten. Dazu hoffte er auf die Vermittlung König Wilhelms und ließ ihm die ersten Bände der *Comédie Humaine* schicken. Aus der Heirat in Stuttgart wurde nichts, und Balzac kam auch nicht mehr zur Kur. Warum er wohl seinen Oberst Chabert in der gleichnamigen Novelle von 1832 (also schon über ein Jahrzehnt früher) ausgerechnet in Stuttgart als Irren hinter Schloß und Riegel bringen läßt? Und dort auf der Promenade die Begegnung mit einem ehemaligen Wachtmeister seines Regiments ansiedelt, der den Totgeglaubten als erster wiedererkennt? Vielleicht weil es sich um eine dieser phantastischen Erzählungen handelt, die – so heißt es an anderer Stelle – „jetzt aus Deutschland zu uns kommen".

Gegenüber, in der Badstraße 36, steht noch immer die „Villa Schöne", und eine Tafel erinnert an den Erbauer Carl Eduard Schöne, der als Privatier und Armenfreund einen Neubau für die Olgakrippe errichten ließ. Die nach ihm benannte Schönestraße, parallel zum Neckar, war ohne den heutigen Autoverkehr vielleicht wirklich eine schöne Straße.

Theobald Kerner (1817–1907), Sohn von Justinus Kerner und als 48er auf dem Hohenasperg inhaftiert, führte nach seiner Entlassung in dieser Villa seine galvano-magnetische Heilanstalt, in der ihn Friedrich Hebbel besuchte. Sie bestand während der Sommermonate von 1856 bis 1863; nach dem Tod des Vaters übersiedelte er in dessen Haus nach Weinsberg, um dort als Arzt zu praktizieren.

Cannstatter Pfarrerskinder neigten zur weltverbessernden Revolution, behauptet Thaddäus Troll in Anspielung auf Gudrun Ensslin – die hier aufwuchs und 1964 zusammen mit Bernward Vesper die erstaunliche Anthologie *Gegen den Tod. Stimmen deutscher Schriftsteller gegen die Atombombe* herausgab. Und er erwähnt Edwin Hoernle (1883–1952), der im mittlerweile abgerissenen Haus Badstraße 20 geboren wurde. Nach dem Theologiestudium trat er der SPD bei, wurde Mitbegründer der KPD und später ihr Reichstagsabgeordneter. Er arbeitete in Stuttgart als Redakteur bei der *Schwäbischen Tagwacht* und der *Gleichheit*. Wegen illegal verbreiteter Gedichte wurde er während des Ersten Weltkriegs inhaftiert, 1920 publizierte Oskar Wöhrle sie legal in der Spartakus Druckerei in Degerloch. 1933 ging Hoernle nach Moskau und 1945 als Agrarexperte in die DDR.

Kehren wir noch einmal ins 19. Jahrhundert zurück. Als unmittelbare Folge der Entwicklung Cannstatts zum international besuchten Badeort entstand ein bedeutendes Schul- und Internatswesen; einige Straßen um den Kurpark herum lassen den einstigen Glanz bis heute ahnen. Von der Pracht eines „Hotel Bellevue" oder eines „Hotel Garni Mertz" in der Bahnhofstraße, wo Leute wie der 1878 nach Cannstatt versetzte Oberamtsrichter (und Verfasser des populären Gedichts „Im schönsten Wiesengrunde") Wilhelm Ganzhorn ihre Festessen auszurichten pflegten, ist freilich keine Spur mehr vorhanden.

Lediglich Literarisches wie die feuilletonistischen Genrebilder von Carl Theodor Griesinger (1809–1884) kann noch an ein vormals lustiges Kurleben erinnern. 1835, im Alter von 26 Jahren, entsagte Griesinger dem Kirchendienst und ließ sich in Stuttgart als Schriftsteller und Privatgelehrter nieder. Er verfaßte Theaterkritiken, brachte 1843/44 als Verleger und Buchhändler seine sämtlichen belletristischen Schriften selbst auf den Markt: *Skizzenbuch, Silhouetten* und *Humoristische Bilder aus Schwaben*. 1848 beteiligte er sich an der Revolution, gründete ein demokratisches Blatt, *Die Volkswehr,* wofür er dann zwei Jahre auf dem Hohenasperg in Untersuchungshaft saß. 1852 wanderte er nach Amerika aus, kehrte aber fünf Jahre später enttäuscht zurück. Seine Geschichten und Porträts sind bis heute von überraschender Frische und einem frechen Witz, der gern jegliche Krähwinkelei aufs Korn nimmt: „Oder wäre das nicht krähwinklerisch, daß Sie gar nichts thun können, ohne daß die ganze Welt es weiß, ehe Sie es thun? Die Stuttgarter sind offene Philanthropen; sie bekümmern sich gar nichts um sich selbst, wohl aber sehr viel um andere Leute." Hören wir einen Auszug seiner Eindrücke von einem „Sonntagmorgen in Cannstadt":

In keinem Bad geht's daher für gewöhnlich langweiliger zu, als in Cannstadt. Da kommen die Leute Morgens an den Sauerbrunnen, trinken ein paar Gläser Wasser, gehen dann nach Hause, baden, blasen Trübsal bis zum Mittagessen, speisen dann im Wilhelmsbade oder im Frösnerschen Hause, schlürfen im Garten eine Tasse Caffee, spielen hierauf „grande patience" bis an den Abend, essen für sich zu Nacht und legen sich ermüdet von des Tages Hitze in's Bett, um den andern Tag dasselbe Geschäft wieder vorzunehmen. Fremde giebt es wohl, sogar zur Genüge, aber ein Jeder ist isolirt und Bekanntschaften anzuknüpfen, ist sehr schwer. [...]
An einem Sonntagmorgen, in den Monaten Juli und August begebe man sich in Stuttgart in aller Frühe an den Platz, wo die Fiacres stehen, die von Cannstadt nach Stuttgart hin- und herfahren. Es ist zwischen 5 und 6 Uhr. Der Himmel hat ein blaues Kleid angezogen, die Menschen aber, die hier an dem Waisenhausplatze zusammenströmen, ein weißes. [...]
Die Fiacres, wohl 40 an der Zahl an einem solchen Tage, reichen

kaum aus, die Sauerwasserliebhaber alle zu fassen. Die Chaisen werden vollgepfropft bis zum Brechen; sogar auf den Bock zum Kutscher hinaus setzt sich mancher elegante Herr um nur zur rechten Zeit anzukommen. Im Fluge geht's vorwärts, denn die Herren Fiacres müssen noch einmal zurück, um eine neue Ladung noch später Aufgestandener aufzunehmen. In Cannstadt sieht man sich nicht um. Das Ziel ist nahe, es ist die Sulzerrainquelle. [...]

Im Garten des »Hotel Wilhelmsbad« (um 1880)

Hier ist der Sammelplatz der schönen und vornehmen Welt. Stuttgarter, Cannstadter, Badgäste – Alle in bunter Masse untereinandergemischt. Wer eigentlich Badgast ist, kann man nicht unterscheiden; und dieser Punkt ist es eben, worauf die Stuttgarter es abgesehen haben. Ist es denn nicht natürlich, daß bei der jetzigen Badereisewuth kein Mensch mehr mit Ehren bestehen kann, der nicht alle Jahre in ein Bad geht? [...]
Um die innere Quelle herum stehen immer mehrere hundert Personen. Die Quelle wird förmlich belagert. Die Gläser gehen von Hand zu Hand. Jedermann will trinken, denn als Sauerwassertrinker erscheint er erst als Curgast. Das Wasser kommt etwas lau aus dem Rohr und schmeckt nicht

allzuangenehm, aber man zwingt sich zum Trinken, ohne den Mund zu verziehen. Ich habe Leute gekannt, die es auf 20 Gläser gebracht haben, ohne krank gewesen zu sein. Ob sie es durch diese Wassermagenüberschwemmung nicht geworden sind, kann ich nicht sagen. Nächst dem Wassertrinken ist ein Haupterforderniß das „Spazierengehen". Jeder Badeort hat seine Anlagen, und wären es auch nur welche „en miniature". Zu dem letzteren Genre gehören auch die Anlagen in Cannstadt; in fünf Minuten ist der ganze Raum durchlaufen.

Das „Hotel Wilhelmsbad" mit dem berühmten großen Garten, auf das Carl Theodor Griesinger anspielt, war 1817/18 in der Brunnenstraße erbaut worden – die heutige „Gaststätte Wilhelmsbad" an der Ecke Wilhelms-/Brunnenstraße trägt nur den Namen. 1889 kaufte die Stadt das Gebäude als Gymnasium, dessen berühmtester Schüler Hermann Hesse (1877–1962) war. Das Gebäude fiel im Zweiten Weltkrieg einem Luftangriff zum Opfer, heute steht an seiner Stelle die Brunnen-Realschule.

»Doch wozu von all dem Unsinn reden! Ich könnte ebenso gut die Käseläden und Fabriken von Cannstatt aufzählen.«

HERMANN HESSE, 15. JANUAR 1893

Hermann Hesse in Cannstatt – das ist eine kurze, doch nicht ganz unwichtige Episode, an die eine Tafel am Haus Wilhelmstraße 40a erinnert. Dort wohnte er, obwohl in der Pension bei seinem Lehrer Ludwig Geiger in der **Brunnenstraße** 55 angemeldet, im Hinterhaus bei dem ehemaligen Realschullehrer Ferdinand Montigel. Anfang November 1892 wurde er am Königlich-Württembergischen Gymnasium in Cannstatt eingeschult, um das „Einjährigen-Freiwilligen-Examen" abzulegen, das der mittleren Reife entsprach. Es war am Ende jenes Unglücksjahres, das mit seiner Flucht aus dem Seminar in Maulbronn begonnen und sich mit Aufenthalten in den Heilanstalten Bad Boll, Stetten und Basel fortgesetzt hatte. Der 16jährige, der auf Fotografien so trotzig und traurig durch seinen Zwicker blickt, machte in dieser

Zeit schwere Krisen durch. Selbstzweifel und Hoffnungslosigkeit wechseln mit Phasen des Aufbegehrens gegen die ihn umgebenden Autoritäten; Depressionen bis zum Selbstmordversuch sind eine Folge der unglücklichen Liebe zu der jungen Cannstatterin Eugenie Kolb.

Ich interesse mich für nichts. Da schwatzt man Tag für Tag an mich hin, von Sprachen, Verfassungen, Kriegen, Völkern, Zahlen, Vermutungen, Forschungen, Kaisern, Kräften, Elektroskopen, und wie der Schund heißt – und ich höre zu; das Eine behalte ich, das Andere nicht und alles, alles ist mir einerlei: Ob diese lateinische Satzperiode klassisch ist oder nicht, ob dieser Funke negativ oder positiv ist, ob dieser Kirchenvater ein Römer oder ein andrer Esel gewesen, ist mir so ganz einerlei.

Trotz Äußerungen wie in diesem Brief an seine Mutter vom Januar 1893 war Hesse ein guter Schüler: In Literatur und Aufsatz, Latein, Griechisch, Mathematik und Turnen bewegten sich seine Noten zwischen 5 1/2 und 6 1/2, was etwa unserem „gut" entspricht; gut beurteilten die Lehrer auch „Anlagen, Fleiß, Religion", in Betragen und Aufmerksamkeit erhielt er sogar eine 7. Was verwundert, denn gerade über sein Verhalten wurde heftig geklagt: Hesse hatte angefangen, sich in Wirtshäusern – dem Gasthof „Bären" in der Marktstraße 48, dem Gasthaus „Zur Sonne" in der Waiblinger Straße 11, der „Restauration zur Brauerei Cannstatt", Haldenstraße 14 – herumzutreiben, stark zu rauchen, Billard zu spielen, Schulden zu machen, sich mit „zweifelhaften Personen" abzugeben. Die neuerliche Krise ging mit Kopfschmerzen einher; mit dramatischer Geste verkaufte er seine Bücher und erwarb einen Revolver. Trotz körperlicher Leiden und seines „liederlichen Lebenswandels" war er fähig, sich auf die Prüfungen vorzubereiten und das Examen zu bestehen. Nach Beginn des neuen Schuljahrs bat er seine Eltern, ihn zurückzuholen. Am 16. Oktober 1893 trat er aus dem Gymnasium aus.

In zwei Kapiteln seines *Demian* ahnt man den Schauplatz

Cannstatt und Hesses eigene Erfahrungen hinter der „Geschichte von Emil Sinclairs Jugend". Der Protagonist wird von seinen Eltern „nach St." gebracht und „mit jeder möglichen Sorgfalt dem Schutz einer Knabenpension bei einem Lehrer des Gymnasiums" übergeben.

Es war zu Beginn des November. Ich hatte mir angewöhnt, bei jedem Wetter kleine, denkerische Spaziergänge zu machen, auf denen ich oft eine Art von Wonne genoß, eine Wonne voll Melancholie, Weltverachtung und Selbstverachtung. So schlenderte ich eines Abends in der feuchten, nebligen Dämmerung durch die Umgebung der Stadt, die breite Allee eines öffentlichen Parkes stand völlig verlassen und lud mich ein, der Weg lag dick voll gefallener Blätter, in denen ich mit dunkler Wollust mit den Füßen wühlte, es roch feucht und bitter, die fernen Bäume traten gespenstisch groß und schattenhaft aus den Nebeln.
Am Ende der Allee blieb ich unschlüssig stehen, starrte in das schwarze Laub und atmete mit Gier den nassen Duft von Verwitterung und Absterben, den etwas in mir erwiderte und begrüßte. O wie fad das Leben schmeckte!

Ein Mitschüler aus der Pension, reißt ihn aus seinen Gedanken: er würde wohl Gedichte machen über die sterbende Natur und die verlorene Jugend wie Heinrich Heine, und nimmt ihn mit. „Bald darauf saßen wir in einer kleinen Vorstadtkneipe, tranken einen zweifelhaften Wein und stießen mit dicken Gläsern an. Es gefiel mir zuerst wenig, immerhin war es etwas Neues. Bald aber wurde ich, des Weines ungewohnt, sehr gesprächig." Er bekommt allerlei zu hören, von Mädchen und Frauen, von Wirklichkeit, Leben und Abenteuer:

Gegen das, was seit Monaten und Monaten mein Leben gewesen war, war dies köstlich, war dies paradiesisch. Außerdem war es, wie ich erst allmählich zu fühlen begann, verboten, sehr verboten, vom Wirtshaussitzen bis zu dem, was wir sprachen.

Ich jedenfalls schmeckte Geist, schmeckte Revolution darin. Ich erinnere mich jener Nacht mit größter Deutlichkeit. Als wir beide, spät an trüb brennenden Gaslaternen vorbei, in der kühlen nassen Nacht unsern Heimweg nahmen, war ich zum erstenmal betrunken. Es war nicht schön, es war äußerst qualvoll, und doch hatte auch das noch etwas, einen Reiz, eine Süßigkeit, war Aufstand und Orgie, war Leben und Geist. Beck nahm sich meiner tapfer an, obwohl er bitter über mich als blutigen Anfänger schalt, und er brachte mich, halb getragen, nach Hause, wo es ihm gelang, mich und sich durch ein offenstehendes Flurfenster einzuschmuggeln.

Das Initiationserlebnis endet in einem schlimmen Katzenjammer, doch trotz Selbstekel, „von scheußlichen Trieben überrumpelt", folgen dem ersten Rausch weitere. „Es wurde an unserer Schule viel gekneipt und Allotria getrieben, ich war einer der Allerjüngsten unter denen, die mittaten, und bald war ich kein Geduldeter und Kleiner mehr, sondern ein Anführer und Stern, ein berühmter, waghalsiger Kneipenbesucher."

Nach seinem Ausscheiden aus dem Gymnasium blieb Hermann Hesse in Kontakt zu dem Lehrer Dr. Ernst Kapff, der selber Novellen, Gedichte, Operntexte schrieb; sein Theaterstück „Columbus" wurde sogar 1892 am Hoftheater Stuttgart aufgeführt. In Hesses Tübinger Zeit wurde Kapff zu einem Ratgeber, der den jungen Buchhändler in seinen schriftstellerischen Plänen bestärkte. 1896 kam Hesse noch einmal zu Besuch nach Cannstatt; Kapff führte ihn zum Römerkastell und zu seinen Ausgrabungen, unter denen Hesse am meisten die Statue eines reitenden Jupiter gefiel. Und ein halbes Jahrhundert später erinnerte er sich: „Das Hübscheste von Cannstatt war für mich der Kurpark und meine kleine Mansarde, wo ich zum erstenmal Eichendorffs Taugenichts und Verse von Heine las."

Nehmen wir das Stichwort auf und flanieren ein wenig durch die Anlagen – leider nicht mehr auf der Promenadenallee – zum **Kursaal** und den Hügel hinauf durch den Kurpark. Zu Anfang des 19. Jahrhunderts hatte man begonnen, den Sulzerrain als Park anzulegen; über der Mineralquelle wurde 1819 ein Pavillon errichtet, zwischen 1825 und 1842 entstand an seiner Stelle das von Hofbaumeister Nikolaus von Thouret entworfene Kursaalgebäude. Mit großzügiger Unterstützung Wilhelms I., der sich mit Vorliebe dort aufgehalten hat, wie ein Chronist bestätigt: „Der König war gerner in Cannstatt als in Stuttgart, fast alle Morgen in aller Frühe ritt er zum Kursaal, ganz wie ein gewöhnlicher Kurgast. Unser Mitbürger ist schon da, sagten die Cannstatter ...". Vor dem Eingang hat man ihn mit Lorbeerkranz auf seinem Pferd verewigt, gegenüber erinnert eine Büste an den Komponisten und Dirigenten Robert Stolz.

Der Kursaal mit Kurpark (um 1845)

Heute dient der Kursaal für diverse Veranstaltungen, direkt daneben lädt ein neues Mineralbad zur „Stuttgarter Kur", bei der man zu Hause wohnt, was schon Carl Theodor Griesinger und Ludwig Börne (1786–1837) verwunderte: „Ich bin noch in keinem Bade so vielen blühenden Gesichtern begegnet, und habe noch nirgends so rote süße Mädchenlippen Sauerwasser trinken sehen. Aber wie ich höre, sind es keine Gäste, sondern Einheimische, die jeden Morgen aus der Stadt kommen. Was nur die lieben Kinder mit noch mehr Gesundheit machen wollen!"

Drumherum sieht man Autostraßen und hört Autolärm, dank Gottlieb Daimler, dessen Gewächshaus bzw. Werkstatt für den schnellaufenden Verbrennungsmotor am Rande des Kurparks, in der **Taubenheimstraße** 13, steht und jetzt seine Gedächtnisstätte beherbergt. Trotz Schildern zur botanischen Identifizierung der Bäume muß man lange suchen, um die Auerbach-Linde zu finden. Berthold Auerbach (1812–1882), in Nordstetten bei Horb geboren, besuchte seit 1830 das Stuttgarter Gymnasium und wurde gleich zu Beginn seines Studiums in Tübingen Mitglied der verbotenen, weil als staatsgefährend geltenden, Burschenschaft „Germania". Schlimmer als die Haft waren der Verweis aus Tübingen und der Entzug des königlichen Stipendiums, später die Nichtzulassung zum Rabbinatsexamen. Auerbach mußte sich literarischer Brotarbeit zuwenden, hatte jedoch mit seinen *Schwarzwälder Dorfgeschichten*, die geradezu eine Literaturgattung begründeten, großen Erfolg.

Von 1869 bis zu seinem Tod kam er regelmäßig als Kurgast nach Cannstatt und stieg im ersten Haus am Platz, dem „Hotel Hermann", ab. Bei Entstehung des Deutschen Reiches erwachte in ihm ein Nationalgefühl, das ihn im Juli 1870, kurz nach dem Kriegsausbruch ein patriotisches Flugblatt mit dem Titel „Was will der Franzos? und Was will der Deutsche?" formulieren ließ. Daraufhin brachten ihm – laut *Schwäbischer Chronik* – Hunderte von Cannstatter Bürgern ein Ständchen vor seinem Hotel. Im Zuge dieser Beifallsbezeugungen für „seine ächt deutsche Haltung" wurde (dem jüdischen) Auerbach noch zu Lebzeiten die Linde gepflanzt.

In einem Brief vom 16. Sepember 1877 berichtet er seinem entfernt mit ihm verwandten Freund Jakob Auerbach, wie er in Gegenwart seiner Schwester und seines Bruders zum ersten Mal die Linde besuchte: „Wir gingen den Berg hinan und fanden bald die wunderbar prächtig symmetrisch gebaute Linde, von Ruhebänken umgeben (der Stamm mit Draht umhegt und auf einer

Tafel daran steht: ‚Auerbachs Linde') ... Wir saßen eine Weile dort oben, dann ging ich mit unsern Geschwistern bis zur Synagoge und heim."

Ein 1909 aufgestelltes Denkmal hat man im Zweiten Weltkrieg eingeschmolzen, seit 1952 steht an gleicher Stelle die Kopie eines Marmor-Medaillons. Gestorben ist Auerbach in Cannes, begraben auf dem kleinen israelitischen Friedhof in seiner Heimatstadt Nordstetten.

Durch die Taubenheimstraße führt der Spaziergang zum Uffkirchhof. Wenn man die Waiblinger Straße überquert, steht links mit der Hausnummer 31 die Taubenheim-Apotheke. In diesem Haus hat der Literaturwissenschaftler und Dichter Max Kommerell (1902–1944) von 1913 bis 1919 gelebt und als Schüler das humanistische Gymnasium besucht. Zwei Häuser weiter wohnte ebenfalls ab 1913 drei Jahrzehnte lang der Schriftsteller und Brauchtumsforscher August Lämmle (1876–1962), der sich zeitlebens als „Stimme seiner schwäbischen Heimat" verstanden hat – freilich eher idyllisierend, denn problematisierend. Bekannt wurde er mit Mundartgedichten, wie einem „Schwäbisch" betitelten, dessen Anfang lautet: „E Spatz des ist koi Distelfink,/ Ond doch e Musikant./E jeder pfeift halt, wie-n-rs ka',/So seng-t's em ganze Land." An ihn, der in Ludwigsburg geboren wurde und in Tübingen starb, erinnert eine Gedenktafel.

Auf dem **Uffkirchhof**, der die aus dem 15. Jahrhundert stammende Uffkirche (Uffkirchen hieß ein in Cannstatt aufgegangenes Dorf) umschließt, finden sich die Grabstätten von Ferdinand Freiligrath mit einem überlebensgroßen Dichterkopf, Wilhelm Ganzhorn, Adolf von Seubert und der Lyrikerin Therese Köstlin.

Vom Kursaal aus läßt sich statt des Friedhofsbesuchs ein Spaziergang nach **Hofen** anschließen. Den Neckar entlang, am Fuße der Weinterrassen des Zuckerbergs, führt der Weg in den einzigen, nach der Reformation katholisch gebliebenen Ort der Umgebung. Die Kirche St. Barbara, 1783/84 auf einem spätgotischen Fundament in der heutigen Form erbaut, war zur Wallfahrtskirche geworden, nachdem man die Madonna aus der Stuttgarter

Stiftskirche 1532 dorthin gebracht hatte. Auf ihrem alten Friedhof sind der Hofmaler Nicolaus Guibal und C. F. D. Schubarts Freund und Saufkumpan, der Schieferdecker Leopold Baur, begraben.

Gegenüber der Kirche, zwischen dem ehemaligen Schlößchen und der Burgruine, stand seit 1760 der Gasthof „Adler", in dem Leichenschmäuse und Prüfungen der benachbarten Dorfschule gefeiert wurden. Tatsächlich scheint der katholische Herzog Carl Eugen mit seinen Hofleuten des öfteren von Ludwigsburg kommend hier eingekehrt zu sein. Die in Variationen kolportierte Legende, die sich um den „Adler" rankt, ist zwar eher im gleichnamigen Gasthaus auf dem Stuttgarter Marktplatz anzusiedeln. Gleichwohl sei sie erzählt.

Der Herzog warf Schubart einen Dukaten ins Weinglas und sagte: „Bis ich im Sattel sitze, muß er ein Impromptu auf diese Aktion fertig haben, dann ist der Dukaten sein." Er stieg auf, und Schubart rief mit dem Glas in der Hand vom Fenster herab: „Zwei Götter können sich in einem Glase nicht vertragen, drum geh du Pluto in den Sack", hier fischte er das Goldstück heraus und schob es ein, „du Bacchus in den Magen". Damit leerte er das Glas.

Leopold Baur, wegen seiner dreieinhalb Zentner schweren Leibesfülle „der deutsche Falstaff" genannt und von seinen Freunden oft derb-komisch bedichtet, bewies, daß er ein Philosoph war, indem er 1791 an der Wassersucht starb, wie er gelebt hatte. So jedenfalls heißt es in einer 1845 anonym erschienenen Schrift *Baur und Schubart oder Schieferdecker und Poet*:

Seine erste Verordnung vor dem Tode war, in Stuttgart wolle er nicht begraben sein. „In Hofen", sagte er, „da ist eine freie Aussicht in Gottes Welt, da will ich ruh'n; da höre ich auch die Posaune früher, als die Lalle im Tal." Seine zweite Verordnung war, er wolle nicht auf den Rücken in den Sarg gelegt sein, sondern aufs Gesicht, so daß der liebste Teil seines Leibes in die Höhe sehe. Vor der Stadt Stuttgart soll der Sarg geöffnet werden, damit ihn zu guter Letzt noch alle Welt im A... l... könne. Seine dritte Verordnung war, daß, anstatt man über seinen Tod weine, vor seinem Begräbnis einige Flaschen Champagner sollen ausgespendet und getrunken werden. So starb dieser Mann, unverheiratet, im neunundfünfzigsten Lebensjahr, wahrhaftig ein lachender Philosoph. Wie er's gewünscht hatte, führte man seinen Leichnam aus Stuttgart. Er liegt in Hofen unter Glaubensgenossen begraben. Von Freunden und von Armen wurde manche Träne um ihn geweint.

Die Burg Hofen ist die einzige noch bestehende Burgruine im Stuttgarter Stadtgebiet. Ludwig Uhland hat dieser Stelle am Neckar ein Gedicht „Auf der Überfahrt" gewidmet. Das Denkmal, das 1887 für ihn aufgestellt wurde, existiert nicht mehr, überhaupt hat sich seither viel geändert; an warmen Sommertagen wimmelt es am Max-Eyth-See von Ausflüglern. Carmen Kotarskis Gedicht vermag die andere Stimmung wiederzugeben, wenn Hofen abends zum verschlafenen Vorort wird:

„Hofen. Haltestelle Seeblickweg"

ein Fahrrad lehnt in der Nacht
über der Bank klebt eine Landschaft mit Palmen
eine Plastiktüte wird vom Regen hingestreckt
I'm gonna wait to the midnight hour

ich stelle die Musik in meinem Kopf lauter und schiebe
die letzte Bahn aus meinem Film. ein Schwimmbad
blendet sich ein, ich werfe Steine nach der dicken Frau
die sich zu dir ins Wasser schmeißt. Möwen kreischen
über der Szene. das Lachen in den Booten bewegt den See

käme dein Schatten ins Fenster, würde ich schneiden
ein Regentropfen springt vom Dach
dunkle Figuren lösen sich in dunklen Straßen auf

→ »Eine Lage, wie sie schöner nicht gedacht werden kann«

EIN RUNDGANG VOM CHARLOTTENPLATZ ÜBER DIE HÖHEN DES GÄNSHEIDEVIERTELS

Fünfter Spaziergang: Charlottenplatz – Urbanstraße – Uhlandstraße – Olgastraße – Blumenstraße – Pfizerstraße – Sünderstaffel – Stafflenbergstraße – Steingrübenweg – Richard-Wagner-Straße – Bubenbad – Gänsheidestraße – Heidehofstraße – Am Hohengehren – Gerokstraße – Haußmannstraße – Eugensplatz – Urbanstraße

Ich beschrieb einen großen Bogen und erreichte über die Uhlandstraße jenes ehemals königliche Palais, in welchem nun die Bildung des Volkes mittels einer städtischen Bücherei betrieben wurde. Ohne über die näheren Umstände im Bilde zu sein, hielt ich das wieder für typisch deutsch, ausgerechnet eine Staße nach einem Romantiker zu benennen, der meint „Wer nur die Wahrheit sieht, hat ausgelebt", eine Straße, die steil abfallend auf einen monarchischen Gebäudeklotz zulief, in welchem nun der aussichtslose Kampf um den Geist der Masse geführt wurde.
In dem weiten, hohen Untergeschoß herrschte ein reger Betrieb. Hier lagerten diverse Zeitungen des In- und Auslandes. Hier lagerte Heizungswärme. Wie in anderen Städten auch war das Foyer dieser Bücherei Ziel der Einsamen und Obdachlosen, der Gierigen, die niemals kauften, was sie umsonst bekamen, sowie der Eiferer, die ihre Wut über den Journalismus in die Öffentlichkeit tragen wollten.
Ich stellte mich an eine Art Theke, die den Leuten dazu diente, ihre Zeitungen auszubreiten.
Und entfaltete meinerseits ein Exemplar, und zwar – wie vereinbart – die *Neue Zürcher Zeitung*. Ich schlug die

← Blick vom oberen Ende der Sünderstaffel (um 1930)

Todesanzeigen auf, die ja weniger den Tod, als eine gewisse Pracht des Lebens und die Pracht der Hinterbliebenen anzeigen und in ihrer Gesamtheit das Flair einer Galerie aus dem 18. Jahrhundert besitzen. Die Gedrängtheit gerahmter Bilder. „Der Tod ist die Sauerstoff-Flasche hinter dem Zieleinlauf", sagte ein Mann mit langen, grauen, zu einem Zopf zusammengebundenen Haaren. [...] Er stellte einen länglichen Aluminiumkoffer neben die *Neue Zürcher* und erklärte, er würde in zehn Minuten wiederkommen. „Sehen Sie sich an, ob das Ding konveniert."
Ich nahm den Koffer, begab mich auf die Toilette und betrat die einzige Kabine des Toilettenraumes, um den Inhalt zu überprüfen. Der Anblick der im roten Samt eingebetteten Teile dieser Präzisionswaffe hätte wohl das Herz jeden Waffenfreundes höherschlagen lassen.

Daß das Foyer der Stadtbücherei im Wilhelmspalais auch in Wirklichkeit Schauplatz derartiger Transaktionen werden könnte, ist natürlich denkbar ... Fest steht, daß sich der vor kurzem von Wien nach Stuttgart übergesiedelte Autor Heinrich Steinfest mit seinem satirischen Kriminalroman *Der Stern von Stuttgart* in den hiesigen Literatenzirkel hineinschreiben wird. Will heißen, er wird vermutlich alsbald in den Parnaß aufgenommen und in einem Raum archiviert, der die „Stuttgarter Literaturszene" eingemeindet. Fast sechzig Autorinnen und Autoren sind darin vertreten: in der Stadt lebende, mit lokalen Preisen ausgezeichnete und einige, die zufällig mit Büchern und Vita in die Stahlregale geraten sind. Prominent ist, wer – wie Peter O. Chotjewitz, Reinhard Döhl, Margarete Hannsmann, Heinz E. Hirscher und Johannes Poethen – in Vitrinen ausgestellt wird.

So weit hinauf kommt Steinfests Protagonist jedoch gar nicht, er schlendert nach dem zitierten Dialog nur noch ein wenig durch die Bibliothek und beobachtet in der Abteilung Belletristik, im „futuristischen Lesesalon", die Lesenden, „diese Glücklichen, die gefahrlos durch fremde Leben schritten". Wir verlassen ihn dort, nicht ohne zu ergänzen, daß König Wilhelm I. das

Wilhelmspalais nach Plänen seines Hofbaumeisters, des Florentiner Architekten Giovanni Salucci 1840 für seine beiden Töchter, die Prinzessinnen Sophie und Marie, erbauen ließ. Die letztgenannte lebte in diesem Stadtpalast und vererbte ihn ihrem Neffen, König Wilhelm II., der ihn bei seinem Regierungsantritt als Wohnsitz behielt und erst mit seiner Abdankung 1918 auszog. Ein Denkmal beim Eingang an der Konrad-Adenauer-Straße zeigt diesen letzten, beim Volk beliebten König von Württemberg, wie er mit seinen Hunden, zwei weißen Spitzen, spazierenzugehen pflegte. Seit dem Wiederaufbau ist im Wilhelmspalais die Stadtbücherei untergebracht.

Der rückwärtige Ausgang geht auf die **Urbanstraße**, deren Bezeichnung nach dem Schutzpatron der Weingärtner darauf hinweist, daß hier Rebgelände war. Im ausgehenden 18. Jahrhundert besaß das Schriftstellerehepaar Theophil Friedrich und Marianne Ehrmann ein Hanggrundstück mit einem geräumigen Gartenhaus. „Oben war eine schöne Laube errichtet, gut geeignet für die vergnügliche Unterhaltung eines nicht allzugroßen Kreises", berichtete einer der Gäste der erlesenen Gesellschaft, der Schriftsteller Friedrich David Gräter. An diesem 1. August 1793 wurde zwar kein Kaffee gereicht („ein Getränk, dessen ausländische Hitze sich nicht mit unserer Natur verträgt"), warm wurde den Gästen, wie der Protokollant vermerkte, jedoch durch die erzählten Gespenstergeschichten. Nachdem man zur Abkühlung im Garten auf- und abgestiegen und in die Laube zurückgekehrt war, kam die Rede auf die Liebe. Bei diesem unerschöpflichen Gegenstand stand notwendig die Gastgeberin im Mittelpunkt, denn sie hatte einige Jahre zuvor erst anonym ihre *Philosophie eines Weibes* (1784), dann einen zweibändigen, autobiographisch gefärbten Roman *Amalie. Eine wahre Geschichte in Briefen* (1788) publiziert. Von 1790 an gab Marianne Ehrmann in Stuttgart ein eigenes Journal heraus, *Amaliens Erholungsstunden*; mit dem dritten Jahrgang beendete sie die Zusammenarbeit mit Cotta, der ihr moderat aufklärerisches Programm ignorierte oder sogar bloßzustellen versuchte, und ließ die Zeitschrift unter dem

Titel *Die Einsiedlerinn aus den Alpen* in Zürich erscheinen, wohin sie – die 1755 in Rapperswil als Marianne von Brentano geboren war – gute Kontakte besaß. Vielleicht erschien ihr Württemberg aber auch zu provinizell und die Stimmung für emanzipatorische Ideen ungünstig. Dies vermutet jedenfalls Hermann Bausinger in seinem Porträt dieser ungewöhnlichen Frau, das zu weiterer Beschäftigung mit Person und Werk anregt. Nicht zuletzt, weil Marianne Ehrmann und ihr Mann teils in ihrer kleinen Stadtwohnung in der Engen Straße, teils in ihrem Gartenhaus in der Urbanstraße einen wirklichen Salon führten, den ersten in Stuttgart.

Als sich Friedrich Wilhelm Hackländer 1859 – über zweihundert Jahre später – eine Villa in der Urbanstraße 13 bauen ließ, gehörte dieses Gebiet schon fast zum Zentrum der Stadt. Weit außerhalb lag hingegen sein einige Jahre zuvor errichtetes „Haidehaus" auf der Gänsheide, wo unser Spaziergang noch hinführen wird. Das Stadthaus wurde 1909 abgebrochen und am Killesberg (Eduard-Pfeiffer-/Ecke Schoderstraße) wieder aufgebaut.

In den achtziger Jahren des letzten Jahrhunderts wohnte eine junge Frau namens Agnes Breuning (1863–1911) einige Zeit bei ihrer Mutter in der Urbanstraße, bevor sie den Vikar Rudolf Günther kennenlernte und als Pfarrfrau mit ihm nach Langenburg im Hohenloheschen zog. Die Autorin des Bestsellers *Die Heilige und ihr Narr*, postum 1913 im Verlag J. F. Steinkopf erschienen, entstammte einem begüterten Stuttgarter Bank- und Handelshaus; man wohnte in der Königstraße und verbrachte den Sommer in einem der Kavaliershäuschen auf der Solitude. Oder auf der Stöckenburg bei Wilhelm Hartlaub, dem „Urfreund" Mörikes, durch den die junge Agnes Günther dessen Gedichte und das Märchen von der schönen Lau kennenlernte. Ihre schriftstellerische Tätigkeit sollte zunächst nur die Finanzen der Familie aufbessern, doch von ihrem Romanprojekt war sie selbst überzeugt. Daß die leicht kitschige Aschenputtel-Geschichte mit ihren gefühlsbetonten Landschaftsschilderungen 130 Auflagen mit über einer Million verkauften Exemplaren und

Übersetzungen in zwölf Sprachen erzielen würde, hätte sie selbst wohl nicht erwartet.

Durch die Uhlandstraße, als Palaisstraße großzügiger als die umliegenden angelegt und schon 1863, ein Jahr nach Ludwig Uhlands Tod, so benannt, führt der Spaziergang in die **Olgastraße** zum Wohnhaus einer weiteren Bestsellerautorin.

„In diesem Hause wohnte und wirkte die Jugendschriftstellerin Tony Schumacher von 1875 bis 1923", informiert eine dezente Tafel am unzerstört gebliebenen Haus Nummer 33. Obwohl sie fast ein halbes Jahrhundert in Stuttgart lebte, ist ihr Name außer bei älteren Damen hier ebenso vergessen wie ihre 34 Kinder- und Jugendbücher, die in aller Welt Millionenauflagen erlebten, oder ihre essayistischen Plaudereien und autobiographischen Schriften. Wegen der in Ludwigsburg angesiedelten Bücher *Mein Kindheitsparadies. Erinnerungen an meine Vaterstadt* (1914), *Aus frühester Jugendzeit. Erzähltes und Erlebtes* (1923) und *Was mein einst war. Erinnerungen aus späteren Jahren* (1925) ist der Name Tony Schumacher in ihrer Geburtsstadt noch eher bekannt.

1848 als Antonie Louise Christiane Marie Sophie von Baur-Breitenfeld in Ludwigsburg geboren und als Großnichte des Dichters Justinus Kerner schon früh in ihren schriftstellerischen Fähigkeiten gefördert, zog sie gleich nach ihrer Heirat 1875 mit dem Hofrat Karl Friedrich Schumacher nach Stuttgart. Das kinderlose Ehepaar lebte im ersten Stock, während im Erdgeschoß die umfangreiche Puppensammlung untergebracht war. Gesammelt hat Tony Schumacher zeitlebens, auch (über 30000) Briefe begeisterter Leserinnen. Ihre erfolgreichsten Bücher erschienen im Stuttgarter Verlag Levy & Müller, der 1933 offiziell „erlosch", das heißt, die jüdischen Besitzer führten ihn zunächst als „Herold-Verlag" fort, bis sie 1936 verkaufen und emigrieren mußten.

Nicht wenig pathetisch warb der Verlag in den zwanziger Jahren für die erschienenen Bände: „Soweit die deutsche Zunge klingt, werden die warmherzigen und fesselnden Geschichten der Altmeisterin der deutschen Volkserzählung mit großer Begeisterung gelesen. In ihren Schriften offenbart sich eine solche Tiefe des Gemüts und eine so innige von Herzen kommende Menschenliebe, daß man sich ihrem Zauber nicht entziehen kann." Inzwischen ist aber die Zeit über Bücher wie *Mütterchens Hilfstruppen, Reserl am Hofe, Das Turm-Engele, Komteßchen und Zigeunerkind, Das Schloß-Bärbele* etc. hinweggegangen.

Von gewissem kulturhistorischen Reiz sind heute noch die autobiographischen Schriften, denen sie als Motto einen Satz Justinus Kerners beigab: „Ich betrachte mein eigenes Leben nur als Faden, an dem sich Bilder aus dem merkwürdigeren Leben anderer anreihen sollen!" In einem der *Spaziergänge ins Alltagsleben* (1902) plaudert Tony Schumacher über das Reisen oder die Gewitterfurcht, über Veränderungen beim Einkaufen oder kuriose Grabinschriften. Geradezu programmatisch für unseren Spaziergang ist ihr Text über „Wohnungssuchen und richtiges Finden", der sich eigener Erfahrung verdankt:

Wir wohnen im Zentrum der Stadt. Wir haben uns einst diese Wohnung gewählt, weil es uns praktisch dünkte, allem möglichst nahe zu sein, und waren ursprünglich auch entzückt davon, wie herrlich bequem es ist, den Bäcker und Metzger, den Markt und die Lieferanten, den ganzen übrigen Stadtverkehr so leicht erreichbar zu haben. Aber mit der Zeit gewöhnt man sich an diese Vorteile, sie scheinen uns als selbstverständlich, und langsam drängen sich die Schattenseiten auf. Der Lärm, das Wagengerassel, die unvermeidlichen Düfte, die Enge des Horizonts, alles fängt allmählich an zu drücken. Da entstehen draußen vor der Stadt villenartige Häuser. Man schaut zu, spazieren gehend, mit Entzücken, wie sie nach und nach zur Vollendung kommen, mit ihren roten Dächern, grünen Läden und freundlichen Balkons. Man sieht die reizenden Gärten in Blätter- und Blumenschmuck, und man betrachtet mit Neid an schönen Sommerabenden die glücklichen Besitzer und Bewohner, wie sie auf ihren Veranden sitzen oder vor dem Haus und so still in der herrlichen Luft Feierabend halten. Und

nun sollen wir wieder zurück müssen in die dumpfe Stadt, in die eignen beschränkten Räume, aus der befreienden Weite in die bedrückende Enge! Wer versteht da nicht, daß aus dem Vergleichen ein Sehnen, aus dem Sehnen ein Entschluß wird, und daß die Betreffenden glückselig, wie von einer Last befreit, aufatmen, wenn sie nun mit Sack und Pack auch hinausgezogen sind und auch zu den Vielbeneideten gehören, die Landgenüsse mit Stadtleben vereinigen dürfen!
Aber bald wird man inne, daß das doch nicht so leicht geht. Das Bureau des Mannes, die Schule der Kinder ist im Zentrum, und der Weg ins neue Heim muß am Tage viermal gemacht werden, bei jedem Wetter, ob es gießt, ob die Sonne brennt, ob Schnee oder Glatteis ist. Die Straße ist noch nicht ausgebaut, infolgedessen permanenter Morast, von dem man in der Stadt bei den sofort gereinigten Uebergängen wenig merkt. Die Tochter sollte des Abends im Theater oder Konzert oder bei Freundinnen abgeholt werden, – wer thut das? Mutter geht wacker, wenn es spät ist, allein nach Hause, aber mit unterdrückter Angst und Herzklopfen, was da draußen, bei den geschlossenen Häusern und dem heimkehrenden Gesindel immerhin nicht ganz ungerechtfertigt ist [...].

Und die Dienstboten – „es ist rein zum Verzweifeln, wie wenig man von diesen mehr hat!" – seien ständig unterwegs, der Haushalt erfordere mehr Zeit, und auch der Garten bedürfe der Pflege. Tony Schumacher selber entschied sich für die Stadt und lebte 48 Jahre in derselben Wohnung, die auf zwei Etagen geräumig genug für ihre Hobbys war. Von Entstehung und Aufbau der Puppensammlung, zu der später auch Krippen und außerdem Möbelstücke kamen, erzählt sie in einem eigenen Buch voller Anekdoten, auch von deren Ende, als sie nach dem Ersten Weltkrieg Fremde in ihren Räumen einquartieren mußte und für luxuriöse Gegenstände kein Platz mehr war. Einen Teil konnte sie immerhin dem „Altertumsmuseum" vermachen – dort lagerten die Kisten im Keller unter dem Alten Schloß –, und den Rest ihrer Sammlung nahm sie 1923 mit nach Ludwigsburg, wo sie in der Wernerschen Kinderheilanstalt ein Zimmer bezog und mit ihren Puppen den behinderten Kindern Freude bereiten konnte. 1931 starb Tony Schumacher in Ludwigsburg.

Ihre Puppen sind keineswegs verschollen, sondern heute teils in Aulendorf (die historischen), teils im Ludwigsburger Stadtmuseum (die Trachtenpuppen aus aller Welt) ausgestellt.

Vorbei an der Gaisburgstraße geht es in die **Blumenstraße** – in deren Nummer 36 der alteingesessene, mit den Büchern von Otfried Preußler und Michael Ende bekanntgewordene K. Thienemanns Verlag residiert. Nebenan lebte fünf Jahre lang die Frauenrechtlerin, Politikerin und Publizistin Clara Zetkin (1857–1933). Durch ein Angebot des Verlegers Heinrich Dietz kam sie 1892, nach dem Tod ihres Lebensgefährten Ossip Zetkin, aus dem Pariser Exil nach Stuttgart. Zunächst lebte sie mit ihren beiden Söhnen im Dachgeschoß in der Rotebühlstraße 147, in der Nachbarschaft von Robert Bosch und Karl Kautsky. Sie leitete ein Vierteljahrhundert lang die Redaktion der richtungweisenden „Zeitschrift für die Interessen der Arbeiterinnen", *Die Gleichheit,* schrieb darin für ihre sozialistischen Ideale und die Gleichstellung der Frauen, versuchte mit Artikeln allen, auch den werktätigen Frauen, das Erbe der deutschen Literatur näher zu bringen und förderte junge proletarische Autoren.

Sie verfaßte Bücher über *Die Arbeiterinnen und Frauenfrage der Gegenwart* (1889) oder *Kunst und Proletariat* (1911), war 1907 an der Vorbereitung des Internationalen Sozialistenkongresses beteiligt und begründete 1910 den Internationalen Frauentag, der bis heute am 8. März begangen wird.

Nach der Heirat mit dem später sehr erfolgreichen Maler Friedrich Zundel 1899 zog die Familie in die Blumenstraße 34, 1904 in das neuerbaute Haus in der Kirchheimer Straße 14 in Sillenbuch. Dort, in der „Datscha Zundel" weilten prominente Gäste: Lenin, von dem sich sogar eine Wegskizze erhalten hat, Rosa Luxemburg, die dort häufig ihre Ferien verbrachte und die Rosen pflegte, Alexandra Kollontai, Karl Liebknecht, Franz und Eva Mehring. Die Fahrten in die Stadt wurden – eine Sensation in Sillenbuch – mit dem eigenen Daimler-Cabriolet bewältigt. Seit 1920 war Clara Zetkin – nach Rosa Luxemburgs Ermordung von der USPD in die KPD gewechselt – Abgeordnete im Deutschen Reichstag. In ihrer berühmten Eröffnungsrede als Alterspräsidentin 1932 warnte sie vor dem heraufziehenden Nationalsozialismus: „Das Gebot der Stunde ist die Einheitsfront aller Werktätigen, um den Faschismus zurückzuwerfen."

Nach der Trennung von Friedrich Zundel lebte Clara Zetkin in den letzten Lebensjahren mehr in Berlin und in der Sowjetunion, wo sie im Juni 1833 in Moskau starb und an der Kremlmauer beigesetzt wurde. Nach Clara Zetkin sind in Sillenbuch eine Straße und das Waldheim benannt.

Der Weg überquert die Alexanderstraße und geht steil bergan in die **Pfizerstraße**. Seit 1908 steht hier das Firmengebäude der Franckh'schen Verlagshandlung, heute mit naturwissenschaftlichen Büchern und Zeitschriften am Markt. Gestartet hat der ambitionierte Jungverleger Johann Friedrich Franckh sein Unternehmen mit der Publikation von Wilhelm Waiblingers *Phaethon* (1823) und den verkäuflicheren Büchern von Wilhelm Hauff (*Mittheilungen aus den Memoiren des Satan, Mann im Mond, Lichtenstein*). Autor und Verleger stritten sich zwar darüber, wer wen berühmt gemacht habe, aber sie genossen den gemeinsamen Erfolg: „Franckh ist seit gestern wie ein Narr, und es fehlte wenig, so wäre er mir um den Hals gefallen; ich werde übrigens seine Rührung für meinen Geldbeutel zu benützen wissen ..." Ein glückliches Händchen hatten die Gebrüder Franckh zwar nicht mit ihren Zeitschriftenprojekten, wohl aber mit der preiswerten internationalen Romanreihe „Belletristisches Ausland", in der Walter Scott, Charles Dickens, Alexandre Dumas und andere vertreten waren.

An der Theaterpension von Hedda Kage (Pfizerstraße 12), zugleich Adresse der Sociedad de Teatro y Medios de Latinoamerica, mündet die Straße in eine Treppe, auf Stuttgarterisch „Stäffele", und zwar in eine derart steile, atemraubende, daß man begreift, warum die Staffeln als Wahrzeichen des Pietismus gelten: „Man kann nur hinauf, wenn man unterwegs kräftig gelitten hat. Oben erreichte man zwar nicht gleich das Himmelreich, dafür war einem ein herrlicher Blick über die Stadt vergönnt." Diese Erkenntnis von Felix Huby durchdringt eine Passage seines Krimis *Der Atomkrieg in Weihersbronn* (1977), in der sich die Ortskundigkeit des Kommissars einmal mehr bewährt:

Bienzle hatte die Angewohnheit, die Treppenstufen zu zählen, wenn er eine der Stuttgarter Staffeln hinabging. Verzählte er sich einmal, machte er sofort kehrt, um nochmal von vorne anzufangen. Und so kam es, daß er gelegentlich doch auch einmal aufwärts steigen mußte.
Und noch eine Eigenart hatte Bienzle: Er machte sich Orakel etwa in der Art: „Wenn's bis zum nächsten Treppenabsatz mehr als 50 Stufen sind, geht heute alles gut!"
All dies ging Ernst Bienzle durch den Kopf, als er von der Innenstadt kommend in die Sonnenbergstraße einbog und kurz danach den Blinker setzte, weil er die Stafflenbergstraße hinauf wollte. Er war gerade am Charlottenplatz gewesen, als er die Durchsage „An alle!" gehört hatte. Ein bewaffneter Täter war in ein Haus an der Pfitzerstaffel eingedrungen, hatte eine Frau mit der Waffe bedroht, niedergeschlagen und den ganzen Schmuck und alles Bargeld mitgenommen. Offensichtlich war die Frau zäher als der Täter gedacht hatte; denn die Haustür war noch nicht hinter ihm ins Schloß gefallen, da hatte sie schon die Polizei alarmiert. Die Frau hatte allerdings keine Angaben darüber machen können, in welche Richtung der Räuber getürmt war.
Bienzle dachte nicht lange darüber nach. Er glaubte schlicht zu wissen, welchen Weg der Missetäter genommen hatte. Die meisten Menschen waren wie er: sie suchten sich den bequemeren Weg, ganz selbstverständlich.
Und daß der Einbrecher ein Pietist war, nahm Bienzle nicht an. Trotzdem fuhr er jetzt die Stafflenbergstraße hinauf zum oberen Ende der Treppe. Aus Erfahrung wußte er, daß Kriminelle meist einen ziemlich hohen Intelligenzgrad besaßen.

Amüsiert dachte er daran, daß die Pfitzerstaffel in ihrem oberen Teil „Sünderstaffel" hieß.
Mit der Beschreibung des Täters war nicht viel anzufangen. Er trug Jeans und irgendeine dunkle Jacke [...]. Bienzle stellte den Wagen ab und stieg aus. Der Mann, der die Staffel herauf auf ihn zukam, war ziemlich außer Atem. Er trug einen dieser bunten Kunststoffrucksäcke, den er allerdings nur nachlässig an einem Riemen über die rechte Schulter gezogen hatte.
Bienzle vertrat dem Mann den Weg. [...] „Wieviel Stufen sind's eigentlich von da unten rauf?" „137" sagte der Mann wie aus der Pistole geschossen. Er hatte die gleiche Angewohnheit wie Bienzle, selbst wenn er es eilig hatte, zählte er die Stufen. Bienzle nickte zufrieden. Er wußte, daß es von der Pfitzerstraße aus 244 waren, also war der Mann später eingestiegen. [...] Der Mann schaute sich gehetzt um. „Was wollen Sie eigentlich von mir?" fragte er noch immer kurzatmig. Bienzle wiegte seinen schweren Kopf hin und her. „Wenn Sie noch a bißle weiter gedacht hätten, hätten Sie begreife müsse, daß oiner genau so denkt wie Sie: Alle denket, der rennt nach unte, aber ein gewiefter Polizist denkt, weil alle so denket, wird er naufzues sprenga. Und wenn des der Verbrecher bis dahin auch denkt, dann müßt er eigentlich nonder – scho deshalb, weil's schneller geht. Aber für so gscheit han i Sie no au wieder net g'halte, sonscht hättet Sie ja vielleicht doch en andere Beruf."

Wenn Huby die **Sünderstaffel** zum Schauplatz wählt, so spielt er möglicherweise auf eine alte Sage an, nach der ein Stuttgarter Adliger namens Hans Rugger, anno 1339 einen Konkurrenten wegen eines Mädchens erstochen und nach seiner Verurteilung um Enthauptung im väterlichen Weinberg gebeten haben soll. Zwei gemeißelte Steine (errichtet 1552 bzw. 1564) in der Grünanlage am oberen Staffelende erinnern der Sage nach daran. Der eine trägt die Inschrift „Gott sey mir Sünder Gnedig", der andere die lateinischen Worte „Noli Amplius Peccare" (Sündige hinfort nicht mehr). Allerdings haben die Historiker die Herkunft des Namens „Sünderstaffel" längst entzaubert: das Areal gehörte – ganz profan – im 14. Jahrhundert einer Familie Sünder.

Zur Erholung von schweißtreibendem Steigen und aufregenden Kriminalgeschichten führt der Spaziergang nun gemütlich die **Stafflenbergstraße** hinab. Bis zum Beginn des 20. Jahrhunderts, informiert der Stadthistoriker Harald Schukraft, befanden sich an diesem Berghang im Bereich des jetzigen Schellenkönigs riesige Steinbrüche, wo man Schilfsandstein für zahlreiche Bauten in Stuttgart brach. Nach dem Firmensitz im **Steingrübenweg** benannte Hildegard Grosche ihren 1949 gegründeten Verlag. Auf Bücher von Jürgen Thorwald, Erwin Wickert und Klaus Harpprecht folgten Übersetzungen ungarischer Werke und die „Bibliothek klassischer Reiseberichte", später eine „Neue Bibliothek der Weltliteratur". Da war der erst mit Goverts, dann mit Krüger und Stahlberg vereinigte Steingrüben-Verlag schon in den Stuttgarter Westen umgezogen. 1970 wurde er vom Holtzbrinck-Konzern übernommen; wie 1991 die Metzlersche Verlagsbuchhandlung von 1682, eines der ältesten Stuttgarter Unternehmen (heute in der Werastraße 21–23). Die Bezeichnung „Verlegerviertel" für dieses Stadtgebiet rührt zwar von den Straßennamen her, die an traditionsreiche Stuttgarter Firmen wie Engelhorn, Kröner, Metzler, Spemann, Rößlin und Schönlein erinnern, aber es waren oder sind neben den erwähnten noch einige Verlage hier zu Hause: der Kunstbuch-Spezialist Gerd Hatje in der Heidehofstraße, die anthroposophischen Verlage Freies Geistesleben und Urachhaus in der Landhausstraße, Müller & Schindler in der Sonnenbergstraße, Daco in der Richard-Wagner-Straße, der Wissenschaftsverlag Lucius & Lucius in der Gerokstraße, Betulius für Schwäbisches in der Hackländerstraße und mittendrin oder über allem thronend die Medienholding Georg von Holtzbrinck in der Gänsheidestraße.

Eine der prachtvollsten Straßen in diesem noblen Villenviertel ist die **Richard-Wagner-Straße**, die bis 1933 Heinestraße hieß. Daß Heinrich Heine die Schwaben nicht gemocht und vielfach bespöttelt hat, ist bekannt, aber seine Generalabrechnung, *Der*

Schwabenspiegel (1838), kann man auch als Rache für eine frühere Kampagne schwäbischer Autoren und Journalisten gegen ihn verstehen – jedenfalls war die Antipathie gegenseitig. Für die Nationalsozialisten war er nur noch einer jener Juden, deren Namen aus dem Straßenverzeichnis gestrichen werden mußten, zumal in der Villa Reitzenstein der „Reichsstatthalter" Murr residierte. Das Palais, in dem heute der Amtssitz des Ministerpräsidenten und das Staatsministerium repräsentativ, mit beherrschendem Blick, untergebracht sind, wurde 1911–1913 im Louis-Seize-Stil von der Baronin Helene von Reitzenstein, der Tochter des steinreichen Verlegers (und Gründers der Deutschen Verlags-Anstalt) Eduard Hallberger, erbaut; ein Anwesen mit 61 Räumen, darunter ein geheizter Rotwein- und ein gekühlter Weißweinkeller, Silberputzzimmer und Billardraum, mit Rosengarten und Wasserfällen. Ein schwäbischer Steinmetzmeister soll angesichts der älteren, verwitweten Bauherrin kopfschüttelnd geäußert haben: „Ond dees älles om oi Bett rom!" Die Villa wurde der Eigentümerin dann bald zu groß und zu teuer, sie verkaufte und zog nach Oberbayern.

»Es ist schwer, in Stuttgart nicht moralisch zu sein.«
HEINRICH HEINE

Wir sind auf der Höhe angelangt, an der Kreuzung Gänsheide-/Gerokstraße, inmitten der von schönen Gärten umgebenen Villen, in die Tony Schumacher sich einst sehnte. Und von denen der Flaneur Hermann Lenz schwärmt:

Je höher der Zuschauer an Stuttgarts Hügeln emporschlendert, desto seltener werden die Altertümer, die sein nach rückwärts schauendes Gemüt ergötzen. Dafür weitet sich der Ausblick in die milde Landschaft, und in den Straßen, die um die Jahrhundertwende in Weinbergen angelegt worden sind, ist immer noch die Lebensluft der bürgerlichen Kultur gegenwärtig, um die wir unsere Großeltern auch heute noch beneiden dürfen, obwohl sich der Geschmack inzwischen oft gewandelt hat.

Wie konnte man sich nur da oben auf der öden, wilden Gänsheide ein Haus bauen, fragten sich die Stuttgarter, als der Romancier Friedrich Wilhelm Hackländer (1816–1877) dort in der Mitte des letzten Jahrhunderts sein „Haidehaus" errichtete – seltsame Launen eines Schriftstellers! Dieser wiederum wundert sich in der Novelle *Vom Haidehaus* (1865) mit ironischem Unterton über seine Mitmenschen:

Es ist mir immer ein Rätsel, warum nicht damals schon jemand auf den Einfall kam, sich hier oben anzubauen, doch war der Drang der Menschen, beim Erscheinen des Frühlings und Sommers die beengenden Mauern der Stadt zu verlassen, noch nicht so rege geworden wie heutzutage. Dazumal begnügten die Reicheren sich mit einem kleinen, dürftigen Garten hinter dem Hause, solide Bürger mit einigen Blumenstöcken vor dem Fenster, die mit etwas Phantasie eine grüne Ferne vorstellen konnten. Wer auch das nicht hatte, der benützte mit den befreundeten Nachbarn eine grün angestrichene Bank vor dem Hause. Zog man doch höchstens an Sonn- und Feiertagen zur Stadt hinaus auf irgend eine blumige Wiese oder in den grünen Wald und glaubte, wenn man am Abend müde heimkehrte, eine recht weite Reise gemacht zu haben.

Esslinger Berge hießen die Hügel im Osten Stuttgarts, in denen früher Steinbrüche, Weinberge und Heide sich abwechselten. 1764 hatte man angeordnet, die kahle Höhe oberhalb des Dorfes Gablenberg mit Kastanien und Nußbäumen zu bepflanzen, was die Attraktivität des Gebiets als Ziel sonntäglicher Spaziergänge steigerte. Goethe – so wird berichtet – besuchte bei seinem zweiten Aufenthalt in Stuttgart die „Weinberghöhen" und ließ den Blick ins Tal schweifen. Für Hölderlin war diese Höhe über der Stadt – in dem Gedicht „Auf einer Haide geschrieben" (1787) – Synonym für die befreiende Natur im Unterschied zum repressiven Hof. Ganz dem Geist der Französischen Revolution verhaftet, ruft er darin den einen zu, unten in ihrem Neuen Schloß zu bleiben, fordert die anderen auf, hinaufzukommen:

Wär' ich doch ewig fern von diesen Mauren des Elends,
Diesen Mauren des Trugs! – Es blinken der Riesenpalläste
Schimmernde Dächer herauf, und die Spizen der alternden
Türme
Wo so einzeln stehn die Buchen und Eichen; Es tönet
Dumpf vom Tale herauf das höfische Waagengerassel
Und der Huf der prangenden Rosse – – Höflinge! bleibet,
Bleibet immerhin in eurem Waagengerassel,
Bükt euch tief auf den Narrenbühnen der Riesenpalläste,
Bleibet immerhin! – Und ihr, ihr edlere, kommet!
Edle Greise und Männer, und edle Jünglinge, kommet!
Laßt uns Hütten baun – des ächten germanischen Mannsins
und der Freundschaft Hütten auf meiner einsamen Haide.

Ob auch Schiller vom nahen Bopserwald, wo er unter der „Schillereiche" aus den *Räubern* vorgelesen haben soll, herüberkam, ist wahrscheinlich, aber nicht überliefert. Der Legenden gibt es einige, in ihrer Herkunft so ungewiß wie der Name selbst. Eine „Haide" ist seit dem 14. Jahrhundert überliefert, ein „Genswald" seit dem 15. und eine „Gänsweide" seit dem 16. Jahrhundert. Aber ob man wirklich „Gäns-weid-wald-Heide" zur Gänsheide zusammengezogen hat? Seltsam nüchtern erscheint einem die Bezeichnung für einen Ort mit derart beeindruckender Aussicht, von Karl Gerok (1815–1890) nach der Rückkehr von einer Reise nach Helgoland in die so stimmungsvollen wie durch wiederholten Abdruck auf Ansichtskarten berühmt gewordenen Verse gefaßt:

Da liegst du nun im Sonnenglanz,
Schön wie ich je dich sah,
In deiner Berge grünem Kranz,
Mein Stuttgart, wieder da,
Liegst da, vom Abendgold umflammt,
Im Tale hingeschmiegt,
Gleichwie gefaßt von grünem Samt,
Ein güldnes Kleinod liegt…

»Restauration zum Bubenbad«

Außer der Aussicht gab es für Wanderer früher keine Attraktionen, nicht einmal ein Wirtshaus. Erst 1874 wurde die „Restauration zum Bubenbad" eröffnet, die ihren Namen von einem Badesee herleitete. Gespeist von einem Brunnen, voller Frösche und Salamander, mit einer Hütte zum Umkleiden, war es eine Attraktion für die Jugendlichen vom Bohnenviertel und aus Gablenberg.

Angeblich wurde der Teich aufgefüllt, nachdem ein Junge dort ertrunken war. Das Ausflugslokal „Bubenbad" auf der Höhe hat zwar mehrfach den Besitzer und die Gestalt gewechselt, sich aber nicht zuletzt wegen der großen Terrasse über die Jahrzehnte gehalten. Schon in den 20er Jahren wußte niemand mehr, ob die Gegend nach dem Tümpel oder nach der Gaststätte benannt worden war. Nach einem Intermezzo als „Wienerwald" ist es heute zwar ein griechisches „Ilysia", hat jedoch längst nicht mehr das Flair von einst.

Im Oktober 1957 war laut einem Zeitungsbericht das „Bubenbad" „im neuen Kleid" wieder eröffnet worden: schöner und gemütlicher, mit einem großen Gastraum und zwei Nebenzimmern. Als eine Besonderheit galt das „Baumeister"-Stübchen, dessen Wände mit Bildern des Malers Willi Baumeister ausgeschmückt waren. Dort pflegte der Arzt, Filmproduzent und Kunstsammler Domnick seine Pressekonferenzen zu halten, dort traf sich die Kulturszene der Stadt und fast vollzählig die Feuilleton-Redaktion der Stuttgarter Zeitung, dort „trollingerte" man sich durch die Nächte. „Man tröpfelte so herein", erzählt die Goethe-Forscherin und Publizistin Effi Biedrzynski von dieser Zeit, irgendwann kamen Thaddäus Troll und Wilhelm Wagenfeld, und die Kellnerin Alice, die einige Intellektuelle „durch den Krieg gebracht hatte", machte ihre eigene Polizeistunde, und alle konnten bleiben. Allerdings wohnten die meisten Gäste in der Nähe, an Thaddäus Trolls langjährige Wohnung, beinahe ums Eck in der Traubergstraße 15 gelegen, erinnert dort eine Tafel.

Den Namen **Bubenbad** bewahrt außer der Straßenbahnhaltestelle die „Buchhandlung am Bubenbad". 1947 von Fritz und Margarete Ifland gegründet, wurde die erst so genannte „Bücherstube" bald eine der literarischen Anlaufstellen für anspruchsvolle Leser und Buchkäufer in Stuttgart. Ob Albrecht Goes einmal hier zu einer Lesung gewesen ist? Möglich, denn seiner Äußerung, er sei noch nach zwanzig Jahren in Stuttgart kein Stadtmensch geworden und kenne fast nur seine Rohrer Höhe, darf man nicht ganz glauben. Jedenfalls wird zum Gedächtnis an den im Februar 2000 verstorbenen Pfarrer und Dichter jetzt der Platz mit dem Salamander-Brunnen nach ihm benannt.

»Wie sorgfältig sind unsere Höhenstraßen angelegt, die immer den Ausblick ins Weite einbeziehen.«

HERMANN LENZ

An der Stelle, wo heute **Gänsheide-** und **Heidehofstraße** aufeinandertreffen, hatte Friedrich Wilhelm Hackländer ein Landgut erworben, einen Park angelegt und zunächst ein Weinberghäuschen hingestellt. 1847 begann er mit dem Bau seiner Villa, für die er sich schon passendes Material reserviert hatte. Denn als man 1846 für die Errichtung des Kronprinzenpalais ältere

Häuser abriß, entdeckte Hackländer in einem Torweg: „vier schöne steinerne Säulen im edelsten Renaissancestil, die offenbar von dem ersten Umbau des königlichen Lusthauses herrührend, hier zur Hälfte eingemauert standen. Mit dem Unternehmer des Abbruchs, für den diese vier Säulen nicht mehr als den Werth gewöhnlichen Steins hatten, wurde ich bald handelseinig, kaufte sie für vierundvierzig Gulden und ließ sie in meinen Garten hinauftransportieren, um sie später einmal zur Ausschmückung eines Landhauses zu benutzen."

Dies berichtet er in *Der Roman meines Lebens* (1878), in dem er auch von den prächtigen Festen erzählt, die dort oben im „Haidehaus" mit der Hofgesellschaft gefeiert wurden, und von den Begegnungen mit seinen Nachbarn, den Gablenberger Weingärtnern. Die beschimpfen ihn in anonymen Briefen aber auch als „emporgekommenen Ausländer" und als „elenden Hofspeichellecker" – es ist die Zeit des Vormärz.

Hackländer ist eine überaus schillernde Figur. 1840, mit 24 Jahren, zieht er gemeinsam mit einem befreundeten Buchhändler in die Verlagsstadt Stuttgart. Er gerät rasch in Künstler- und Hofkreise, bietet Cottas *Morgenblatt für gebildete Leser* erste Beiträge an und begibt sich mit vom Verleger geliehenem Geld auf eine Orientreise. Seine Reisebeschreibungen werden gedruckt und finden Anerkennung. Obwohl Schriftstellerkollegen wie Freiligrath sich kritisch äußern – „Ein guter Kerl, aber etwas Großes, etwas künstlerisch durchgearbeitetes und Gerundetes wird er in seinem Leben nicht schaffen, dazu fehlt ihm weniger die Bildung als das Bedürfniß nach Bildung" –, macht Hackländer eine erstaunliche Karriere als Autor von oft autobiographisch inspirierten, „die Wirklichkeit frischweg abschreibenden" Romanen und unter viel Beifall aufgeführten Theaterstücken. Er kann sich Menschen seiner Umgebung gewogen machen und glänzt als Organisator: Die Künstlergesellschaften „Die Glocke" und „Strahlendes Bergwerk" sind seine Gründungen. 1847 wird er Sekretär des Kronprinzen Karl, worüber er außerordentlich stolz ist: „Meine erste Beschäftigung war übrigens, wie ich nicht verschweigen will, die Bestellung einer Visitenkarte". Aus dieser Position entläßt man ihn, angeblich weil er mit der Tänzerin (und Mutter seines Sohnes) Caroline Opitz unverheiratet zusammenlebt. Aufgrund seiner Erfolge wird er bei Hofe vorübergehend wieder rehabilitiert.

Hackländer ist der Typ eines Hans Dampf in allen Gassen, ständig auf Reisen mit der Familie nach Italien, als Berichterstatter zu Kriegsschauplätzen oder zu den Weltausstellungen, immer zugleich mehrere Zeitungsredaktionen und Verlage beliefernd. Er ist noch nicht vierzig, als bei Adolph Krabbe eine 20bändige Werkausgabe zu erscheinen beginnt. 1860 ernennt König Wilhelm I. ihn zum Leiter der Bau- und Gartendirektion der Landeshauptstadt, und unter seiner Ägide werden Schloßplatz und Schloßgarten neu gestaltet, der Königsbau und die Markthalle errichtet, der Nesenbach im Stadtgebiet unterirdisch verlegt und eine Wasserleitung vom Neckar zur Stadtmitte gebaut. Er avanciert zum Herausgeber der vielgelesenen Zeitschriften *Hausblätter* bei Krabbe, *Über Land und Meer* bei Hallberger und *Sorglose Stunden im Kreise beliebter Erzähler* bei Kröner. Nach Wilhelms Tod 1864 verliert er seinen Einfluß bei Hofe, hat jedoch zuvor schon ein zweites „Haidehaus" in Leoni am Starnberger See erworben, wo er 1877 stirbt. Begraben liegt er aber in Stuttgart auf dem Pragfriedhof.

Über sein Domizil auf der Gänsheide, „beinahe auf der höchsten Höhe des Berges", äußern sich im Gästebuch prominente Besucher wie Justinus Kerner, Ferdinand Freiligrath, Fürst Pückler-Muskau, Hans Christian Andersen („Das Leben ist das schönste Märchen") und Heinrich Laube („Ich finde es ganz natürlich, daß man hier im Haidehause den *Augenblick des Glücks* schreibt"). Ottilie Wildermuth schwärmt im Juli 1856:

Wirklich ein zauberisch schöner Sitz, so ganz verschieden von allem was man sonst sieht. Der Garten ist mit Bassins, Gehölzen, Blumen und Gebüschen einzig schön angelegt, überall die lieblichsten Ruhepunkte mit entzückender Aussicht. Die Villa selbst mit orientalischer Veranda mit Springbrunnen und Gitterwerk in durchbrochener Arbeit, überall mit grünen Ranken durchwachsen; Hackländers Arbeitszimmer ein hohes mittelalterliches Gemach mit alten Waffen und allerlei phantastischem Gerät geschmückt. Die ganze Einrichtung nicht so wohl elegant und kostbar als in freiem poetischem Geschmack, der ihr einen eigentümlichen Reiz gibt. Eine Pracht von Rosen und Reben, Geranien und eine Fülle von andern schönen Blumen, die herrlichste Luft und der klarste Himmel, es war wirklich ein schöner Tag.

Hackländers Haidehaus

Hackländer hat sein „Haidehaus" 1864 verkauft und sich im Rückblick kritisch mit den Stuttgartern auseinandergesetzt:

Doch habe ich während meines viele Jahre langen Aufenthaltes in der Hauptstadt Württembergs die Bemerkung gemacht, daß sich wenige Städte so durch kleinliche Klatschsucht, Mißgunst und Neid, vor Allem aber durch ein unbegrenztes

Mißtrauen gegen Jeden auszeichneten, der nicht das Glück hat, an den Ufern des Nesenbaches geboren zu sein. Allerdings habe ich wohlwollende, mir aufrichtig zugethane Menschen dort kennen gelernt, die mich durch herzliche Freundschaft für das viele Unangenehme entschädigt, was ich den obengenannten Eigenschaften, die aber in's Schwäbische übersetzt als derbe Biederkeit, ehrliche Gutmüthigkeit zu gelten pflegen, verdanke. Einheimisch im wahren Sinne bin ich dort niemals geworden, sondern stets ein Fremder geblieben, dem eben nicht weiter zu trauen ist, als man ihn zu beobachten vermag.

Das Anwesen erwarb Robert Bosch, der 1910 seine Villa darauf errichtete; bis heute ist es sehr exklusiv, von hohen Mauern und mächtigem Portal vor unliebsamen Blicken geschützt. Hin und wieder öffnet es sich für die Öffentlichkeit: etwa dann, wenn die Robert Bosch Stiftung ihre Chamisso-Preisträger mit Lesungen vorstellt.

In den Jahrzehnten zwischen den Bauaktivitäten von Hackländer und Bosch wurden die meisten Häuser des Viertels errichtet: das Gasthaus „Zum Heidehof" gegenüber dem Hackländerschen Gut, in dem sich die Künstlergesellschaft „Tafelrunde" zu treffen pflegte; die Villen der Verleger Kohlhammer und Kröner; auf der „Hühnerdiebheide" die Villa „Libanon" des Geologen und Anthropologen Oskar Fraas; die Villa des Sanitätsrats Hermann Wildermuth, die nach seiner Mutter, der Dichterin, „Ottilienhaus" genannt wurde; die Villa Kapp, heute Galerie Valentien, die Villa Scheufelen des Papierfabrikanten aus Oberlenningen, die Villa Hauff des Säurenherstellers, die heute wie ein Märchenschlößchen wirkt und ein Jugendhaus beherbergt. Literarische Orte sind nicht zuletzt die Häuser, in denen das Kulturinstitut der Republik Ungarn (Haußmannstraße), das Institut Français de Stuttgart (Diemershaldenstraße) und die Kunststiftung Baden-Württemberg (**Gerokstraße**) residieren. Auf dem Grundstück des letztgenannten stand von 1890 bis 1912 das „Kurhaus Gänsheide"; danach wurde die Villa erbaut, in deren Räumen seit 1979 Stipendiaten leben, arbeiten und sich in Ausstellungen, Lesungen, Konzerten der Öffentlichkeit präsentieren können.

»Möglichst viele Buchstaben auf möglichst wenig Papier für möglichst wenig Geld«

HEINRICH MARIA LEDIG-ROWOHLT

Zur Geschichte des Buchhandels in Stuttgart gehört die weitgehend in Vergessenheit geratene Tatsache, daß der Rowohlt Verlag nach dem Zweiten Weltkrieg hier seinen Neuanfang startete. Auf das Gerücht hin, die amerikanische Besatzung würde Buchverlage vielleicht wieder zulassen, reiste Heinrich Maria Ledig nach Stuttgart und erhielt auch wirklich als einer der ersten im November 1945 eine Verlags-Lizenz. Schon im Januar das Folgejahres erschien die erste Nummer der Jugendzeitschrift *Pinguin* mit Erich Kästner als Herausgeber, im Juni 1946 *Story – Erzähler des Auslands* als monatliches Leseheft im Zeitungsformat mit sechs bis sieben internationalen Kurzgeschichten und einer Auflage von 40000 Exemplaren, so weit reichte das Papierkontingent. Inzwischen war der Verlag vom Tagblatt-Turm in eigene Räume Am Hohengehren 9 umgezogen, wo ein großer Pinguin das Büro als Wahrzeichen schmückte. Und hier kam es auch zu der bahnbrechenden Produktion von „Rowohlts Rotations-Romanen", gedruckt auf Zeitungspapier, in riesigen Auflagen und für wenig Geld – darunter Bücher von Kurt Tucholsky, Ernest Hemingway, Anna Seghers, Joseph Conrad, André Gide, Ignazio Silone. Auf diese Erfindung anspielend – die übrigens auf eine Anregung Theodor Eschenburgs zurückgehen soll – pries Ernst Rowohlt seinen Sohn als verlegerisches Genie.

Rowohlt Senior gründete 1946/47 gleichzeitig mit Lizenzen der anderen Besatzungsmächte Verlage in Hamburg, Berlin und Baden-Baden; 1950 wurden sie vereinigt, und Heinrich Maria Ledig ging nach Hamburg; das Stuttgarter Büro wurde aufgelöst.

Beim Abstieg von der Gänsheide kommt noch einmal ältere Stuttgarter Geschichte ins Blickfeld: die siebenwöchige Belagerung der Stadt durch Rudolf von Habsburg im Jahr 1286, worauf der Name der Wagenburgstraße zurückgeht, und das Kanonenhäuschen, das 1702 am oberen Ende der Hillerstaffel als „Hochwacht" errichtet wurde, aber glücklicherweise nur bei Illuminationen und Höhenfeuern eine Rolle spielte. Hier wurde anläßlich von Siegen, Regierungsjubiläen, königlichen Geburtstagen und anderen Feierlichkeiten Salut geschossen. Nachdem der Kanonenweg 1946 in **Haußmannstraße** umbenannt wurde, erinnert nun nichts mehr daran, daß hier zweihundert Jahre zuvor bei der Vermählung Carl Eugens „24 Canonen so auf der Gänsheide gepflanzt waren, zum Salutieren".

Blick von der Karlshöhe auf die Uhlandshöhe (um 1900)

Neben der Uhlandshöhe auf dem Ameisenberg (den Standorten von Sternwarte, Waldorfschule und Uhlanddenkmal) ist einer der prominentesten Aussichtspunkte im Osten Stuttgarts der **Eugensplatz**, zudem sommers durch Eisgenuß zu versüßen … Und hier soll – obwohl oft kolportiert – eine Anekdote erzählt werden: Prüde Stuttgarter erregten sich über die hüllenlose Nymphe, die im Auftrag von Königin Olga 1890 als Krönung des Brunnens aufgestellt wurde, worauf diese die Bevölkerung wissen ließ, sie überlege, die Galatea-Figur umzudrehen und künftig mit dem nackten Hinterteil in Richtung Stadt zeigen zu lassen. Als Modell hat der Bildhauer Otto Rieth übrigens dieselbe Berliner Schuster-Tochter genommen, nach der auch die Berolina gestaltet wurde.

Die elegante – für Helmut Heißenbüttel „repräsentativste" – **Eugenstaffel** muß vor ihrer Zerstörung im Krieg noch schöner gewesen sein: auf zwei Läufen konnten die Maler Max Ackermann, Willi Baumeister und Ida Kerkovius zu ihren Ateliers hinaufsteigen. „Für mich, den Spaziergänger", lobt Heißenbüttel, „sind diese Staffeln das Schönste, was die Stuttgarter Stadtbaumeister im Laufe der Zeit erfunden haben".

Die Eugenstaffel bildet noch immer die kürzeste Verbindung zwischen dem Haus des Bundes Bildender Künstler und der Staatsgalerie, führt zu Theater, Musikhochschule und den Bibliotheken, und uns wieder hinunter bis zur **Urbanstraße**, wo im Haus Nummer 46 – wie eine Tafel mitteilt – von Oktober 1902 bis April 1903 Robert Musil (1880–1942) zur Untermiete wohnte. Er arbeitete als Praktikant bei dem Ingenieur Carl von Bach in der Materialprüfungsanstalt der Technischen Hochschule im Stadtteil Bad Berg, was dem jungen Schriftsteller genausowenig gefiel wie die Stadt Stuttgart überhaupt. Überliefert ist die Äußerung in *Vermächtnis II*:

Ich war 22 Jahre alt, trotz meiner Jugend schon Ingenieur und fühlte mich in meinem Beruf unzufrieden. Jeden Abend um 1/2 9 Uhr besuchte mich eine Freundin, aus dem Büro kam ich aber schon um 6 Uhr nach Hause. Stuttgart, wo sich das abspielte, war mir fremd und unfreundlich, ich wollte meinen Beruf aufgeben und Philosophie studieren (was ich auch bald tat), drückte mich vor meiner Arbeit, trieb philosophische Studien in meiner Arbeitszeit, und am späten Nachmittag, wenn ich mich nicht mehr aufnahmefähig fühlte, langweilte ich mich. So geschah es, daß ich etwas zu schreiben begann, und der Stoff, der gleichsam fertig dalag, war eben der der Verwirrungen des Zöglings Törleß.

Das klingt wahrhaftig nach Genie, wenn aus purer Langeweile große Literatur entsteht! Als Robert Musil im Mai 1903 von einer Wehrübung noch einmal für ein paar Monate nach Stuttgart zurückkehrte, zog er in eine Wohnung in Degerloch, deren Adresse nicht mehr bekannt ist. Überliefert sind lediglich im *Mann ohne Eigenschaften* eine Erinnerung an Esslingen (wo seine Freundin Hermine Dietz vermutlich arbeitete) und in einer Skizze aus den zwanziger Jahren „Der Sommeraufenthalt. Zwei Genies" eine Autofahrt die Neue Weinsteige hinauf, die den Reiz dieses Spaziergangs in wenigen Worten resümiert:

Als Peter mit seiner Frau und mit einem Kajütenkoffer voller Büchern unter dem anderen Gepäck in Stuttgart eintraf, führte sie ein Mietauto in Kletterschlingen die sonnige Berglehne nach Degerloch hinauf – zwischen Wein und Villen hindurch – das damals ein reizendes Dorf war, welches wie aus einem hohen Baumwipfel auf die Stadt hinabsah.

MÖBEL

→ »Was aber bleibet, stiften die Wirte«

Flanieren im Bohnenviertel und in der Esslinger Vorstadt

Sechster Spaziergang: Wilhelmsplatz – Leonhardstraße – Esslinger Straße – Kanalstraße – Charlottenplatz

Mit der Begegnung zwischen seinem Protagonisten Gregor Schattschneider und einer unbekannten Schönen im Café „Stella" in der Hauptstätter Straße läßt Matthias Politycki das dritte Kapitel seines *Weiberromans* beginnen. Genauer gesagt, Gregor sieht die Frau, die, wenn auch modischer gekleidet, in Haltung und Gestik seiner Katarina ähnelt – allerdings nur von hinten. Durch das ganze Leonhardsviertel geht er ihr nach, bewundert, „wie sie erhobnen Hauptes an den Nutten, nicht etwa: vorüberging, sondern: vorüber*schritt*, an den Nutten, die jetzt, nach Einbruch der Nacht, mißmutig aus ihren Höhlen hervorkrochen, aus der ‚Bierorgel', der ‚Gaststätte zur Nonne', dem ‚Schinderhannes'".

Immer gefolgt von Gregor,

schritt die Frau ja nicht irgendwohin, sondern Richtung
Charlottenplatz, wohin auch er, zwar nicht: zu schreiten, aber
immerhin: zu gehen hatte, sowieso zu gehen hatte, vorbei am
Seifen-Lenz, an bett & art, vorbei am TUI-Profi-Partner, vorbei
am Bäcker Na-
nu! fast wäre Gregor
auf sie draufgeprallt, so abrupt hatte sie angehalten vor dem
Bäcker Nast, und wie er einen schnellen Schritt zur Seite tat –
und wie er dabei in etwas Weiches trat –
und wie er einen Fluch ausstieß und ein Zitat –
war sie hinter der Ladentür verschwunden.

← Pfarrstraße (1926)

Als sie herauskommt, heftet er sich wieder an ihre halbhohen Hacken,

Richtung Sanitätshaus Geisselmann, Richtung U-Bahn-Treppe, auf deren Stufen man bereits den Penner sehen konnte … Gregor, mit blanken Nervenenden hinterherhuschend, Gregor, in Sekundenbruchteilen wahllos Kleinigkeiten registrierend, die neonrotweiß blinkenden Buchstaben der Schmuck-Schatulle, die dunkelgrün spiegelnde Fassade des Schwabenbräu-Hochhauses, das sechsspurige Geräusch des Langen Samstags […] Als sie dann aber nicht die Rolltreppe zur U-Bahn runter nahm, sondern abbog! in die Kanalstraße einbog! die geliebte Kanalstraße, seine Kanalstraße, vorbei an der „Kiste", am Schriftstellerhaus, da wußte Gregor nicht mal mehr, ob's noch regnete oder schon schneite, wußte nicht mal mehr, ob sie noch lief oder schon stehengeblieben war: vor der Hausnummer 6, wo ihr, es war wohl ein schlechter Scherz, wo ihr zu allem Überfluß die Schlüssel runterklimperten, Gregor! schnellte nach vorn:
„Hätte nie geglaubt, daß eine solche Frau hier – "
„Ogott",
erschrak die und drehte sich um: „G.! Mich so zu –!"
Sie lächelte ganz leer: „Wo du doch weißt, daß ich –"

Damit überlassen wir die beiden sich selbst, dort vor dem Haus Nummer 6, in dem Gregor Schattschneider in der zweiten Hälfte der achtziger Jahre wohnt, während er an der Stuttgarter Universität Germanistik studiert.

In aller Ruhe gehen wir denselben Weg noch einmal, werfen Blicke nach rechts und links in die schmalen Gäßchen, die seltsamerweise alle „Straßen" heißen, und auf die erzählenswerte Geschichte dieses Viertels.

Im Laufe des 14. Jahrhunderts hatten sich südlich der Residenz Weingärtner und Handwerker wie Wagner, Gerber und Färber – denen die Nähe des Nesenbachs nützlich war – niedergelassen. Das Zentrum dieses Quartiers bildete ein Straßenmarkt auf der späteren Hauptstätter Straße, deren Namen von der Enthauptungsstätte herrührt. Fast vier Jahrhunderte lang fanden auf dem Wilhelmsplatz öffentliche Hinrichtungen statt, der besseren Sicht wegen auf einer im Volksmund „Käs" genannten runden Bühne. Im Bereich des „Murrhardter Hofs" stand ein Stadtturm, in dem der Scharfrichter wohnte, die Richtstraße erinnert noch daran. Hier und in der Weberstraße, die den Verlauf der ehemaligen Stadtmauer nachzeichnet, kann man noch ahnen, wie eng zu Anfang des 17. Jahrhunderts gebaut wurde; in sorgfältig sanierten Häusern sind heute das Spielzeugmuseum und die Geschäftsstellen von Schwäbischem Heimatbund und Verschönerungsverein beheimatet, daneben und gegenüber locken leichtgeschürzte Frauen – grotesk verrenkt auf den verblichenen Fotos in Schaukästen, live eher gelangweilt – in die Lokale. Diese Mixtur aus bürgerlich und verkommen findet sich im ganzen Rotlichtviertel und provoziert Spott bei denen, die es gerne verruchter hätten.

Gleich am Anfang der **Leonhardstraße**, Hausnummer 5, weisen das Wirtshausschild mit Traube und Weinlaub auf die „Weinstube Fröhlich", vormals Widmer, die sich seit Jahrzehnten als Künstlerkneipe und seinerzeit Stammtisch des Buchhändlers Wendelin Niedlich im Bewußtsein hält.

Manchmal sind sie alle da, auf einem Haufen, meistens am Freitag und Samstag; woanders gehen die auch hin, in der „Widmerin" stehen, sitzen sie geballt: Häuserbauer, Zeitungsschreiber, Schauspieler, Romanschreiber, Schwätzer, Gedichtemacher, Kokette, Televisionäre, Galeristen, Konstruktivisten, Gegenständliche, Gaukler, Rechtsanwälte, Schlozer, Resignierte, Schwadroneure, Biertrinker, Anonymiker, Aggressive, Stadträte, Speichler, Buchhändler, Jazzer, Schmeichler, ganz junge Frauen, nicht mehr ganz junge Frauen, männerbeherrschend, männervertreibend, männerabhängig, männerfrei.
Manchmal explodiert es in dieser Mischung. Dann lupft sich die Wirtin vom Fernsehstuhl hoch: „Jetzt heared doch amol mit

eirem Scheißdreck auf." Nützt das nichts, visiert sie einen bestimmten an: „Wenn'd jetzt net glei aufhearsch mit deim bleda Krampf..." Und jeder, fast jeder weiß, wie die Wirtin, die „Melle", dieser Duft- und Saftbrocken, es meint. „Melle" sieht, hört, weiß alles. Was sie nicht sieht, hört, weiß, kitzelt sie heraus. Sie weiß, wer gerade mit wem, wer auf wen scharf ist, wer wen hat fallen lassen, welche Geschichte schon aus ist, obwohl sie nach außenhin noch läuft. Die „Widmerin" ist erotischer Umschlagplatz, Gerüchtebörse, Schwätzkneipe, Saufladen, Intellektuellen-Operette... Das geht bis zwei Uhr morgens. Wer nach Mitternacht kommt, muß klopfen. Rein kommt dann, wer nicht die Insignien eines Altstadtsuffs im Gesicht hat.

Der Insiderbericht (1979) stammt von Hans Fröhlich, damals Feuilletonchef der *Stuttgarter Nachrichten.* Viele Jahre später hat er selber die Weinstube übernommen und bis zu seinem Tod 1996 geführt.

Schräg gegenüber, wo heute die „Bierorgel" brummt, wurde 1965 der politisch-literarische „Club Voltaire" gegründet. Unter Plakaten wie dem SDS-Poster, von Ulrich Bernhard aus dem Dreigestirn Marx, Engels, Lenin und dem Werbespruch der Bahn „Alle reden vom Wetter. Wir nicht" erfolgsträchtig collagiert, wurde diskutiert, bei der Mittwochsparty zu Beat getanzt und gelesen: Max Bense sprach zur Eröffnung, Peter O. Chotjewitz, damals noch nicht in Stuttgart lebend, reiste an, um seinen Roman *Die Insel* zu präsentieren. Der SKKB, der Sozialistisch-Katholische-Künstlerbund mit den eigenwilligen Literaten Hans-Peter Breuer, Manfred Esser, Wolfgang Kiwus, Helmut Mader und Elmar Podlech, bestand zwar schon vorher, hat seine zornigen „Dementis" und Verlautbarungen aber gern im „Club Voltaire" dargeboten.

Bevor sich die Straße zum Platz verbreitert, hat der Förderkreis Bildender Künstler in einem schmalen Haus Ausstellungsräume eingerichtet, die zu anderem animieren möchten, als früher die Bar. Gleich daneben sind der „Schiller" und der

„Brunnenwirt", wo Matthias Politycki geradezu ins Schwärmen gerät:

Was aber bleibet, stiften die Wirte. Vor allem die guten, die wirklich guten – sie schaffen Originalschauplätze, die mehr als alle Staatsgalerien, Staffeln und Schlösser das unverwechselbare Gesicht einer Stadt ausmachen. [...]
Das stärkste Stück Stuttgart aber liegt im Leonhardsviertel, und man braucht starke Nerven dazu: der real existierende „Brunnenwirt". Zwischen ein Uhr und drei Uhr nachts verwandelt er sich in einen literarischen Ort, bevölkern seine Tische ausschließlich Romanfiguren – und setzen sich ungebeten auch an den unseren. Mitsamt ihren haarsträubenden Geschichten – der Ungar, der bei der Schilderung seiner Folterungen aus Aug und Nase tropft, bricht also demnächst auf, um seine(n) Peiniger zu ermorden. Währenddessen führt Pseudo-Eco Balztänze um eine arg gealterte Liebesdienerin auf, fleht sie auf Knien um Zusammenarbeit an – vergeblich. Die Musikbox intoniert die Themen der sechziger Jahre, die legendäre Negernutte (von der die Fama hartnäckig behauptet, sie sei ein Mann) ohrfeigt einen frechen Freier, die Demnächst-Penner singen in spontanen Chören. Ungeheuerlich, was alles wahr und wirklich ist. Um dreiviertel Drei jedoch zeigen die Kellner, daß sie härter sein können als Aguirre, der Zorn Gottes: kippen die halbvollen Wodkagläschen auf die Tischfläche und bereiten dem Treiben ein absurd rasches Ende.

Vom literarischen geht es zum historischen Ort, der Leonhardskirche als der zweitältesten Stuttgarter Kirche, die auf einer noch älteren Kapelle erbaut und Mitte des 15. Jahrhunderts von Aberlin Jörg und Konrad von Gundesheim zur dreischiffigen Hallenkirche erweitert wurde. Neben den Mönchsstühlen an der Nordwand befindet sich das Epitaph des Humanisten Johannes Reuchlin (1455–1522) mit einer von ihm selbst verfaßten Inschrift in drei Sprachen: die hebräischen Worte lauten „Ewiges Leben", das griechische „Anastasis" heißt „Auferstehung", und der lateinische Satz bedeutet, daß sich und der Capnionischen (Reuchlinschen) Nachkommenschaft hier im Jahr Christi 1501 Johannes Reuchlin von Pforzheim dies Denkmal gesetzt hat. Reuchlin lebte 34 Jahre in Stuttgart, und sein Haus neben der Stiftskirche war ein geistiger Mittelpunkt. Wegen eines Streits mit den Dominikanermönchen im Zusammenhang mit seiner Stellungnahme für das jüdische Schrifttum und die Freiheit der Wissenschaft ließ er sich nicht in deren Hospitalkirche, sondern in der Leonhardskirche begraben. Aber erst 1955 hat man das im Krieg beschädigte Epitaph aus dem ehemaligen Dominikanerkloster hierher geholt und in unmittelbarer Nähe seines Grabes plaziert.

Leonhardskirche (um 1900)

Wo ursprünglich das Kornhaus mit seiner Waaghalle gestanden hatte, wurde 1912 das Gustav-Siegle-Haus – gestiftet von der Witwe des reichen Stuttgarter Chemiefabrikanten –, als Konzertsaal und Kulturzentrum erbaut. Hier fanden nach dem Zweiten Weltkrieg die ersten Stuttgarter Buchwochen und Antiquariatsmessen statt, hier tagte die Akademie für Sprache und Dichtung, es gab Autorenlesungen, mit Erich Fried zum Beispiel, und in den Achtzigern wurde für ein paar Jahre die Antiquaria etabliert. Der Verkauf alter Bücher hatte auf diesem Platz Tradition: Schon Wilhelm Raabe berichtet über bibliophile Funde auf dem Trödelmarkt und um die Jahrhundertwende verkaufte auf dem „Grempelesmarkt" die „alte Wagnere", eine stadtbekannte Händlerin, ihre Bücher nach Gewicht und ihre Kupferstiche nach Größe. Die Werke von Klassikern, die sie durchweg „Schiller" nannte, kosteten alle gleich viel. Die „armen Tropfen der Sant Lienhartzvorstadt", die „Leonhardsträppler" oder „Leonhardsschlamper", Boten und Fuhrwerker von den Fildern, die hier auf Aufträge warteten, werden sich dafür kaum interessiert haben.

Außerhalb, an der Chorseite der Leonhardskirche, die dem ganzen Viertel den Namen gab, bevor es nach der Reformation als Esslinger Vorstadt bezeichnet wurde, steht eine Kreuzigungsgruppe von Hans Seyffer (lange das Original von 1501, inzwischen eine Kopie), mit der der Dichter Wilhelm Waiblinger (1804–1830) ambivalente Kindheitserinnerungen verband:

Mein Vater hatte sich in einer Gegend der Stadt ein Haus gebaut, wo meist Leute von niedrigem Stande wohnten. Ich war also gleichsam der König und Fürst unter den Jungen, wenn ich mich unter sie mischte. Ich versammelte die ganze junge Nachbarschaft des Abends auf der Treppe meines väterlichen Hauses, wo ich ihnen die abenteuerlichsten Geschichten erzählte. Hinter unserem Hause befand sich ein Kirchhof, der hatte etwas ausnehmend Grausenhaftes für mich. Einige alte Basen nährten diese Gespensterfurcht lange mit ihren Geschichten. Es war eine alte Kirche in der Nähe, vor der sich in einer steinernen Gruppe die Kreuzigung Christi befand. Nun hörte ich, daß hier bei Nacht ein Kapuziner umgehe und daß dieser Mann einmal dem Mann meiner Base eine Ohrfeige gegeben habe, deren Kraft ihn zu Boden geworfen habe. Derlei dumme Geschichten erfüllten mir die Sinne nur zu sehr und ich wurde zuweilen von einem panischen Schrecken ergriffen, wenn ich des Nachts vor dem Kreuzigungsbilde vorbeigehen mußte.

Der Friedhof um das außerhalb der Mauer angelegte Lazarett wurde erst 1823 aufgelassen, heute befindet sich auf dem Areal die Feuerwache I in der Katharinenstraße. Sie ist nach der wohltätigen russischen Zarentochter und württembergischen Königin Katharina (1788–1819) benannt, die Katharinenkirche allerdings stiftete eine englische Reederswitwe, die in Stuttgart zur Kur weilte, 1868 zur Erinnerung an ihre verstorbene Tochter Catherine, sie heißt deswegen auch „Englische Kirche".

Geboren 1804 in Heilbronn, verbringt Wilhelm Waiblinger seine Jugend in Stuttgart. Das Haus seines Vaters, des Kammersekretärs der Landvogtei, stand in der Katharinenstraße 33, Ecke Pfarrstaße und Weberstraße. Er besucht zunächst das Gymnasium im Waisenhaus, in dem das selbstbewußte enfant terrible sich ebenso wie im Bohnenviertel deplaziert fühlt, später das Gymnasium Illustre, wo Georg Reinbeck und Gustav Schwab seine Lehrer sind. In diesen Jahren, 1820/21, lebt er bei einem Vetter in der Eberhardstraße 13 – daran erinnert eine Tafel. Im Tagebuch klagt Wilhelm Waiblinger „Warum bin ich kein Göthe?", gibt sich selbst den Rat, zu lesen und zu studieren „bey Tag und bey Nacht: Erstens Shakespeare, zweytens Shakespeare, drittens Shakespeare". Als Siebzehnjähriger veröffentlicht er sein erstes Gedicht und beginnt geradezu exzessiv die Aufführungen des Stuttgarter Hoftheaters zu besuchen; bevor er ins Tübinger Stift einzieht, bewirbt er sich als Schauspieler. Man könnte ihn sich gut vorstellen als Franz Moor mit wallender Lockenmähne. Exzentriker, der er ist, hält er es in Württemberg nicht aus, reist 1826 nach Italien und stirbt völlig verarmt in Rom. Immerhin hinterläßt er ein erstaunliches Werk: den Roman *Phaëton*, die Biographie *Hölderlins Leben, Dichtung und Wahnsinn*, Bücher zu Italien und Griechenland, zahlreiche Gedichte, Erzählungen und Briefe.

Die Pfarrstraße mit dem Nachtwächterbrunnen oder – offensichtlicher – die beiden Parkhäuser, markieren die Grenze von Rotlicht- zu Bohnenviertel. Für den Kolummnisten Joe Bauer liegen Welten dazwischen:

Während die Stuttgarter augenzwinkernd von ihrem „Städtle" sprechen, nennen es die Betroffenen das „Elendsviertel". Manche verwechseln den Kern der Altstadt auch mit den heimeligen Erkern des angrenzenden Bohnenviertels [...]. Dort haben sich gut betuchte Akademiker, gewitzte Lebens- und richtige Künstler und grün-liberal-sozial-global-demokratisch geimpfte Weltmänner samt Anhang oder Groupies ihr weitgehend sauber renoviertes Revier geschaffen. [...] Zwischen Boutiquen, Öl- und Trödlerläden erkennt man den hartnäckigen Wunsch der Stuttgarter nach irgend etwas, das man Downtown nennen könnte. Ein bißle Soho und ein bißle weniger Gomorrha.
Sodom liegt woanders.

Man kann dieses Stadtquartier auch voller Sympathie – mit dem Journalistenkollegen Helmut Engisch in seinen Heften zum Bohnenviertel – als „ein ganz besonderes und besonders starkes Stück Stuttgart" bezeichnen, das überraschende Nebeneinander von Kneipen und Läden, Wohnungen, Kindergarten und Altersheim als urbane Lebensform schätzen und zumal im Sommer mit Genuß durchstreifen. Für jeden Anspruch und Geschmack findet sich etwas: Klamottendesigner und Werkstätten, Antiquitäten und Hinterhöfe voller Trödel, Galerien mit schwäbischer oder afrikanischer Kunst, Antiquariate und ein erlesenes literarisches Sortiment bei „Buch Julius" um die Ecke in der Charlottenstraße 12, das fast wienerische „Café Königx" (in den Räumen des traditionellen „Café Stumpp") neben dem Seifen-Lenz (seit 1785).

Durchquert wird das Bohnenviertel, dessen Name sich tatsächlich von den hier früher besonders gut wachsenden und an Girlanden zum Trocknen aufgereihten Bohnen herleitet, in Fortsetzung der Leonhard-, nun von der **Esslinger Straße**. Das Haus Nummer 36 beherbergte zwischen 1875 und 1938 die „Elsässer Taverne", in der sich die Künstler und Artisten trafen, die im Hangleiterschen Zirkus am Marienplatz oder im Varieté Friedrichsbau gastierten; auch Ludwig Thoma und Dr. Owlglass (Dr. Hans Erich Blaich) waren hier zu Gast. Ein paar Häuser weiter stand (ein zweites) Gasthaus „Zum Goldenen Bären" und diente bis 1928 als Gewerkschaftshaus; Clara Zetkin und Rosa Luxemburg traten hier auf.

»Bräuningers Imbisse und Vesper sollten mit einem Literaturpreis ausgezeichnet werden«

HERMANN LENZ

Im weiteren Verlauf kreuzt die Esslinger die Wagnerstraße, an deren oberem Ende der Schellenturm steht, ein letztes Relikt der Stadtummauerung, die Brennerstraße, die erstmals 1350 genannt wurde und bis 1894 Judenstraße hieß, und in der die „Taverne Odyssia" die Heimat einiger Stuttgarter Schriftsteller ist; dann die Rosenstraße (wo Felix Huby seinen eigenwilligen Kommissar Bienzle „Bei Costas" aufs beste eingeführt hat) und endet wie einst vor dem Esslinger Tor (durch das Schiller in jener legendären Septembernacht 1782 geflohen ist, weil sein Freund Scharffenstein dort Wache schob) nun vor dem Schwabenbräu-Hochhaus. Wenn man in die **Kanalstraße** einbiegt – wo früher neben der Thorgaß der Stadtgraben floß –, steht man vor der ältesten Stuttgarter Weinstube, der „Restauration zur Kiste" mit dem signifikanten Wirtshausschild, dem gebeugten, eine offenbar schwere Kiste schleppenden Mann. Über die Herkunft dieses Namens gibt es so viele Anekdoten wie über die Geburt der Weinstube. Einig sind sie sich darin, daß der Kutscher des Königs, Johann Ringwald, mehr Geld brauchte, um seine sieben Kinder zu ernähren. Wilhelm I. wollte ihn nicht entbehren und unterstützte Kauf und Einrichtung der – so behaupten manche – damals in Mode gekommenen bayrischen Bierschenke. Jedenfalls hält sich die Kneipe seit 1846 (das Haus ist noch ein halbes

Jahrhundert älter) und gehört inzwischen zu den Stuttgarter Sehenswürdigkeiten – falls man einen Platz ergattert. Allerdings sei es das einzige Lokal, „wo man sich dazusetzen darf", wie der Publizist Karlheinz Fuchs weiß, und „wenn überhaupt noch irgendwo im Zentrum, dann kann man hier schwäbisch essen: die einfachen Dinge, die Fleischküchle, die geschmälzten Maultaschen, die Rostbraten und vor allem der Kartoffelsalat". Was die Franzosen 1945 zu essen und zu trinken erhielten, ist zwar nicht überliefert, aber „mit sicherem gallischen Gespür für gemütliche gastronomische Plätzchen" (Martin Hohnecker) richteten sie hier eines ihrer Offizierskasinos ein und hängten die Trikolore an die Wand.

Zu literarischen Ehren kam Wilhelm Bräuningers „Kiste", weil hier nach dem Zweiten Weltkrieg der „Stammtisch der Dreizehn" zwar nicht, wie oft kolportiert ins Leben gerufen wurde, aber jahrelang tagte. Zu den ersten Mitgliedern dieses Männerclubs, der sich noch heute jeden Montag (inzwischen an anderem Ort) trifft, zählten die Schriftsteller und Journalisten Hermann Mostar, Friedrich Sieburg, Walter Erich Schäfer, Thaddäus Troll, Werner Finck; neben Verlegern, Künstlern und Honoratioren gehörte der trinkfeste Antiquar Fritz Eggert dazu, dessen abendliche Bestleistung mit 27 Vierteln überliefert wird …

Daneben steht völlig im Schatten des Hochhauses eines der schmalsten Stuttgarter Häuser: vorne mißt es 4,58 m, hintenraus 4,30 m. Die Höhe beträgt bei vier Geschossen bis zum First wenig mehr als 11 m. Das Baujahr ist unbekannt, ursprünglich stammt es wohl aus dem 17. Jahrhundert. Zuletzt reparierte in dem abbruchreifen Gebäude der Schuhmachermeister Peter Marx Sohlen und Absätze. Auf Initiative von Johannes Poethen und mit Unterstützung der Stadt wurde es saniert und beherbergt seit Oktober 1983 das „Stuttgarter Schriftstellerhaus", liebevoll „Häusle" genannt.

Das Schriftstellerhaus heißt Schriftstellerhaus, weil da Schriftsteller drin sind. Manchmal heißen sie auch Dichter. Es sieht

aus wie ein buckeliges Hexenhäuschen, aber Hexen hat es keine. Es steht in der Kanalstraße, wo es keinen Kanal gibt, dafür viel Autolärm. Wenn der Autolärm in der Nacht nicht mehr lärmt, dann lärmt der Bäcker, weil er so früh backen muß. Das muß er ja, weil die Schriftsteller frische Semmeln frühstücken wollen. Die können sie beinah im Pyjama holen gehen, so nah ist der Bäcker. Und wenn sie vom Dichten einen steifen Rücken kriegen, können sie sich gleich nebenan ein wollenes Unterhemdchen kaufen. Die sind aber teuer.
Im Schriftstellerhaus gibt es nicht viele Zimmer. Die sind sehr schön. Einen Weinkeller gibt es auch. Den finden viele Dichter am allerschönsten und die Schriftsteller auch. Dann dichten sie nicht. Ganz oben im Schriftstellerhaus sitzt aber immer einer, der muß. Weil er dafür Geld kriegt, daß er dableibt und dichtet.

Unverkennbar der Ton: diese treffende Beschreibung stammt von der Kinderbuchautorin Gudrun Mebs, die wie viele andere ihrer Kolleginnen und Kollegen hier während einer Lesereise nächtigte. Wer mit einem dreimonatigen Stipendium ausgestattet hier länger weilt, empfindet manches anders, wie beispielsweise Hannelies Taschau:

Mein Nachbar, der Bäcker: Ab drei Uhr in der Frühe denke ich an niemanden als an dich, sage ich todmatt. Und er stopft mir das Maul mit seinen guten Nudeln, Brezeln, und Küchlein wegen der Dezibel ab morgens um drei Uhr. Es ist so schön, am Unvermeidlichen zu leiden, zu hadern, zu grübeln, zu seufzen, zu erfinden und zu verschweigen. Wir sind unsere Gefühle.

Und Helmut Pfisterer merkt in seinem Gedicht „Die Oase" an:

Im cool Tür betrüb
mon cul tour
Mit Sprit auf Touren
Hektoliteratur

der Literatten / Literatteriche
der Stutengärtner / innen und außen
mit Dichtung und ohne
mit Versengeld und ohne Vers-Tand
Versengeld kriegt seinen Preis
Mehr de Vau eß on drengg
förder Kreis om Kreis
kreiß oms Egg nom
ins Mini-Sterium
ins Minimax-Mysterium
Trotz Kritiker
trotz Rotzkrisikickicker
die Funktionäre
die Rundfunktionäre
Funktionärsehre samt sehr in Samt
samt Seid
Mon cul tour merde –

Und ist grad drum das Schusterhäusle,
wo sich die nicht ganz dichten Dichter ihren Leisten leisten
können wollen
nun schon seit langem
eine Oh&Ah seh
ich dich auch mal wieder!

Daß es sich an diesem verkehrsumtobten Ort leben und vor allem schreiben läßt, beweisen die vier bisher erschienenen Schriftstellerhaus-Almanache und die Autoren, die trotz – oder wegen – der Enge immer gerne herkommen. Ganz bestimmt aber, weil sie von der Geschäftsführerin Usch Pfaffinger so fürsorglich bemuttert werden.

Vielleicht herrscht ein günstiger Genius loci, wo Wilhelm Hauff anderthalb Jahre lebte und den Großteil seines literarischen Werks verfaßte. Eine Zeichnung von seiner Hand zeigt das Studierzimmer, aus dessen Fenster man eine Fassade erblickt, die auffallend der des Stuttgarter Schriftstellerhauses ähnelt.

Hauffs Zeichnung von seinem Studierzimmer

Wilhelm Hauff, 1802 Auf dem Kleinen Graben/Ecke Kreuzstraße (daran erinnert eine Tafel in der Eberhardstraße 23) geboren, wuchs in Tübingen auf, besuchte nach bestandenem Landexamen das Seminar im Kloster Blaubeuren und studierte auf Wunsch der Mutter Theologie im Stift. Seine Leidenschaft gehörte jedoch immer der Literatur: Die Bibliothek des Großvaters hatte ihm und dem älteren Bruder Hermann schon als Spielzimmer gedient, wo sie zunächst Hütten aus den Folianten bauten oder Lessings Werke als Wurfgeschoß mißbrauchten. Später verschlang er alle erreichbaren Romane und Historienbücher und erzählte seinen jüngeren Schwestern Märchen, die er sich ausgedacht hatte. Um seine Cousine Luise heiraten zu können, bemühte sich der Zweiundzwanzigjährige um eine Pfarramtsstelle, doch dann wurde ihm von Ernst Freiherr von Hügel, Generalleutnant und Präsident des Kriegsministeriums, ein Hofmeisterposten angeboten.

Von November 1824 bis April 1826 lebte der junge Dichter als Hauslehrer der beiden Söhne bei der Familie von Hügel im Charlottenbau am **Charlottenplatz**. In einem Brief an seine Freunde in Tübingen schrieb er:

Wie es mir hier ergeht? Fürtrefflich gut und hundeschlecht. Das erste nemlich quoad meine Hofmeisterey. Nicht nur, daß ich in dem Hause mit aller Liebe, genugsamer Hochachtung, gut Essen und Trinken bedient werde, nicht nur, daß meine Seelöwen [die Schüler] wenn ich sie nur ein wenig im Kappenzaum reite sich recht gut anlaßen und mir, so viel ich biß jezt verspühre, keinen Kummer machen, nicht nur – sondern auch es ist heute hübsch Wetter. Hundeschlecht geht mirs aber in anderer Hinsicht; denn gleich wie einem Hund gar über zu Muth ist, wenn er sich nicht auch mit anderen Hunden herumbeißen kann, also geht es auch mir. Den ganzen Tag biß Abends 4 oder 5 Uhr habe ich nichts zu thun, da könnt ihr euch nun denken, wie erwünscht mir eine lustige Gesellschaft wäre, die mir die Zeit tothschlagen hälfe.

Allerdings nutzte Wilhelm Hauff seine Zeit dann doch sinnvoll, indem er schrieb: erst die Märchen, die er an den Metzler Verlag sandte, wo sein *Mährchen-Almanach auf das Jahr 1826 für Söhne und Töchter gebildeter Stände* als erster von dreien auf den Markt kam. Ebenfalls 1825 erschienen die *Mittheilungen aus den Memoiren des Satan* und der Roman *Der Mann im Mond oder Der Zug des Herzens ist des Schicksals Stimme* im Verlag G. F. Franckh und brachten dem jungen Dichter ungewöhnliche Publizität. Heute würde man ihn als Selbstvermarktungsgenie bezeichnen, denn es gelang ihm, Kritiker für sich einzunehmen, bei Verlegern seine Honorar-Bedingungen durchzusetzen und allenthalben in Zeitschriften und Almanachen Novellen und Rezensionen unterzubringen. In einem Brief an seinen Freund Moriz Pfaff reflektierte er seine Arbeit:

Ueber meinen Beruf zu schriftstellern, war ich mir einig sobald ich eine unwillkührliche Abneigung gegen die Theologie und Kraft in mir fand soviel leisten zu können, um wenigstens nicht mit Beschämung wieder vom Schauplatz abtreten zu müßen. Nothwendiges Requisit dazu war jene „Unverschämtheit", die mancher unter Euch an mir rügte oder jenes, um mich so auszudrüken, mit einiger Eitelkeit gemischte Selbstvertrauen das mir schon über manche fatale Klippe hinüber geholfen hat.

Überaus selbstbewußt und strategisch ging er auch mit dem berühmten Verleger Cotta um, dem „König seiner Gilde", dessen berühmte Firma „Schiller, Göthe und Herder auf ihrem Aushängeschild trägt":

Er both mir an, an s. Morg. Blatt zu arbeiten, ich sagte halb und halb zu, hielt es aber nicht; denn noch war er nicht da, wo ich ihn haben wollte. Cotta muß, wenn man ihn kennt, auf eigene Weise behandelt seyn. Er muß sehen daß man ihn nicht braucht und dann läßt sich vieles Schöne mit seinem Geld und seinem wirklich guten Willen anfangen.

Zurück von einer halbjährigen Reise, die ihn nach Paris, Antwerpen, Bremen, Hamburg, Berlin, Leipzig und über Nördlingen zurück nach Stuttgart geführt hatte, erhielt er Cottas Angebot, ab 1. Januar 1827 die Redaktion des *Morgenblatts für gebildete Stände* zu übernehmen. Nach der Hochzeit bezog das Ehepaar Hauff eine kleine Wohnung im Hartmannschen Haus in der Casernenstraße 20 (heute etwa an der Ecke Leuschner-/Fritz-Elsas-Straße) „mit einer göttlichen Aussicht" über die Stadt und das ganze Tal.

In seinem letzten Lebensjahr setzte er seine Karriere erfolgreich fort, die *Phantasien im Bremer Ratskeller*, die Novellen *Die letzten Ritter von Marienburg* und *Jud Süß*, aber auch seine satirischen Skizzen *Die Bücher und die Lesewelt* über die Expansion des Buchgewerbes erschienen. Als Wilhelm Hauff wenige Tage nach der Geburt seiner Tochter Wilhelmine noch nicht einmal 25jährig an einem Schleim- und Nervenfieber (vermutlich einer Hirnhautentzündung) starb, herrschte große Bestürzung, und bei der Beerdigung folgten viele Stuttgarter Honoratioren dem Sarg. Am Grab auf dem Hoppenlau-Friedhof sprachen Ludwig Uhland, Gustav Schwab und Friedrich Haug; die Freunde der „kleinen Compagnie" schmückten es mit einem mächtigen Felsblock vom Lichtenstein und umpflanzten ihn mit Efeu von der Nebelhöhle, der inzwischen auch die Lyra überwachsen hat.

Das hätte Wilhelm Hauff, der heute wegen seines *Lichtenstein* als typischer Vertreter schwäbischer Romantik gilt, sicher amüsiert. Denn tatsächlich war er ein kritischer Geist mit Hang zu satirischer Opposition. Und vermutlich wäre ihm Stuttgart – das kann man einem Brief an den Freund Moriz Pfaff vom Februar 1827 entnehmen – früher oder später zu eng geworden:

In welch anderem Lande Europas, wenn es nicht Lappland ist, stehen dem jungen Mann so viele Hindernisse entgegen, öffentlich aufzutreten, als in diesem lieben Schwaben? Hergebrachte Vorurteile und Erziehung machen uns furchtsam und schüchtern. Unsere Sprache, unsere Gewohnheiten, die Sitten unserer Männer und Frauen sind Schranken, die unüberwindlich scheinen. Ich darf sagen, ich habe sie wie ein Spielzeug zertrümmert, und mit dem ersten Schritt, den ich getan, habe ich mir einen nicht unwürdigen Platz und eine Stimme erworben, die gültig ist, soweit man unsere Sprache spricht.

TAGBLATT
Lichtspiele
CAFE

→ »Jene erste Anstrengung, über den Rand seines Napfes herauszugucken«

VOM TAGBLATT-TURM ÜBER DEN HOPPENLAU-FRIEDHOF UND DEN BAHNHOF ZUR WEISSENHOFSIEDLUNG

Siebter Spaziergang: Tübinger Straße – Furtbachstraße – Gerberstraße – Tagblatt-Turm – Marienstraße – Theodor-Heuss-Straße – Büchsenstraße – Hoppenlau-Friedhof – Stadtgarten – Friedrichstraße – Hauptbahnhof – Weißenhofsiedlung – Birkenwaldstraße

Unterhalb von einem steil ansteigenden grünen Gelände – teils war es ein Park, teils Weingarten, Steingarten, und zum Teil ein Spielplatz, verdeckte Mitte der achtziger Jahre ein Gebäuderiese alles Grün und das Licht. Es war ein klobiges Unding, mit immensen Ziegelbrandmauern umgeben, eine Brauerei, die alle anliegenden Häuser in tiefen Schatten setzte. Diese Fabrik, allerdings steht sie nicht mehr, blickte durch Milchglasfenster zur Straße hinaus, damit blickte sie also nicht hinaus, sondern in sich hinein; innerhalb ihrer Mauern rasselte es, ständig waren Glastöne zu hören, und in Abständen überschüttete sie die Umgebung mit einem magenbestimmenden Geruch. [...] Nachts schien das Neonlicht durch die Milchglasfenster, und es rasselten die Flaschen. Fast alle Anwohner waren im Lauf der Zeit krank geworden, auf jeden Fall fühlten sie sich angeschlagen, sie zogen die Vorhänge zu, wenn sie welche hatten, und die Entnervten weinten eine Weile.
Vielleicht war es ein gutgemeinter Einfall der Firmenleitung, Plakate an die Fabrikfassade zu hängen. Ich will zu ihren Gunsten annehmen, daß sie mit den riesigen, überbunten Papierbahnen, der aufdringlichen Eigenwerbung, ihren Koloß schmücken oder zumindest etwas aufgliedern wollten. Sie photographierten verschiedene Persönlichkeiten aus der Stadt,

← Tagblatt-Turm (um 1930)

einen bekannten Schauspieler, den ältesten Schaffner, einen Hoteldirektor, eine Modeschöpferin. Alle diese Leute waren einzeln abgebildet, und an die Wand geklebt versicherten sie mit totem Lächeln, ausschließlich das Bier dieser Firma trinken zu wollen. [...]
Nie hätte jemand freiwillig ausgerechnet dieses Bier getrunken. Alle anderen Brauereien waren längst aus der Stadt gezogen, in die Nähe vom besseren Quellwasser, und gerade unsere armselige Straße wurde mit schlechtem, kalkigem, sogenannten Landwasser versorgt. Damit konnte man kein Getränk ansetzen, nicht einmal einen Kaffee oder eine Suppe. Nichts schmeckte, die Haut wurde kalkig, rissig. Es gab Leute, die behaupteten, die Brauerei bekäme eigene Wasserlieferungen, die man in Containern täglich hereinfahre, aber solche Erfindungen waren aus der Luft gegriffen, denn unüberlegt ging die Firmenleitung gewiß nicht vor; warum hätte sie sich das Wasser teuer herbeifahren sollen. Vielmehr ging es hier gar nicht um Bier. Hinter den Mauern, von denen die Plakate herunterstarrten, wurde anderes zurechtgekocht, und über den umliegenden Häusern braute sich etwas zusammen. [...]
Alle schrien auf einmal in einem Ton, und die Fabrik, ohne Widerstand, als wäre sie vielleicht leichter geworden über den befreienden Einfall, brach in sich zusammen, sie stürzte nicht, sie löste sich unverzüglich stumm in Staub auf.
Seitdem liegt die Stadt im Licht, es gibt wieder das Schöne, und an der Stelle der Brauerei setzt sich die Grünfläche fort, die es zuvor nur auf dem Hügel gegeben hatte. Den neuen Park nennen sie Stadtacker.

Den Ausgang von Zsuzsanna Gahses märchenhafter Utopie „Anstelle eines Ackers" hat wohl schon mancher herbeigewünscht, der in dem Viertel zwischen Marienplatz und Österreichischem Platz wohnt oder von der Karlshöhe die **Tübinger Straße** entlang in Richtung Innenstadt läuft. Besonders an den Tagen, wenn der Übelkeit erregende Geruch penetrant und unausweichlich zwischen den Häusern hängt.

In unmittelbarer Nachbarschaft der Brauerei erhebt sich in Neo-Renaissance das ehrwürdige Karlsgymnasium und stadteinwärts schließen sich zwei Gebäude an, die durch ihre Architektur und die seltsam eingezwängte Lage unmittelbar vor der Paulinenbrücke den Blick auf sich lenken: die neugotische Marienkirche und daneben ein freundliches, helles Backsteingebäude mit leuchtend grünem Kupferdach, das aus nördlicheren Gefilden hierherversetzt scheint. Es ist das Furtbachkrankenhaus, das ursprünglich als CVJM-Heim geplant war und von Heinrich Dolmetsch errichtet wurde, jenem Architekten, dem auch die nicht weit entfernte Markuskirche in der Filderstraße zu verdanken ist. Außer 80 Zimmern für durchreisende Jünglinge gab es prächtig ausgemalte Räume zum Speisen oder Lesen; selbst ein Versammlungssaal und ein Festsaal mit Orgel standen zur Verfügung, als der Bau 1903 eingeweiht wurde. Zwischen 1946 und 1948 tagte hier (wie auch im Eduard-Pfeiffer-Haus in der Heusteigstraße) der Landtag von Württemberg-Baden. Der Arzt, Schriftsteller und Kommunist Friedrich Wolf (1888–1953), der nach dreizehnjähriger Verbannung wegen der Erstaufführung seines *Professor Mamlock* im Staatstheater in Stuttgart weilte, hielt im Mai 1946 eine eindringliche Rede unter dem Motto „Mut zum Leben", die ihm zur Liebeserklärung geriet:

Mich selbst zieht es mit magischer Kraft wieder nach Stuttgart, die Schwaben sind Hartschädel, aber Menschen, mit einem tiefen Sinn für Gerechtigkeit, für menschliche Anständigkeit, für wahren Mut und für Treue im besten Sinn! … Hier in Schwaben kann der Staat vom Menschen her aufgebaut werden, auf der Grundlage eines persönlichen Vertrauensverhältnisses von Mensch zu Mensch, mit „dem Streben nach Freiheit und Glück".

Wegen der Arbeit an seinem medizinischen Hauptwerk *Die Natur als Arzt und Helfer* war Friedrich Wolf 1927 von Hechingen nach Stuttgart gekommen. Er wäre gerne in die eben errichtete Weißenhofsiedlung gezogen, ließ sich aber, weil sich die Vergabe hinzog, von einem der dortigen Architekten, Richard Döcker, in der Zeppelinstraße 43 unterhalb der Blindenanstalt ein Haus nach gesundheitsfreundlichen Kriterien bauen. Darin war auch seine Praxis für Naturheilkunde und Homöopathie untergebracht. In seinen fünf Stuttgarter Jahren kandidierte Wolf auf der KPD-Liste für den Gemeinderat, hielt Vorträge über Gesundheit und Kommunismus, gründete die Agitpropbühne „Spieltrupp Südwest", schrieb Hörspiele und Zeitstücke wie *Cyankali,* das skandalträchtige Drama zum § 218.

Nach dem Reichstagsbrand entging er der drohenden Verhaftung durch Flucht, das Haus wurde versteigert und die zwangsweise Enteignung nach dem Krieg nicht mehr rückgängig gemacht. Ob Wolf andernfalls Berlin gegen Stuttgart eingetauscht hätte? „Ich möchte ja sehr gerne wieder einmal droben am Kräherwald wohnen. Es war eine unvorstellbar schöne (heute schon prähistorische) Zeit", schrieb er in einem Brief 1948.

Nebenan in der **Furtbachstraße** 12, wo zuletzt der Quell Verlag und der Katholische Verleger- und Buchhändlerverband residierten, stand einst ein unscheinbares Haus, in dem sich ein wichtiges Kapitel deutscher Pressegeschichte abspielte und 1901 ein prominenter Besucher weilte: Lenin. Zwanzig Jahre zuvor hatte der Drucker, Herausgeber, Redakteur und spätere SPD-Reichstagsabgeordnete Johann Heinrich Wilhelm Dietz (1843–1922) in Stuttgart seinen Verlag für die Literatur des wissenschaftlichen Sozialismus gegründet. Hier erschienen ab 1890 die *Schwäbische Tagwacht*, eine in Württemberg vielgelesene Tageszeitung, *Die neue Zeit* mit dem Chefredakteur Karl Kautsky, ab 1892 die von Clara Zetkin betreute emanzipatorische Zeitschrift *Die Gleichheit,* das erfolgreiche Satiremagazin *Der wahre Jakob* und Bücher von Marx, Engels, Bebel sowie Lenins Schrift *Was tun?* (1902). Lenin war mindestens noch einmal zum Sozialistenkongreß 1907 in Stuttgart und offenbar kannte er sich gut in der Stadt aus, wenn man der Überlieferung von Emil Belzner in seinem autobiographischen Roman *Die Fahrt in die Revolution* (1969) über die Begegnung in einem Zugabteil 1917 Glauben schenken darf. Lenin, auf dem Weg nach Rußland und zu seinem Aufstieg an die Spitze der Sowjetregierung, unterhält den Gymnasiasten geradezu humorig:

Kennen Sie Stuttgart? Waren Sie schon im Prag-Wirtshaus, in Zuffenhausen, in Feuerbach, in Untertürkheim, auf dem Cannstatter Wasen, wo (wie auf dem Münchner Oktoberfest) unbemerkt zugereiste Anarchisten und Nihilisten sich ein Stelldichein geben, Karussell fahren, zur Gaudi und zum Übermut der Bürger, und zu ihrer eigenen Tarnung sich verprügeln und scheinheilig die Wasenpolizei um Schlichtung ihrer Meinungsverschiedenheiten bitten, und an den Schießbuden oder bei den Wursthändlern dann sich zublinzeln, wenn sie ein paar gute Adressen für potenzierte Krallfrösche zu günstigen Preisen gefunden haben. Völlig überflüssig, diese Anarchisten und Nihilisten, die dem Mittelstand sinnlos unbegründete Angst vor der Revolution einjagen, weil es ihren Briefkasten oder ihre Mülltonne zerrissen hat. Mit der Revolution muß man *leben*, das ist meine Lehre.

Lenin erinnerte sich – so berichtet Belzner – außerdem noch voller Vergnügen an den Nillschen Tiergarten und die (alte) Liederhalle: „Im Großen Saal probten sie die Neunte von Beethoven. Hier übt die letzte kulturfeiste Qualle des Bürgertums den großen weltrevolutionären Gesang – und in einem kleinen Nebenzimmer tagt ein kleiner Zweig der Internationale".

Unter der Paulinenbrücke hindurch führt uns der Weg in die **Gerberstraße** noch einmal einige Jahre zurück.

Anfang September 1895 trifft, aus der Schweiz kommend, ein 17jähriger Commis in Stuttgart ein. Nachdem sein um ein Jahr älterer Lieblingsbruder Karl bereits einige Monate in der württembergischen Residenzstadt lebt, um das Handwerk des Dekorationsmalers zu erlernen, möchte sich auch Robert Walser eine Stelle suchen, irgendwo auf einem Kontor. Er findet Arbeit bei der Union Deutsche Verlagsgesellschaft in der Hauptstätterstraße 107/109. Von seinem Arbeitsplatz in der Inserateabteilung ist in Robert Walsers Prosastück „Die Brüder" (1916) nicht die Rede; seine angenehmen Erinnerungen beziehen sich auf Spaziergänge und Scherze, atmen den Geruch einer bisher nicht gekannten Freiheit:

Darf ich dich, o du Guter, leise und gewiß ganz zaghaft an die Zeit erinnern, wo wir beide, du als beginnender schaffender Maler und ich als heimlich beginnender angehender Poet, uns mit unserer jugendlich anstrebenden Kunstburschen- oder Kunstlehrlingschaft und was alles hübsch damit zusammenhing, zu S... aufhielten? [...] Göttlich schön und groß ist es, junge Wangen und junge Lebensanschauungen zu haben, ein unaussprechliches Sehnen nach dem Leben zu empfinden und achtzehn Jahre alt zu sein, denn ungefähr so alt waren wir damals beide. Herrlich kamen mir die Residenzstadt S... und du selbst vor; du warest in den Augen des frischen Ankömmlings nichts geringeres als ein imposanter Haupt- und Weltstädter. [...] Du geleitetest mich freundlich durch die Straßen in eine gewisse Gerbergasse hinein und dann hinein in die berühmte und sicher uns allen beiden unvergeßliche Herberge zur Heimat, wo wir gemeinsam ein Zelt aufschlugen oder mit anderen Worten eine Stube bezogen, um gemeinschaftlich darin zu wohnen und zu hausen, was sicher nur unser Vorteil und nicht unser Nachteil war. Entzückend, so schwöre und behaupte ich, sind erste kühne Künstler-Flugversuche, die mit öfteren Abstürzen verbunden sind. Aber ist das Hüte aus dem Fenster Hinaus- und auf Passanten in die Straße Herabwerfen nicht vielleicht noch fast schöner als alles Malen, Musizieren und Dichten?

Ihre Lektüre war „noch nicht Verlaine, aber wir lasen dafür doch Heinrich Heine und Uhland, und die mundeten und schmeckten uns nicht schlecht. War nicht auch das freie gliedererfrischende Baden im Neckar herrlich und beglückte uns nicht in Dorfgasthäusern der Genuß von Birnenmost?" Ob das Hütewerfen stattfand? Fest steht, daß die beiden Brüder in einer „Herberge zur Heimat" gewohnt haben, einem Gesellenhaus in der Gerberstraße 2a/b, wie eine Plakette bezeugt. Sicher ist auch, daß sie zu Stehparterre-Stammgästen im Königlichen Hoftheater wurden und Robert Walser voller Leidenschaft für die Bühne, aber offenbar ohne überzeugendes Talent vorsprach. Das Erlebnis verarbeitete er in zwei Geschichten, „Die Talentprobe" und „Wenzel"; in der einen erklärt eine königliche Hofschauspielerin dem jungen Mann: „Sie mögen der glühendste Mensch innerlich sein, zerwühlt meinetwegen von herzlichen Leidenschaften, doch es kommt nichts an Ihnen zur Erscheinung, nichts zum Ausdruck." Die andere endet:

Wenzel reist bald ab. Er packt seine Schauspielergedanken in seinen Handkoffer, auch die Klassiker vergißt er nicht. Er fährt nach dem Schwabenland. Dort hat man ihm aber eines Tages dann ganz gehörig die Meinung gesagt, es hat einfach geheißen: „Junger Mann, von wo Sie auch abstammen, gut oder minder gut bürgerlich, Ihnen fehlen die göttlichen Funken!"

Im Herbst 1896 verließ Karl Walser Stuttgart in Richtung Straßburg, um auf der Kunstgewerbeschule zu studieren, Robert wanderte über Tübingen, Hechingen und Schaffhausen zurück nach Zürich. Nach Stuttgart kam er zeitlebens wohl nicht mehr; er hätte sich vielleicht über die „Robert-Walser-Tage" gewundert, die in den achtziger Jahren auf Initiative des Buchhändlers Wendelin Niedlich mehrmals veranstaltet wurden.

Wo die Gerberstraße abknickt und über die Nesenbachstraße – hier floß der längst überbaute Nesenbach – in die Torstraße mündet, treffen Geschichte und Gegenwart hart aufeinander: der Rest des Seeltorturms markiert das ehemalige Ende der Stadt, das Schwabenzentrum die vorgebliche Effizienz ihrer heutigen Verwaltung. Die Torstraße, so berichtet der kenntnisreiche Spaziergänger Hermann Lenz, hieß bis 1811 Hauptstätter Thorgaß und später Weißisches Gäßle, „weil dort seit 1784 im Haus

Nummer 8 der Bäckermeister Georg Philipp Weiß gewohnt hat, der 1779 den Weißenhof als Gutshof gründete und als ‚Weißenhofbäck' bekannt war. Nach der Mißernte von 1816 ließ er den ersten Garbenwagen in die Stadt fahren und an die Armen verteilen." Bis zum Weißenhof, dem Ziel dieses Spaziergangs, ist es aber noch ein ganzes Stück …

»Petersburger Hof« (um 1926)

An der Stelle des Warenhauses mit seiner „Strickstrumpfhaut" (Hermann Lenz) oder „Eierschalen"-Fassade von Egon Eiermann stand das 1928 von Erich Mendelsohn erbaute Kaufhaus Schocken mit einem runden gläsernen Treppenturm. Die Nazis schmähten die architektonische Sehenswürdigkeit als „unschönen, unförmigen Koloß des jüdischen Kaufhauses", und ähnliches Denken führte dann 1961 zu seinem Abriß, den heute viele bedauern. Am selben Platz, auf dem Kleinen Graben (später Eberhardstraße 28), gab es schon im ausgehenden 18. Jahrhundert ein Hotel mit Restaurant, seit 1803 unter der Firmierung „Petersburger Hof". In die Kulturgeschichte ist das Wirtshaus eingegangen, weil Carl Maria von Weber hier einige Jahre seinen

Stammtisch hatte, bis er 1810 in einen Skandal um veruntreute Gelder verwickelt und des Landes verwiesen wurde. In einer Bestandsaufnahme beklagt der Komponist, das Fehlen eines öffentlichen Vereinigungspunktes in Stuttgart, da alles auf kleine häusliche Zirkel beschränkt sei.

In seinen letzten Lebensjahren, als er am Wilhelmsplatz 7 (oder Wilhelmstraße 8b) wohnte, kehrte Ludwig Pfau (1821–1894), der schwäbische Radikale und Herausgeber des satirischen *Eulenspiegel,* regelmäßig im mittlerweile zur Kneipe heruntergekommenen „Petersburger Hof" ein: dort saß er, ein „kontemplativer Trinker" hinter seiner Tasse Kaffee oder einem kalten Grog, zog langsam an seiner Zigarre und spielte mit einem Genossen stundenlang wortlos „Domino".

Nach der Jahrhundertwende hat sich dieses Gebiet gravierend verändert: man sanierte die Altstadt mit zum Teil noch aus dem Mittelalter stammenden Häusern und unerträglichen Wohnbedingungen, errichtete den Graf-Eberhard-Bau, das Gustav-Siegle-Haus und den Wilhelmsbau anstelle der Legionskaserne. Stuttgart – man darf es nicht vergessen – wuchs, auch durch Eingemeindungen, zu einer Großstadt mit fast 300000 Einwohnern (1910), zunehmender Industrie, florierendem Baugewerbe und Straßenbahnen. Ein vom Verein für Fremdenverkehr herausgegebener *Kleiner Führer durch Stuttgart* meldet „Kanalisation, Straßenreinigung und Fäkalienbeseitigung musterhaft", und zum Straßenbau: „Die Straßen sind meist gepflastert. Die neuen Quartiere sind von hellen und luftigen Straßen mit breiten Gehwegen durchzogen. Die modernen Straßen sind mit Baumreihen geschmückt." Über die bauliche Entwicklung heißt es darin: „Wer durch die Straßen der Stadt hinschlendert und mit Muße die edleren Bauwerke betrachtet, wird ebensosehr von der Mannigfaltigkeit der Fortschritte der Baukunst als von dem weisen Maßhalten des Architekten erfreut sein."

Die eigentliche Blütezeit der Architektur kam erst in den zwanziger Jahren, als Stuttgart sich als Metropole der Moderne fühlte und mit dem 61 Meter hohen, von Ernst Otto Oßwald in

Sichtbeton ausgeführten **Tagblatt-Turm** ein unübersehbares Zeichen erhielt: „Stuttgart empor!" betitelte das 1843 gegründete *Stuttgarter Neue Tagblatt* seine Sonderausgabe zur Einweihung des Gebäudes im November 1928. Chefredakteur C. Brackmann sah das mit 16 Stockwerken erste Hochhaus Württembergs als Beweis dafür, daß der Stuttgarter nun willens sei, „freier aus dem Kranz seiner schönen Berge" hinwegzusehen und auch das Leben, das draußen brandet, als lebenswert anzuerkennen. In derselben Ausgabe schrieb Jella Lepman in reizvollem Gegensatz dazu über die „Stuttgarterin von heute", daß sie „wie Stuttgart selbst mit der neuen Zeit schreitet. Daß sie den Geist versteht und in sich schwingen fühlt, der *ihre* Stadt – und Städte sind immer weiblich – turmhoch emporführt".

Seit 1922 arbeitete Jella Lepman als erste Redakteurin beim *Stuttgarter Neuen Tagblatt*; ihr Ressort war Gesellschaftspolitik, und sie gründete 1927 die Beilage „Die Frau in Haus, Beruf und Gesellschaft", für andere Zeitungen verfaßte sie auch Filmkritiken. Ihr großes Interesse gehörte jedoch den Kindern: schon als Siebzehnjährige hatte sie in der Waldorf-Astoria-Zigarettenfabrik im Stuttgarter Osten (deren Besitzer Emil Molt den Bau der ersten Waldorfschule beförderte) eine „internationale Lesestube" für die Kinder ausländischer Arbeiter eingerichtet.

Als Jella Lehmann 1891 in einem reichen, jüdisch-liberalen Stuttgarter Elternhaus in der Sophienstraße geboren und in der Alten Weinsteige aufgewachsen, besuchte sie das Katharinenstift, studierte Klavier und dann Fremdsprachen in der Schweiz, heiratete den Deutschamerikaner Gustav Horace Lepman und bekam zwei Kinder. Nach dem frühen Tod ihres Mannes arbeitete sie als Journalistin, publizierte ihr erstes Kinderbuch *Der verschlafene Sonntag* (1928) und erlebte im Jahr darauf die Uraufführung ihres Kinderstücks *Der singende Pfennig* im Stuttgarter Staatstheater. Sie trat der Deutschen Demokratischen Partei bei, wurde Vorsitzende der Landesgruppe und kandidierte 1929 neben Theodor Heuss und Reinhold Maier für den Reichstag. Nach Hitlers Machtübernahme wurde ihr Arbeitsvertrag aufgelöst; bis 1935 beschäftigte man die Jüdin noch als freie Mitarbeiterin, dann mußte sie emigrieren. Im englischen Exil schlug sie sich irgendwie durch, veröffentlichte *Women in Nazi-Germany* und andere Bücher unter dem Pseudonym Katherine Thomas und hätte wohl deutschen Boden nicht mehr betreten, wenn die Amerikaner sie nicht gebeten hätten, im Rahmen des „Re-Education" Programms als „adviser" für Jugendfragen tätig zu werden. So kam Mrs. Lepman 1945 auch in ihre Heimatstadt:

Am Abend lag Stuttgart in seinem spärlich erleuchteten Kessel zu unseren Füßen. Wie gut, daß Joe, mein Fahrer, nicht ahnte, daß ich es einst gekannt hatte. Er saß wie ausgestopft auf seinem Bock und murmelte zwischen seinen kaugummiverklebten Zähnen: „What a hole". Was für ein Loch! Und dies war ihm nicht zu verübeln. Schon hielten wir vor einem der wenigen einigermaßen erhaltenen Gebäude der Innenstadt, dem Tagblatt-Turm [...], in dem ich einmal gearbeitet hatte.
„Der Kreis schließt sich", sagte etwas in mir. Ich zitterte, als ich aus dem Jeep herauskletterte.
Ein *Life*-Reporter, der zufällig dort stand, war dabei, als der Pförtner aus seinem Verschlag herausstürzte und wie wild herumzufuchteln begann: „Sie sind wieder da, grüß Sie Gott! Nun wird alles gut!" Es war eine bemerkenswerte Vorstellung, wenn man in Betracht zog, daß er zwölf Jahre in eben diesem Verschlag gesessen hatte, um jeden Eintretenden mit einem schmetternden „Heil Hitler" zu begrüßen.
Es dauerte keine fünf Minuten, bis die Setzer und Drucker herbeiströmten – erstaunlich viele noch von der alten Belegschaft. Sie hatten überzeugt und unüberzeugt zuerst bei der demokratischen Zeitung, dann bei der nazistischen gearbeitet, jetzt stellten sie ihre Dienste dem von den Amerikanern lizensierten Blatt zur Verfügung. Die Begrüßungen überstürzten sich, der *Life*-Reporter schob sich aufgeregt dazwischen, der Refrain war stets derselbe: „Der Spuk ist vorbei, nun wird alles wie früher sein!" So einfach war das, gestern war gestern, heute war heute, es verschlug einem den Atem. Nicht nur aus Erschütterung, daß eine der furchtbarsten

Katastrophen der Weltgeschichte ohne weiteres übersprungen
wurde, sondern daß es mit solcher Selbstverständlichkeit
geschah.
Als eine Fremde stand ich unter Fremden, aber nicht Haß,
sondern Mitleid bewegte mein Herz. Nicht Mitleid mit
den einzelnen, die es nur teilweise verdienten, sondern mit der
menschlichen Natur überhaupt, die in ihrer Begrenzung so
etwas zuließ. Ein Orkan hatte gewütet, Millionen waren
umgekommen, Millionen hatten ihre Heimat verloren,
Ländergrenzen waren zusammengestürzt, Städte in Flammen
aufgegangen, Kultur und Zivilisation zu äußerst fragwürdigen
Begriffen geworden – nichts anderes wünschten sich die
Überlebenden, als daß alles wie früher sei!

Jella Lepman schlug den Amerikanern vor, mit Kinderbüchern aus aller Welt zur internationalen Verständigung beizutragen: eine „Kinderbuchbrücke" zu bauen. Diese Idee führte bereits 1946 zu einer Wanderausstellung – für die provisorisch Räume der Landesbibliothek wieder aufgebaut wurden – und zwei Jahre später zur Gründung der Internationalen Jugendbibliothek in München. Diese leitete sie bis 1957, zog nach Zürich, schrieb ihre Erinnerungen *Die Kinderbuchbrücke* (1964) und engagierte sich bis zu ihrem Tod 1970 unermüdlich für die Kinderliteratur. In Stuttgart erinnert wenig an Jella Lepman: ein Raum in der Kinderbücherei im Wilhelmspalais und seit 1999 eine (sehr kurze) Straße im Stuttgarter Süden. Ein deutsches Schicksal. Eines von vielen.

Das *Tagblatt* mußte 1943 sein Erscheinen einstellen, Nachfolger war ab September 1945 die *Stuttgarter Zeitung* mit den Herausgebern Josef Eberle (der unter dem Namen Sebastian Blau Mundart-Gedichte schrieb) und Erich Schairer, dem Redakteur der *Sonntags-Zeitung*. Seit 1976 werden *Stuttgarter Zeitung* und *Stuttgarter Nachrichten* im Druckzentrum in Möhringen produziert; im Tagblatt-Turm sind nun die Gleichstellungsstelle und der neue Hohenheim-Verlag untergebracht, die Theater tribühne und fits und vorerst noch die Stadtgeschichtliche Ausstellung. Diese blättert unter anderem ein vergessenes Kapitel Stuttgarter Pressegeschichte auf: die in München gegründete satirische Zeitschrift *Simplicissimus* erschien nämlich einige Jahre in Stuttgart. Nachdem sie 1899 in Sachsen wegen Majestätsbeleidung verboten worden war, durfte sie nicht mehr in Leipzig gedruckt werden; der Stuttgarter Verlag Schröder & Strecker nahm das Risiko auf sich und erklärte sich bereit, Herstellung und Vertrieb des Blattes zu übernehmen. Als dann 1904 ein Gedicht „An die Sittlichkeitsprediger in Köln am Rheine" von Ludwig Thoma veröffentlicht wurde, gab es prompt Ärger: die Königliche Staatsanwaltschaft Stuttgart erhob Anklage, 1906 fand die Hauptverhandlung in Stuttgart statt und Der *Simplicissimus*-Autor wurde für schuldig befunden und zu einer sechswöchigen Gefängnisstrafe verurteilt.

Kaufhaus Schocken

Rimbaud in Stuttgart – da fängt bei allen die Phantasie an zu arbeiten und unglaubliche Legenden werden gesponnen: von üppigem Weingenuß und Schlägereien mit Paul Verlaine entweder am Neckarufer oder auf der Waldhöhe in Degerloch oder mitten auf der Hauptstätter Straße …

Arthur Rimbaud (1854–1891), soviel stand an spärlichen Fakten bisher fest, verbrachte 1875 einige Wochen in Stuttgart, um Deutsch zu lernen. Heftigen Streit gab es schon zwei Jahre zuvor: Verlaine hatte Rimbaud angeschossen und mußte dafür in Haft.

Zwei Briefe vom März mit Stuttgarter Absender sind überliefert, einer an den Freund Ernest Delahaye, dem der Besuch von Verlaine mitgeteilt und ein Vermieter namens Wagner erwähnt wird, gegen den Rimbaud offenbar Haßgefühle hegt. Er endet: „Hier ist alles ziemlich schäbig – mit einer Ausnahm: Riessling, von dem ich ein Glaas im Angsicht der Hähnge, die ihn gebore werde sahn, auf Deine schtrodzende Gesundheit leerren werd." (Die Übersetzung möchte die weinselige Orthographie des französischen Originals wiedergeben.)

Wo und bei wem er wohnte, daß es sich nämlich um einen Ernst Rudolf Wagner, Pfarrer i.R., handelte, in dessen Wohnung (heute Hasenbergsteige 10) Rimbaud zuerst lebte und zwar als Untermieter, nicht, wie oft behauptet, als Hauslehrer, ist das Ergebnis neuester Recherchen von Ute Harbusch und in der Marbacher Spuren-Reihe veröffentlicht.

Der zweite Brief an die Familie nennt eine neue Adresse – „2, Marien Straße, 3 tr." – und beschreibt die Unterkunft: „Ich habe hier ein sehr großes Zimmer, sehr gut möbliert, in der Stadtmitte, für zehn Florint". Eine Plakette schmückt seit geraumer Zeit das Haus **Marienstraße** 10.

Allerdings wird man wohl nie mehr klären können, ob Arthur Rimbaud während seines Stuttgart-Aufenthalts noch an den *Illuminations* arbeitete oder hier schon das Schreiben eingestellt hat, geschweige denn den Schauplatz des blutigen Streits ermitteln – wenn es ihn, außer in der Vorstellung der Biographen, überhaupt gab.

Schräge Vögel – die finden sich sogar im oft als brav geschmähten pietistischen Stuttgart. Johannes Baader (1875–1955), der den selbstgewählten Titel eines „Oberdada" trug und sich „Präsident des Erdballs" nannte, zählt sicher dazu. Sein Geburtshaus stand in der Roten Straße 30 (heute **Theodor-Heuss-Straße**). Baader verließ nach dem Architekturstudium Stuttgart, um in Berlin Grabmäler und in Hamburg ein Tiergehege zu entwerfen. Im März 1916 hielt er im Gustav-Siegle-Haus einen Vortrag „Besuch bei Christian Wagner" und gab als seine Adresse Bopserweg 16 an; sein weiterer Lebenslauf ist aber kaum mehr rekonstruierbar, da Baader, einer der widersprüchlichsten Protagonisten der Dada-Bewegung, seine Spuren unter unverständlichen kosmischen Botschaften und chaotischen Provokationen verborgen hat.

Wir befinden uns noch immer auf direktem Weg in Richtung Nordwesten zum Hoppenlau-Friedhof. An der Ecke **Büchsenstraße** 54 / Schloßstraße erinnert eine Gedenktafel an den Philosophen Max Horkheimer, der hier 1895 in der damaligen Militärstraße 19 geboren wurde. Einige Jahre später verlegte sein Vater Moritz Horkheimer die Kunstbaumwollfabrik nach Zuffenhausen und errichtete dazu ein bis heute als Baudenkmal geltendes Firmengebäude. Nach der mittleren Reife wurde der einzige Sohn Max als Lehrling in der Fabrik angestellt, doch er sah für sich keine Zukunft in dem Unternehmen. Das gespannte Verhältnis zum Vater wurde durch die Affäre mit dessen Privatsekretärin – Max Horkheimers späterer Frau Rose Riekher – zusätzlich strapaziert, er ging nach München, holte 1918 das Abitur nach, studierte Psychologie, Philosophie und Nationalökonomie, wurde 1930 Direktor des „Instituts für Sozialforschung" in Frankfurt am Main und als Begründer der „Kritischen Theorie" das Haupt der Frankfurter Schule.

Zur selben Zeit, als Horkheimer seine Fabrik nach Zuffenhausen verlagerte, zog Robert Bosch mit seiner Werkstatt für Magnetzünder von der Rotebühlstraße in das Gewerbegebiet hinter der Liederhalle und konnte sich, ausgehend von einem bescheidenen Haus in der Hoppenlaustraße, allmählich über das ganze Viertel ausbreiten. Im sogenannten Bosch-Areal soll in naher Zukunft das Stuttgarter Literaturhaus sein Domizil erhalten.

Das Grab von Wilhelm Hauff

Hinter Kongreßzentrum, Alter Reithalle, Max-Kade-Studentenwohnheim und Hotelanlage versteckt sich der älteste erhaltene Stuttgarter Friedhof, der 1626 – außerhalb der Stadt „vor dem Büchsentor" – angelegte **Hoppenlau-Friedhof**. Viel mehr als ein schöner Totenacker des Klassizismus und erholsam-ruhiger Park nahe dem Stadtzentrum ist er ein Lesebuch, aus dem ein Gutteil Stuttgarter Stadt- und Kulturgeschichte zu erfahren ist – zumindest mit Hilfe eines voluminösen Marbacher Magazins von Waltraud und Friedrich Pfäfflin, das den Hoppenlau-Friedhof als literarisches Denkmal aufschlüsselt. Unter den vielen tausend Toten, die hier während zweieinhalb Jahrhunderten begraben wurden, sind zahlreiche Dichter und Künstler, Buchhändler und Verleger, Freunde und Förderer der Literatur. Sie nur aufzuzählen, würde den Rahmen dieses Kapitels sprengen, erwähnt seien lediglich einige Namen: Johann Friedrich Cotta, Luise Duttenhofer, die Verlegerbrüder Franckh, August und Mariette Hartmann, Hermann und Wilhelm Hauff, Friedrich Haug, Wolfgang Menzel, Gottlob Heinrich Rapp, Emilie und Georg Reinbeck, die Sängerin Agnese Schebest, C. F. D. Schubart, Gustav und Sophie Schwab, Emilie Zumsteeg.

»Jeder Stein, jeder Name, jede Inschrift führt in ein Totenreich, in dem es höchst lebendig zugeht.«

JÜRGEN HOLWEIN

Der Hoppenlau-Friedhof war gewiß Schauplatz vieler Rendezvous und Begegnungen von Verliebten, wie der zwischen der Pianistin Margarethe Klinkerfuß und dem durch seine Mörike-Vertonungen bekannt gewordenen Komponisten Hugo Wolf, die sich ihr Herz ausschütteten, während sie „Seite an Seite zwischen den Gräberreihen auf und abgingen".

Doch daß der kosmopolitische Schriftsteller und Dada-Dandy Walter Serner (1889–1942) diesen Friedhof zum Ausgangspunkt einer Kriminal-Geschichte wählte, ist wenig bekannt, und über seinen Stuttgart-Aufenthalt weiß man gar nichts; allerdings war er offenbar ortskundig, denn die erwähnten Lokalitäten existierten: selbst ein im Besitz von Paul Woerner befindliches „Hotel-Restaurant Frank" in der Friedrichstraße 26. Vielleicht kann man sich den Autor, der ständig unter Geldmangel litt, in einer ähnlichen Situation denken wie seinen Protagonisten, den Hochstapler Semmelhug in „Das Zéro" (1925):

Mit Semmelhug wollte es, seit er in Stuttgart war, nicht vorwärts gehen. Schon nach acht Tagen hatte er das Hotel Marquardt mit dem Hotel Wörner vertauschen müssen und wenige Tage darauf dieses mit einem kleinen Zimmer in der Rosenbergstraße. Da er einsah, daß es mit ihm bald so weit sein würde wie vor fünf Jahren, als er, zu sehr seinem Glück vertrauend, plötzlich gepäcklos auf der Straße stand, überzählte er zähneknirschend den Rest seiner Barschaft:
„Fünfunddreißig Mark! Entsetzlich!" [...]
Verdrießlich vor sich hin pfeifend gelangte er zu der schmalen Stiege, welche von der Rosenbergstraße zum Hoppenlau-Friedhof hinabführt. Dessen Bäume und die mit Recht gemutmaßte Stille zogen ihn an wie jeden, der mit sich nichts Wichtigeres anzufangen weiß.
Semmelhug erging sich sohin auf den engen sauberen Pfaden

dieses einsamen Ortes, von Zeit zu Zeit gedankenlos vor einem Grab stehen bleibend. Nach einer Viertelstunde fiel ihm auf, daß er die Inschriften las, und gleichzeitig, daß er soeben eine sehr merkwürdige gelesen hatte. Er kehrte um, trat neuerdings vor den Grabstein und las laut vor sich hin: „Heinrich von Inten, geb. am 3. März 1850, gest. am 10. März 1911 aus Gram über seinen verlorenen Sohn."
Kopfschüttelnd, aber grinsend ging Semmelhug weiter: sein Vater hatte sich in dieser Hinsicht bei weitem mehr beherrscht. Bald darauf verließ er, keineswegs heiterer als vordem, den Friedhof und gelangte langsamen Schrittes allmählich auf die Königstraße.

In einem „Anfall von galgenhumoresker Gleichgültigkeit" beschließt Semmelhug, koste es, was es wolle, im Wilhelmsbau zu essen. Die merkwürdige Grabinschrift geht ihm im Kopf herum, er erkundigt sich bei einem Kellner nach Heinrich von Inten und erfährt, dieser sei fünfzehn Jahre lang Bürgermeister gewesen (die Stuttgarter Stadtgeschichte kennt ihn freilich nicht), und – nachdem er sich als bester Freund des verschollenen Sohnes ausgibt –, daß Frau von Inten und Tochter Stella in vermögenden Verhältnissen leben … Wie die Handlung sich weiterentwickelt, kann jeder selbst mit Vergnügen nachlesen.

»Ja, Stuttgart ist schön, gegen dies Scheißmünchen ein Paris.«
JOACHIM RINGELNATZ

Wir gehen vom Hoppenlau-Friedhof am Hegelplatz mit dem Lindenmuseum und der Universitätsbibliothek (dort standen von 1880 bis 1944 die Gewerbehallen) vorbei zum **Stadtgarten**, der 1871 auf dem Areal der einstigen Seewiesen angelegt wurde: ursprünglich als Gartenbauausstellung mit sommerlichem Volksfest geplant, wurde er nach dem Deutsch-Französischen Krieg durch Aktienverkauf privat finanziert. Mit dem Erbe des Hoteliers Hermann Marquardt konnte dort nach 1913 ein elegantes Restaurant errichtet werden, außerdem gab es eine

Freilichtbühne und ein kleines Weinhaus am See für Konzerte während des Sommers. Die zwanziger Jahre brachten dem Stadtgarten eine neue Blüte, vor allem im Zeichen des Varietés. Joachim Ringelnatz (1883–1934), trat mehrmals hier auf, und in der Bar „Excelsior", die nach seinem Bekunden oft leer war, „weil die Schwaben ängstlich mit Geld sind". Diese Kleinkunstbühne war um die Jahrhundertwende in der Gaststätte „Bauhütte", nahe dem Stadtgarten in der Büchsenstraße 53 etabliert worden.

Stadtgarten mit Garnisonkirche

Die Vorträge von Ringelnatz aus seinen verschiedenen Gedichtsammlungen „gaben keinen Grund zu sittlicher Entrüstung", schrieb das *Stuttgarter Neue Tagblatt* 1928, und weiter: „Da läuft mit breitem, schlürfendem Gang ein kleiner Mann im Matrosenanzug auf der Bühne hin und her. Seine scharfe Nase, die alle Lächerlichkeiten der Welt zu riechen scheint, sticht verwegen in die Luft. [...] Alles klingt improvisiert, als ob ihm die Verse eben erst eingefallen wären."

Das könnte durchaus der Fall sein, bei „Stuttgarts Wein- und Bäckerstübchen": „Auf dem Tisch an kleinen Galgen / Hängen

Brezel, schön geschwungen. / Würdebärte schlürfen kräftig / Wichtig diskutierte Weine." Ein anderes Gedicht trägt den Titel „Stuttgart":

Ich kam von Düsseldorf, dort sah ich Radschläger.
Ich kam nach Stuttgart, dort trank ich Steinhäger,
Denn mit dem schwäbischen Wein
Scheint mir nicht allzuviel los zu sein,
Wenigstens nicht mit dem billigen
Doch ich wohnte in dem Olgabau,
Einem Schlosse einer hohen Frau,
Die mir auch die besten Sorten tat bewilligen.
Ach, ich schwirrte von Vergnügen zu Vergnügen.
Schien auch dem Publikum zu genügen.
Durfte über ein Auto verfügen,
Fuhr mit diesem herrschaftlichen Benz
Wie eine quietschfidele Eminenz
Nach Marbach an dem Hause vor,
Wo Kodweiß Schillern einst gebor,
Ging auch kollegial hinein
(Scheinbar schien mir alles dürftig, ernst und klein),
Sah mich also recht bescheiden eilig satt,
Freute mich später kannibalisch dann
Über einen Brunnen Zum wilden Mann,
Welcher Wilde zwei Feigenblätter hat,
Und zwar nämlich eins vorn irgendwo
Und das andere ganz hinten vorm Popo.

Kehren wir nach Stuttgart nun zurück. –
Und wer will, der mag dort bleiben. –
Ich persönlich schwamm dort wie ein Schwamm im Glück,
Heißt: Ich soff mich voll und ließ mich treiben.
Nach der Wettermeldung war es kalt.
Ich besuchte eine Irrenanstalt.
Eine Schizophrenin sprach so wunderwirr.
Ach, was ich noch alles schaute!

Und wie fürstlich wohnte, wie gesagt, ich hier!
Daß ich niemals mich aufs Nachtgeschirr
Und auch sonst mir vieles nicht getraute.
Morgen zwölf Uhr lande ich bei dir.
Und was bringe ich als Souvenir?
Was von Stuttgart mit? – Manch treuen Gruß,
Eine Probe des erwähnten Weines,
Anekdoten und ein süßes, kleines
Embryo in Spiritus.

„Ich trete hier ziemlich vornehm auf, verkehre im ersten Hotel; aber das wirkt sich gut aus!! heute spreche ich im Radio", berichtet Joachim Ringelnatz in einem Brief vom Dezember 1928. Gewohnt hat er da im „Hotel Marquardt", nicht im Königin-Olga-Bau, denn dieser beherbergte nur ein feudales Café.

Friedrichsbau

Stuttgarts klassisches Varieté und *der* Vergnügungspalast der Stadt war das 1900 eröffnete Friedrichsbau-Theater an der Ecke Friedrich-/Bolzstraße (damals Schloßstraße): ein fünfgeschossiges Gebäude mit Erkern und Balkonen an der Fassade. Im Erdgeschoß befanden sich Läden und ein Restaurant, im ersten Stock Café und Theatersaal. Zu Gastspielen wurden originelle Bauerntheater ebenso verpflichtet wie die Reinhardtbühne oder Piscator mit seiner Truppe, und die Stars der damaligen Zeit traten auf: Josephine Baker, die Rivels, Trude Hesterberg, Claire Waldorff, Karl Valentin, Otto Reutter, dazu die beliebten Lokalmatadore Häberle und Pfleiderer alias Willy Reichert und Oscar Heiler, der Satiriker Roda Roda – so ziemlich alle mit Rang und Namen. Als der Besitzer Ludwig Grauaug zu Beginn der NS-Zeit Stuttgart verließ, übernahmen Emil Neidhardt und Willy Reichert das Haus. Im Zweiten Weltkrieg brannte der Friedrichsbau teilweise aus, doch erst 1955, das benachbarte Metropol hatte inzwischen seine Rolle eingenommen, fiel er dem Straßenbau zum Opfer. Vor einigen Jahren wurde, ganz in der Nähe, in der **Friedrichstraße** 24, das Friedrichsbau-Varieté eingerichtet.

Zwischen Universitätsgebäuden und Möbelhäusern hindurch führt der Weg Richtung Bahnhof. Im heutigen Filmhaus war lange das Amerikahaus untergebracht, dessen Entstehung auf die erste amerikanische Bibliothek für Deutsche von Zaran Wang zurückgeht: in einem US-Information Center sollte seit 1946 die Stuttgarter Öffentlichkeit Bücher ausleihen und Materialien einsehen dürfen, die während des Dritten Reiches verboten waren.

Vorbei am „Hotel Graf Zeppelin" – wie viele Schriftstellerinnen und Schriftsteller mögen hier in siebzig Jahren abgestiegen, wie viele Buchpräsentationen veranstaltet worden sein?! –, und schon steht man vor dem Stuttgarter **Hauptbahnhof**.

„Über die Bahnhofsansichten habe ich mich natürlich besonders gefreut; ich bekam ordentlich Lust, wieder einmal nach Stuttgart zu fahren – schon um dieses bewunderungswürdige Bauwerk wiederzusehen". Dies schrieb Gertrud Kolmar aus Berlin in einem Brief vom 13. Dezember 1928 an ihre Schwester Hilde Chodziesner, die damals in der Verlagsbuchhandlung J. Hess arbeitete und die Familie mit Büchern versorgte.

Um dieselbe Zeit formulierte der russische Publizist Ilja Ehrenburg (1891–1967):

Der Stuttgarter Bahnhof aber ist eine Rarität. In seiner Feierlichkeit ähnelt er dem Tempel eines unbekannten Kultes. Dutzende blinkender Bahnsteige, Läden, Restaurants, Cafés, Zeitungen, Blumen, Zifferblätter, ganze Reihen von Schaltern – das alles ist durchdacht, reguliert. Ich kann mich nicht einmal entschließen, diese Struktur mit dem vulgären Wort „Ordnung" zu benennen. Nein, hier liegt etwas Größeres vor, hier herrscht eine religiöse Einstellung zum Fahrplan, zur Bequemlichkeit des bescheidenen Reisenden, zur Verteilung der aus und ein gehenden Menschenmengen, wobei sowohl das Rasen der Schnellzüge, die aus Rom nach Amsterdam oder aus Paris nach Konstantinopel eilen und hier wenige Minuten rasten, wie auch die Fahrt eines Druckereikorrektors in die nächste Vorstadt, der rechtzeitig sein Bier austrinken, die Zeitung lesen, die Rosen und das Zifferblatt betrachten muß, um dann in der vierten Klasse der Phantastik des nächsten Achtstundentraumes entgegenzueilen (nicht entgegenzuzotteln), gleich hoch bewertet werden.

Schon 1911 war ein Architektenwettbewerb für den neuen Bahnhof ausgeschrieben worden, 1914 hatte man mit dem Bau nach Entwürfen von Paul Bonatz und Friedrich Scholer begonnen und bei Ausbruch des Ersten Weltkriegs gleich wieder aufgehört. Vollendet wurde das markante Bauwerk, das den einen Ausdruck der Moderne, den anderen Vorgeschmack auf faschistischen Monumentalismus ist, erst 1927. Doch schon fünf Jahre vorher, in der Nacht vom 22. auf den 23. Oktober 1922 wurde der Bahnhof seiner Bestimmung übergeben, die ersten Züge rollten Montag früh um drei Uhr ein.

Gleichzeitig wurde der Bahnhofsturm eröffnet. In einer Sonderbeilage des *Stuttgarter Neuen Tagblatts* kündigte der Inhaber Eugen Bürkle an: „Nicht nur die verehrlichen Stammgäste und Besucher aus der Landeshauptstadt, sondern auch die flüchtigen Reisenden, die mit kurzem Aufenthalt Stuttgart berühren, sollen das Beste aus Küche und Keller vorfinden, die Behaglichkeit der Räume genießen und einer gewissenhaften Bedienung versichert sein." Zur Verfügung standen neben Hotelzimmern ein vornehmer Speisesaal für 100 Personen, im 3. Stock ein Konferenzzimmer, darüber ein Café, in der 5. Etage ein Teesalon, in der 6. Wein- und Likörstube; im 7. Stockwerk war die Küche und darüber – die 8. und 9. Etage war eins – ein „erstklassiges Weinrestaurant", täglich fanden in drei Sälen Künstlerkonzerte statt. In der Ankündigung heißt es weiter: „Darüber befindet sich die aussichtsreiche Plattform, die in den Sommermonaten bewirtschaftet wird. Die Plattform ist das ganze Jahr von vorm. 10 Uhr ab für jedermann zugänglich und bietet einen prächtigen Rundblick über das ganze Stadtbild und Umgebung."

Im November 1942 brannten die hölzernen Bahnsteigdächer ab: Bonatz berichtet von dem größten Flammenmeer, das er je sah: „Und durch Flammen und Wolken von Rauch, angestrahlt und wieder in Dunkel gehüllt, sah man ernst und ruhig den steinernen Turm danebenstehen, – so als möchte er sagen: ‚Ich bin aus Stein, Gottes edelstem Baustoff!'"

Nach der Restaurierung war von 1955 bis 1976 das „Turmhotel" darin untergebracht, danach eine Eisenbahnerunterkunft. Erst seit 1998 ist der Turm wieder öffentlich zugänglich, mit Ausstellungen zum Zukunftsprojekt „Stuttgart 21", dem geplanten Quartier auf dem Bahngelände, einem Bistro im 8. Stock und einem darüber liegenden Raum für Konferenzen, (literarische) Veranstaltungen oder Trauungen.

Der Mercedesstern dreht sich seit 1953, er wurde damals wirklich noch mit Pferdefuhrwerken transportiert und mit Seilwinden hinaufgehievt.

In Richtung Westen, wo ein innerstädtischer Weinberg herüberschaut, liegt das Ziel des Spaziergangs, der zu Fuß oder der Bequemlichkeit halber mit dem Bus 43 oder der Stadtbahn U7 fortgesetzt werden kann, denn zum Killesberg respektive zur **Weißenhofsiedlung** geht es eine Strecke bergauf.

Ende des 18. Jahrhunderts hatte, wie schon erwähnt, der Bäcker Georg Philipp Weiß auf der Höhe eine Meierei betrieben und später mit einem Gasthaus zu einem beliebten Ausflugsort erweitert: mit herrlicher Aussicht und preiswertem Vesper. 1913 wurde das Gelände von der Kunstgewerbeschule, später Akademie der Bildenden Künste überbaut. 1927 kamen die Werkbundsiedlung und 1933 die als Gegendemonstration konzipierte Holzsiedlung am Kochenhof dazu; 1939 wurde auf einem alten Steinbruchgelände zur 3. Reichsgartenschau der Höhenpark Killesberg mit den Messehallen angelegt. Dort war aber 1941/42 auch die letzte Station für viele Juden aus Württemberg, bevor sie in die Vernichtungslager transportiert wurden. Nach dem Zweiten Weltkrieg war das Gelände wieder Schauplatz von zwei Bundesgartenschauen und 1993 der Internationalen Gartenbauausstellung (IGA), in dessen „poetischem Garten" Gedichte als Kunstwerke präsentiert wurden; selbst in den Messehallen haben in den sechziger Jahren neben Großkonzerten literarische Ereignisse stattgefunden.

Die fundamental neue Ästhetik der Weißenhofsiedlung, die inzwischen als Ensemble unter Denkmalschutz gestellt ist und weit über Deutschland hinaus als Symbol für Neues Bauen gilt, provozierte wegen der kubenförmigen, weißen Flachdachhäuser von international bekannten Architekten wie Le Corbusier, Mies van der Rohe, Walter Gropius, Peter Behrens, Hans Scharoun u. a. Kampagnen gegen die „Vorstadt Jerusalems" (Bonatz) und das „Araberdorf".

Sie forderte andererseits Künstler wie Kurt Schwitters und Journalisten wie Erich Schairer zu kontroversen Stellungnahmen heraus: „Die Werkbundsiedlung auf dem Weißenhof bei Stuttgart ist das Entsetzen all derer, die etwas ablehnen, weil es anders ist, als sie es gewohnt sind. Häuser ohne Dach! Wände ohne Tapeten! Möbel ohne Verzierungen! Nein, das frißt der brave Bürger nicht."

Schairer entlarvt hier gewohnt ironisch, was sich hinter dem Argument der Gegner, die Siedlung sei „undeutsch" verbirgt: „Wenn irgendwo eine Gruppe von Interessenten in Deutschland ihren Profit von einer Geistesrichtung, die ihr deshalb nicht paßt, bedroht sieht, dann wallt auf einmal das treudeutsche Herz."

Kurt Schwitters (1887–1948), der seine Gedichte „An Anna Blume" und „Scherzo der Ursonate" 1932 für den Süddeutschen Rundfunk in Stuttgart aufnahm, inspizierte die Weißenhofsiedlung sehr kritisch Haus für Haus und analysierte dabei gleich noch die Mentalität der Württemberger. Mit beidem – für ihn unter dem Stichwort „Greischschewahn" (Größenwahn) zu subsumieren – hatte er seine Probleme und war froh, nicht dort oben wohnen zu müssen, sondern nach Hannover zurückkehren zu dürfen.

Weißenhofsiedlung

In einem der Häuser der Siedlung, Am Weißenhof 22, das von Adolf Rading gebaut und in den fünfziger Jahren abgerissen wurde, lebte von 1930 bis 1938 der Dichter Georg von der Vring (1889–1968) mit seiner zweiten Frau, der Künstlerin Marianne, und den Söhnen Lorenz und Peter. Mit satirischen Gedichten und einem öffentlichen Bekenntnis zur Weimarer Republik hatte er sich in Jever unbeliebt gemacht, dann kurze Zeit im Tessin gelebt und schließlich Stuttgart als Wohnort ausgesucht, um seinen Jungen eine Ausbildung in der Waldorfschule zu ermöglichen. Eine gewisse Anziehungskraft bildete für ihn zudem die Vorstellung, im Land seiner Lieblingsdichter Eduard Mörike, Hermann Hesse und Christian Wagner zu leben. Georg von der

Vring arbeitete für den Süddeutschen Rundfunk, konzipierte Sendereihen, schrieb Hörspiele und als Brotarbeit außerdem Unterhaltungsromane über historische Themen. Daneben übersetzte er Gedichte von Paul Verlaine, lernte Albrecht Goes kennen und den jungen Hermann Lenz. Dieser berichtet, daß von der Vring einmal zu ihm sagte: „Es kann doch nicht sein, daß Sie sich für Lyrik interessieren, ohne selbst sowas zu probieren. Zeigen Sie mir mal was." Ihm gefiel das vorgelegte Gedicht, und er setzte sich für eine Veröffentlichung ein.

Nach der Geburt von zwei weiteren Söhnen zog die Familie nach Möhringen, dann während des Krieges nach Schorndorf, das Georg von der Vring 1951 in Richtung München verließ. In den ersten Stuttgarter Jahren blickte er auf den nahegelegenen Kräherwald, ging wohl auch dort spazieren und ließ sich zu einem Gedicht inspirieren, „Die Verlassenheit der Wälder":

Die Verlassenheit der Wälder
Dringt zu mir herein,
Wenn die Sonne tiefer geht,
Und der Abendwind herweht,
Und vergessen stehn die Wälder
Und der letzte Wein.

Die Verschlossenheit der Wipfel
Dunstet kühl herein,
Wenn der Venus Stern sich zeigt,
Und die Grille schriller geigt,
Und vergessen stehn die Wipfel
Und der letzte Wein.

Die Vollendung aller Dinge
Leuchtet spät herein,
Wenn ein Sternbild sich erhellt,
Und der Tau ins Dunkel fällt,
Und vergessen stehn die Dinge
und der letzte Wein.

Hermann Lenz (1913–1998), den Georg von der Vring förderte und Peter Handke Anfang der siebziger Jahre mit seiner „Einladung, Hermann Lenz zu lesen" wieder ins Gedächtnis rief, lebte seit seiner Jugend im elterlichen Haus in der **Birkenwaldstraße** 203. Hier war in den fünfziger Jahren Paul Celan – von Lenz „Jakob Stern" genannt – ein gern gesehener Gast, wenn er in Stuttgart zu einer Lesung weilte.

1975 mußte das Haus auf Wunsch seiner Schwester verkauft werden, und Lenz zog nach München, voller Wehmut, wie man seiner „Erinnerung an Stuttgart" entnehmen muß:

Dort hat es mir gefallen. Einundfünzig Jahre lang
Hab ich in Stuttgart leben dürfen. Das genügt
Sagen die Leute, und das Schicksal denkt
Wahrscheinlich wie die Leute, weil es sonst
Mich nicht vertrieben hätte aus der Heimat.

Hermann Lenz war nach der Rückkehr aus der Kriegsgefangenschaft von 1949 bis 1957 Sekretär des Stuttgarter Kulturvereins und von 1951 bis 1971 des Süddeutschen Schriftstellerverbands. In seinen autobiographischen Romanen um den Protagonisten Eugen Rapp (*Andere Tage, Tage vom Überleben und Leben*) nimmt Stuttgart einen besonderen Platz ein; außerdem erwies er seiner Heimatstadt mit seinen Spaziergängen für die Zeitschrift *Stuttgarter Leben* vielfache Referenz. In dem Roman *Ein Fremdling* (1983) reflektiert er in einer Passage das Schreiben und seine Selbstzweifel aus der Sicht seiner Frau:

[…] Hier in dieser Stube mit den Bildern und den Büchern war
sein Wesen spürbar, oder was sie sich von ihm vorstellte.
Danach würde er einer sein, der sich zurückzog, der eine
Schutzschicht zwischen sich und die anderen schieben mußte.
Und eigentlich ist er allein …
Ein Erfolgloser also, oder einer, dem es nicht um den Erfolg zu
tun war. Aber einer, der, was er dachte oder sich ausdachte,
aufschrieb und drucken ließ, mußte davon gequält werden, daß

ihn niemand beachtete ... Doch all dies weißt du nicht. Er ließ sich nichts anmerken, außer einmal .. Da war es aus ihm herausgefahren, abends nach dem Essen, drunten in ihrem Zimmer, und er hatte gesagt: „Was für ein Mist, den ich jetzt jeden Tag umwälzen muß! Und was ich nachher droben in meiner Bude kritzele, das taugt doch nichts."

Am Ende des Buches sind zehn Jahre vergangen. Der Autor oder vielmehr sein Protagonist geht an einem hellen Maitag im nahegelegenen Feuerbacher Tal spazieren und denkt über Stuttgart nach:

Und er erinnerte sich, nun am Schreibtisch in seiner Dachstube, an den Tümpel im Wald, als ob der so etwas wie eine Zuflucht wäre. Die Heimat aber ... ja, was war „die Heimat"? Ein mit dem Dialekt verschmolzenes Gefühl.
Und dann natürlich, daß es in Stuttgart Straßen, Gärten und Häuser gab, die zu dem gehörten, was er erlebt hatte.
Beispielsweise, wenn im Dunkelwerden die Stadt auf einmal erleuchtet dalag, wie herausgeschnitten aus dem Zwielicht.
Im schrägen gelben Licht leuchteten die Bäume und die Gärten an den Hügeln, als wären sie glasiert. Die Stadt erschien nahegerückt und war scharf zu sehen, aber wie fremdartig. Dick stand der Gaskessel in der Ferne, und hinter ihm ragte ein Schlot. Weit draußen lag da und dort ein Dorf. Drüben beim Rotenberg, der Wirtenberg hätte heißen sollen, weil er früher so geheißen hatte und das Land Württemberg nach ihm benannt war, funkelte ein Fenster über der Grabkapelle, diesem Rundbau mit den Säulen. Häuser glänzten auf einem Hügel, und in der Nähe wurden die Weinberge grün.
Ein Regenbogen bildete sich in der Höhe, während er am Nachmittag des andern Tages bei hellem Licht und trockener Wärme am Alten Schloß vorüberging. Der Schillerplatz war leer, nur das schwarze Bronzedenkmal stand in der Mitte, und die Fensterscheiben der Alten Kanzlei belebten sich, wenn Wolken als Spiegelbilder in ihnen vorüberzogen.

Niedlich!
Niedlich's Buchladen
Schmale Str.
BÜCHERMARKT
VOR DER TÜR
Niedlich
Niedlich
HAIR

→ »Daß Stuttgart eines Tages nur ein Ort meiner Füße gewesen sein wird«

Als Stuttgart „Schule" machte: Süddeutscher Rundfunk, Universität und Buchhandlung Niedlich

Achter Spaziergang: Neckarstraße – Ostendplatz – Schwarenbergstraße – Keplerstraße – Friedrichstraße – Schmale Straße

ne manquez pas à Stuttgart
la longue Rue Neckar
du néant là l'attrait
n'est plus ce qu'il était
tant le soupçon est fort
d'y être déjà et d'ores

SAMUEL BECKETT

Vergeßt nicht beim Stuttgart-Besehen
die Neckarstraße zu gehen.
Vom Nichts ist an diesem Ort
der alte Glanz lange fort.
Und der Verdacht ist groß:
hier war schon früher nichts los.

ÜBERSETZUNG KARL KROLOW

Samuel Beckett (1906–1989) war zwischen 1966 und 1986 mehrmals in Stuttgart, um bei seinen Fernsehfilmen Regie zu führen. Bei diesen Gelegenheiten ging er natürlich die **Neckarstraße** entlang, in der auch sein Stammlokal war, die „Neckarklause" (heute „Beck's Gastronomie"). 1977, im Jahr der Bundesgartenschau, inszenierte er für den SDR *... nur noch Gewölk ...* und nutzte die Drehpausen, um im gegenüberliegenden Park spazierenzugehen, wegen der Bäume, denn Blumen haßte er. In dieser

← Buchhandlung Niedlich (1985)

Zeit ereignete sich die von Werner Spies, der ihn nach Stuttgart gebracht hatte, überlieferte und später von Journalisten ausgeschmückte Episode: Bei seinen Spaziergängen fiel Beckett der Frau in einem Kassenhäuschen auf, und irgendwann sprach sie ihn an, er sei doch ein alter Mann und bestimmt schon Rentner und würde sicherlich Ermäßigung kriegen. So erhielt Beckett eine Dauerkarte für die Gartenschau, auf der deutlich zu lesen stand: „Rentner Beckett".

Aus dem Nichts braucht man die Neckarstraße wohl nicht mehr zu rekonstruieren, dennoch ist sie kein Ort zum Flanieren. Es sei denn, man gewinnt der Vorstadtsituation einen Reiz ab, wie dies Christine Lehmann in ihrer Krimi-Satire *Training mit dem Tod* (1998) gelingt. Ihre Ich-Erzählerin Lisa Nerz, von Beruf Journalistin wie die Autorin, wohnt dort:

Die Nacht hatte längst die Neckarstraße erobert. Vom Küchenfenster hatte ich den direkten Blick auf den Bunker der Staatsanwaltschaft mit seinen Strahlern, die von der Dachrinne herab die Front beleuchteten. Davor lag die Lichtinsel der Straßenbahnhaltestelle Stöckach.
Die Neckarstraße war eine der Problemzonen Stuttgarts. Hier kam die U-Bahn hoch und nahm mit den Hochbahnsteigen und dem Schienendamm den Fahrbahnen die Luft. Arbeitsamt, Deutsche Verlagsanstalt, Landespolizeidirektion I klotzten alten Wohnzeilen gegenüber, in deren Untergeschossen sich Parfümerien, Autofilialen, Pfennigmärkte und Druckereien anpriesen.

Das im Titel erwähnte Training und der Hauptteil der Handlung spielen allerdings im „Schlachthof", einem „aufgemotzten Fitneßcenter der Stuttgarter Schickeria" in Wangen, aber die Nähe zu Polizei und Staatsanwaltschaft hat im Buch ihre Funktion.

Einen Blick ist das Haus der Deutschen Verlags-Anstalt wert: 1870/71 errichtete Eduard Hallberger (1823–1880) sein Verlagsgebäude als weitläufiges Karree; nach der Zerstörung im Zweiten

Weltkrieg wurde es 1958 neu aufgebaut. Hallbergers 1848 gegründeter Verlag und die fünfzehn Jahre ältere Verlagshandlung seines Vaters Louis (1796–1879) residierten ursprünglich in der Königstraße 5. Der Senior verlegte die Werke bedeutender französischer Schriftsteller, von Carl Spindler und Fürst Pückler-Muskau, Nikolaus Lenau und Karl Julius Weber; der Junior publizierte erst Jugendbücher und die erfolgreichen Zeitschriften *Illustrierte Welt, Über Land und Meer* (von Friedrich Wilhelm Hackländer herausgegeben), später Bücher von Wilhelm Raabe, Wilhelm Busch, Karl Gutzkow, Friedrich Theodor Vischer und Theodor Fontane. 1881 wurden die schon zuvor vereinigten Firmen in die „Deutsche Verlags-Anstalt Aktiengesellschaft" umgewandelt, Mehrheitsaktionär war zwischen 1920 bis 1936 Robert Bosch, seit 1980 sind es die DVA-Stiftung und die FAZ. Unter ihren langjährigen Verlegern Gustav Kilpper und Ulrich Frank-Planitz hat sich der Verlag für Belletristik, Sachbuch und Architektur sowie für Fachzeitschriften einen Namen gemacht; im Lauf der Jahrzehnte erweiterten Firmenübernahmen von Perthes, Rowohlt, Engelhorn, Manesse, Julius Hoffmann und anderen das Programm. 1999 ist der Buchverlag nach München umgesiedelt.

Ursprünglich führte die Neckarstraße vom Charlottenplatz (heute Konrad-Adenauer- und Willy-Brandt-Straße) bis nach Cannstatt; an ihr lagen Wilhelmspalais und Hohe Carlsschule, Bibliothek, Staatsarchiv und Staatsgalerie. Heute beginnt sie am Neckartor und endet vor dem Park der Villa Berg beim Betonblock des Südwestdeutschen Rundfunks. Hier stand ab 1926 die Stuttgarter Stadthalle mit Platz für 10000 Menschen bei Zirkusvorstellungen, Sechs-Tage-Rennen oder anderen Sportveranstaltungen. Und hier trat am 15. Februar 1933 Adolf Hitler auf, dessen Rede in ihrer Funkübertragung sabotiert wurde: das Stuttgarter Kabelattentat.

Mitte der fünfziger Jahre war der Rundfunk noch in provisorischen Gebäuden untergebracht, doch das Programm konnte sich sehen lassen: „Die Genietruppe um Walser, Andersch, Enzensberger und Heißenbüttel war ein Glücksfall für den Stuttgarter Sender" lautet das einhellige Urteil über diese Anfangszeit.

Im März 1955 schloß Alfred Andersch (1914–1980) – zuvor Leiter der Feature-Redaktion im NDR – einen Zweijahresvertrag mit dem SDR, um die Redaktion „Radio-Essay" aufzubauen: monatlich ein großes Feature, ein wöchentliches Nachtprogramm und die Rezensionsreihe „Ein Buch und eine Meinung".

Im ersten Stock eines Holzhauses auf dem Hof des „Süddeutschen Rundfunks" in der Neckarstraße 145 bezog er einen Büroraum, mit der Fensterfront zum Hof. Das Arbeitszimmer ließ sich Andersch zur Überraschung der Rundfunkbeamten nach seinen Wünschen einrichten: mit einer großen Arbeitsplatte und Sitzmöbeln im Bauhaus-Design.

Andersch hatte es gerne gepflegt bis nobel, er war „einer, der im Grunde seines Herzens zu den Smoking=Kulturen tendiert" (Arno Schmidt), und quartierte sich im Mai zuerst im teuren „Hotel Ketterer" in der Marienstraße ein, wechselte dann aber in ein billigeres Zimmer in der Neckarstraße 215a. Er habe noch selten so gut arbeiten können wie in Stuttgart, heißt es in einem Brief vom Sommer 1955 an seine Frau Gisela: „Aber mein Zwischen-Erfolg dort täuscht mich nicht über die Tatsache, daß ich höchstens noch ein paar Jahre so in Deutschland werde arbeiten können. Die Deutschen sind wieder im Vormarsch (‚der Tod ist ein Meister aus Deutschland')."

Andersch verstand es, viele Autoren an den Funk zu binden. „Wir haben an die Literatur geglaubt! Nur deshalb haben wir, ohne uns einen Augenblick zu besinnen, und fast wahllos, Texte gesendet. Ein neuer Text – und das Leben würde sich ändern!" Mit Organisationstalent und Gespür für Qualität machte er die Sendeanstalten zu „Überlebenskassen für schon wieder verrufene Schriftsteller", wie Wolfgang Koeppen bescheinigte:

Andersch war der Magnet, der uns in den Süden zog. Schmidt und ich sprachen Literatur in den schwäbischen Äther. Ein

ziemlich autistisches Treiben. Die Entdeckung der Gertrude Stein für Süddeutschland, eine freundliche Landschaft.
Die Rose blieb eine Rose, blieb eine Rose, eine Rose. Schmidt zog in die alten Zeiten mit Lupe und klopfendem Herzen, kam auf die unsterblichen Dichter, die die Welt tragen. Gespräche in der Gelehrten-Republik hoch über den Wolken. Das Universum war vernünftig nach unerkannten Gesetzen.
Ich reiste „Nach Rußland und anderswohin". Das Radio-Essay rechtfertigte seinen anspruchsvollen Namen. Die Rundfunkhörer nahmen zu an Weisheit und Verstand.

Drei Jahre lang leitete Andersch die Redaktion „Radio-Essay", initiierte Koeppens Reiseberichte und Arno Schmidts eigenwillige Autoren-Archäologie, entdeckte unbekannte junge Schriftsteller wie Günter Grass, Walter Jens und Ingeborg Bachmann, förderte zeitgenössische Komponisten wie Hans Werner Henze und Luigi Nono, machte Sendungen mit Theodor W. Adorno, Eugen Kogon und Max Bense, „mit dem er oft und gern in den Greiner-Stuben in der Königstraße nahe am Bahnhof einen Kaffee trank".

»Es ist eine lockere Streusiedlung, von jenem Volksstamm bewohnt, der sich selbst in zwei Kategorien aufteilt: grob und saugrob.«

ALFRED ANDERSCH

Die meisten Schriftstellernamen tauchen in der gleichzeitig von ihm redigierten Zeitschrift *Texte und Zeichen* auf, und sicher wären ohne den Anreiz des Rundfunks mit seinen vergleichsweise großen Honoraren viele Beiträge für die Literaturzeitschrift nicht geschrieben worden.

Zum 1. Oktober engagierte Andersch Hans Magnus Enzensberger, der bis dahin von Übersetzungen für *Reader's Digest* gelebt hatte, als Redaktionsassistenten für seine Sendereihen. Hellsichtig schätzte er den jungen Mann als „glänzenden Übersetzer, Kritiker und Lyriker" und einen „überaus scharfen Dialektiker". Als Enzensberger wieder wegging, weil er selber schreiben wollte, lernte Andersch Helmut Heißenbüttel kennen, der damals als Lektor und Werbeleiter bei Claassen in Hamburg arbeitete und in Stuttgart bei Bense in der Pieschekstraße Station gemacht hatte. Im April 1957 trat Heißenbüttel (1921–1996) in die Redaktion ein und wurde im Jahr darauf sein Nachfolger.

Der Erfolg, den Andersch mit *Texte und Zeichen* erlebte, wurde ihm auch im Falle des „Radio-Essay" zuteil. Gerade weil er intellektuelle Ansprüche an die Hörer stellte, gehörten Anderschs Sendungen zu den meistgehörten Wortprogrammen. Seine Absicht, nach der langen kulturellen Isolierung im Dritten Reich den geistigen Nachholbedarf durch die Präsentation des Denkens und der Literatur zufriedenzustellen, erfüllte sich – in der Zeitschrift noch mehr als in den Sendungen. Es gelang ihm, die deutsche Literatur zum Ausland zu öffnen und an die internationale Kunstdebatte anzuschließen: neben vielen anderen hat Andersch auch Samuel Beckett für das deutsche Publikum entdeckt.

Ende August 1955 zog Alfred Andersch mit seiner Familie in ein Haus am Killesberg, Grünewaldstraße 34; sein Arbeitszimmer unterm Dach hatte einen schönen Ausblick auf das Feuerbacher Tal. Trotzdem war ihm Stuttgart, noch mehr aber Deutschland, dieses von Adenauer und Alt-Nazis beherrschte Land, auf die Dauer kein Ort zum Leben; außerdem wollte er sich endlich intensiver dem eigenen Schreiben widmen. In Stuttgart entstanden neben seiner Brotarbeit der Roman *Sansibar oder Der letzte Grund* (1957), die Essaysammlung *Geister und Leute* (1958) und das Hörspiel *Fahrerflucht*, in dem der Unfall an der Autobahnausfahrt Stuttgart Nord passiert, bei typischem Klima: „Sechs Uhr morgens / Schon heiß / Stuttgartheiß / Weiße Stuttgarter Hitzebrühe".

Am späten Nachmittag des 5. Juni 1957 eröffnete Max Bense im Württembergischen Kunstverein in Stuttgart eine Ausstellung mit Bildern von Gisela Andersch, zu der eine Schar illustrer Gäste angereist war, darunter Ingeborg Bachmann, Alice und

Arno Schmidt. Hermann Lenz beschreibt in seinem Roman *Ein Fremdling* die Vernissage:

„In der Villa redete bereits Professor Renner, und Eugen hörte ihm vom Raume mit den Bildern der Gattin des Nachtstudio-Chefredakteurs aus zu. Du verstehst kein Wort, weil der Renner für dich zu gescheit ist, aber es macht nichts, dachte Eugen und sah die Bilder an. Die waren klar und kühl gemalt, anders als Renners verwickelte Rede. Den Leuten aber schien der Herr Professor das Richtige gesagt zu haben, denn hernach wurde geklatscht, als rauschte der Nesenbach.
Dann drängten viele Menschen in den Saal herein, und niemand schaute sich nach den Bildern des Werbegrafikers draußen in der Glasdachhalle um. Es war also gut arrangiert, ein Erfolg für die Dame. Ihr Mann neigte sich von seiner Höhe (denn er war hochgewachsen) zu Eugen nieder und reichte ihm seine schwere Pranke. Dann schaute er beiseite. Der von Eugen bewunderte Poet Arno Schmidt stand als stattlicher Mann in rötlicher, abgewetzter Samtjacke mit Reißverschluß vor einem Unterwasserbild und schaute intensiv auf kubisch veränderte Fische. Dann sagte er zu einer stumpig untersetzten Dame: „Da muß man mit der Lupe rangehn."

Weil die *Stuttgarter Zeitung* die Ausstellung mit dem Argument verriß, die Bilder seien für eine Frau zu gefühlsarm, zu „mathematizistisch", witterte Andersch ein Komplott der Stuttgarter Spießer gegen ihn und Bense: das „Spießer-Drecknest" Stuttgart wollte er möglichst schnell hinter sich lassen. Als dann der Luchterhand-Verleger Eduard Reifferscheidt die Zeitschrift *Texte und Zeichen* wegen andauernden Defizits nicht über das Jahr 1957 hinaus publizieren wollte und Andersch mit Otto F. Walter einen Schweizer Verleger für seine eigenen Werke gefunden hatte, plante die Familie den endgültigen Umzug nach Berzona, der im April 1958 stattfand.

Weniger bekannt ist, daß Martin Walser Arno Schmidt schon 1952 ins Stuttgarter Funkhaus einlud, um ihn aus *Brand's Haide* vorlesen zu lassen, und ihn zum Schreiben von Hörspielen veranlaßte. Walser arbeitete von 1949–1957 beim SDR, unter anderem in der Hörspiel-Regie, und er veröffentlichte Texte in Benses Zeitschrift *Augenblick*. In seinem Roman *Brandung* (1985), in dem Studienrat Halm durch einen befristeten Lehrauftrag an einer kalifornischen Universität aus seinem heimischen Schulmief geholt wird, sind das erste und das letzte Kapitel in Stuttgart angesiedelt, zwischen Sillenbuch, Frauenkopf und Rohracker, wohin Halm mit seinem Hund Otto den Eselweg hinabwandert. Walser hat dann aber das Spazieren am Bodensee dem auf den Stuttgarter Höhen vorgezogen.

»Alles, was ich geschrieben habe, ist hier entstanden, ist gefärbt von hier. Für mich ist Stuttgart zum Beispiel eine Spaziergehstadt, schon immer gewesen.«

HELMUT HEISSENBÜTTEL

Helmut Heißenbüttel hat es lange in Stuttgart ausgehalten: Bis 1981 leitete er die Redaktion im SDR, fast alle seine Bücher sind in Stuttgart geschrieben, und hier hatte er mit Klett-Cotta seinen Verlag. Heißenbüttel war ein leidenschaftlicher Spaziergänger, und besonders gern ging er durch die Stadt, wenn die Straßen am Nachmittag „ihre größte Schönheit entfalten", weil die Sonne sie in ihrer Längsrichtung ganz mit Licht füllt und die Hangkuppen „wie eine Fata Morgana über den sich verengenden Häuserzeilen" schweben. Oder er klomm die Staffeln hinauf, für die er alle anderen Bauwerke hingegeben hätte. 1961 formulierte er seine „Eindrücke und Einsichten":

Mich interessieren die Unterschiede, Widersprüche, Kontraste, die ich von Straße zu Straße beobachten kann, mehr als die offiziellen Schönheiten. Man kann die Stadt, wenn man sich Zeit genug nimmt, tatsächlich umrunden wie das Ufer eines Sees. Man kann aber auch diesen „See" durchqueren, Schichten, die die Zeit oder der Zufall oder eine, nicht immer ganz einsichtige, Planung aneinandergefügt haben, durchschneiden. Eins ist mir dabei, wie in keiner anderen Stadt, immer sehr eigentümlich erschienen. Die Höhenordnung der Straßen und Häuserzeilen zeigt nämlich so etwas wie eine soziale Ordnung. Hier ist ein Prinzip deutlich, das alle anderen, ästhetischen oder praktischen Prinzipien übergreift. Im Mittelpunkt ruht mit Schloß, Hauptbahnhof, Landtagsgebäude, dem Theater und dem Geschäftsviertel die öffentliche und überpersönliche Repräsentanz. Was darum herum die Bodenfläche der großen Wanne erfüllt, sind schlichte Wohnbezirke, keineswegs ärmlich oder gar proletarisch, sondern gutbürgerlich. Aber immerhin unterschieden, hier wohnt das „Volk". Jeden Meter hangan wird es besser und vornehmer, ganz gleich, ob die Häuser vor hundert oder vor fünf Jahren gebaut worden sind. Halbhanglage ist sogenannte gute Wohngegend. Als Stadtfremder erreicht man sie nur schwer. Ganz oben aber wird es exklusiv. Da stehen die Häuser durch Vorgärten oder durch hohe Stützmauern von der Straße getrennt. Es gibt nur sehr wenig Läden. Wie von den Zinnen einer Burg blickt der einzelne, der hier, mit Hilfe seines Geldes, seine Einzelheit konservieren kann, auf das Getriebe da unten hinab.

Heißenbüttel selbst wohnte hinterm Berg, im Stadtteil Botnang, dem ehemaligen Wäscherinnendorf, allerdings im feineren „Komponistenviertel", an das sich Friederike Mayröcker gern erinnert: „als wir in Stuttgart gingen/BOTNANG DONIZETTISTRASZE in dieser Stadt die ich immer geliebt habe weil sie hügelig ist und sanft von begabter Natur und die südlichsten Gärten hat und eine atmende Wärme / fluktuierende Schwüle / und ich an seiner Seite ging die steile Hügelstrasze hinauf" …

Warum Heißenbüttel, der immer sagte, ihn hielten nur Berufsgründe, mit Erreichen des Ruhestands Stuttgart sofort verlassen hat? Weil die Stadt von ihm, von seinem Werk keine Kenntnis nahm, keine einladenden Gesten der Regierenden und Mächtigen seiner Leistung Respekt zollten, wie sein Verleger Michael

Klett meint? Oder weil sich der Kreis lebendiger Geister, die man gerne – wie Jahrzehnte zuvor die Architekten-Szene – als „Stuttgarter Schule" bezeichnet, aufzulösen begann?

Unter seinen Mitarbeitern und Kollegen, den gleichaltrigen und den jüngeren, sind bis in die neunziger Jahre hinein jedenfalls auffallend viele Schreibende: Johannes Poethen, Friederike Roth, Manfred Esser, Hans-Peter Breuer, Marlis Gerhardt, Johannes Lehmann, Hans Jürgen Schultz und Ekkehard Rudolph.

Ostheim (um 1900)

Manfred Esser (1938–1995) führt uns in den Stuttgarter Osten, den Stadtteil, dem er in seinem *Ostend-Roman* (1978) ein Denkmal gesetzt hat, wie Döblin dem Berliner Alexanderplatz und Joyce seinem Dublin; ein schmutziges und angekratztes Denkmal allerdings. Er schildert sein Viertel und die darin lebenden Menschen realistisch und kein bißchen beschönigend; geschrieben habe er das Buch, „wenn nicht schon direkt für die Arbeiter, so doch im Interesse der Arbeiterklasse". Es beginnt fast idyllisch:

Die Muster-Kolonie Ostheim mit billigen, gesunden Familien-Wohnungen, erbaut in den Jahren 1891 bis 1901 vom

Verein für das Wohl der arbeitenden Klassen.
Die Kolonie Ostheim umfaßte 383 Baunummern mit 1267 Wohnungen. Lange her; lange mehr. Das Teckplätzle, jetzt zappenduster, liegt immerhin mittendrin – als seis die Wiege des Ostends. Womöglich das tadellos abgebundene Näbelein dieses doch undeutlichen Territoriums. Oder gar, wenns tagt, das Herzkirschenmündchen von einer der Frühreifen, die sehr zeitig ihre Zudecken zurückwerfen, um auf die Minute pünktlich in den Dienst, den Laden, den wilden Betrieb zu kommen, seis bei widrigem Wetter oder angesichts des steigenden Ballons über dem Gaskessel. Dort, wo in Stuttgart noch die Morgensonne, ein vollkommener Wasserstoffreaktor, aufgeht oder der Wind hinweht – den Fabriken entgegen, ostwärts. Die Kokerei fackelt Dampf ab schon im frühen Morgengrauen, und diese starken, von Feuern und Sonne geröteten Signale verfilzen sich mit den Nebeln des Neckartals.

Sein Resümee klingt schrill und polemisch: „Hat Stuttgart, die reichste Großstadt der Welt, einfach keinen Raum für häßliche Vororte? Ersetzt sie durch Tiefe, was ihr an Breite fehlt? Hier werden wir krank und womöglich abkratzen. Und die Armut vernichtet die Freiheit."

Einen anderen Impetus verfolgt der Arzt und Autor Udo Rabsch in seinem etwas später entstandenen „Roman über Liebe, Gewalt und Tod": *Der Hauptmann von Stuttgart* (1981). Schauplatz ist ebenfalls das Quartier zwischen **Ostendplatz** und Gaskessel, und dieser wird zum Objekt einer poetischen Anrede des Hauptmanns zu verschiedenen Tageszeiten:

Und an einem Tag sagte er: du bist wie mit Staub, wie mit Asche bestreut. Stumpf ist deine Haut und nichtglänzend und rauh. Unerfreulich stehst du in windiger Luft.
Und am nächsten Abend, es war schon spät, sagte er endlich, nach langem Zögern: jetzt aber bist du glänzend, wie ein Schuppentier, ein sechsfach gerupptes, wie ein noch nie gekannter Walfisch, der sich aus dem Cannstatter Neckar

hochschiebt und groß und silbergrau ist und prächtig brüllt und der gleich wieder, langsam, langsam, daß er sich nicht verletzt und weh tut, in seine Fluten untertaucht.

Markiert der Gaskessel den tiefsten Punkt von Gaisburg, so das dortige Waldheim (eine Stuttgarter Besonderheit aus den Tagen der Arbeiterbewegung) den höchsten. Auf dem Hügelkamm könnte man bis nach Wangen oder noch weiter laufen und käme zu einem schön, zwischen Obstbaumwiesen am Hang gelegenen Friedhof neben der romanischen Michaelskirche. Hier liegt der Dichter Eugen Gottlob Winkler begraben, der mit 24 Jahren Selbstmord beging.

Geboren 1912 in Zürich, lebte er seit 1915 mit Eltern und Schwester in Stuttgart-Wangen in der Ackerstraße 5 (heute Salacher Straße) und besuchte das Reformrealgymnasium (heute Zeppelin-Gymnasium) in der Neckarstraße. Nach dem Abitur begann er mit dem Studium der Romanistik in München, Paris, Köln und unternahm Reisen nach Italien. In dieser Zeit begann er zu schreiben, eine Prosa, für die er als „Nachfahre Hölderlins" oder „schwäbischer Valéry" bewundert wurde. Ein einschneidendes und folgenreiches Erlebnis war 1933 seine Verhaftung in Tübingen, weil Winkler angeblich ein Stück von einem Wahlplakat abgerissen hatte. Mangels Beweisen wurde er freigesprochen. Doch die Untersuchungshaft, während der er einen Selbstmordversuch unternahm, löste bei ihm Ängste aus, die ihm auch eine psychiatrische Behandlung nicht mehr nehmen konnte. Als ihn Ende Oktober 1936 bei einem nächtlichen Spaziergang vor Thomas Manns Villa in München-Bogenhausen ein Gestapo-Mann ansprach, fürchtete er eine nochmalige Verhaftung, gar Verhöre, und nahm sich am folgenden Tag das Leben. Schon in einer frühen autobiographischen Erzählung Winklers, „Missetat", die Haus und Garten in Wangen zum Schauplatz hat, geht es um das Thema der Bestrafung eines unschuldigen Kindes.

Ein weitgehend unbekannter Ort seiner Stuttgarter Lebenszeit liegt im Stadtteil Ost, in der **Schwarenbergstraße** 98–100. Wo heute eine Licht- und Leuchten-Firma produziert, war damals die Bandagen- und Korsettfabrik von Eugen Scheuing, dem Vater seines Freundes Hans, dahinter ein Garten mit Kirschbäumen und einem Gartenhaus, das noch steht und damals Lokal für den „Club der Harmlosen" war, den die Jungen 1926 gründeten.

1930 schrieb Winkler an den Freund: „Wie ich vermute, sind in eurem Garten nun bald wieder die Kirschen reif, und ich gedenke voll Sehnsucht jenes schönen Abends im Frühling, wie wir vom Zeichnen aus dem Park von Berg in den Garten gingen und dort Kirschen aßen. Überhaupt euer Garten wird zu den schönsten Erinnerungen gehören, die ich an meine Jugend hatte."

Gaisburg

Am nördlichen, dem Talende der Schwarenbergstraße liegt das Karl-Olga-Krankenhaus, in dem im Januar 1963 Franz Jung starb; begraben wurde er auf dem Neuen Friedhof in Degerloch. Nach Stuttgart kam der expressionistische Dichter, Revolutionär und rasende Reporter, der sein abenteuerliches Leben in der Autobiographie *Der Weg nach unten* (1961) beschrieben hat, durch Fernsehdirektor Artur Müller und durch Helmut Heißenbüttel. Jung machte sich – so berichtet Heißenbüttel – Gedanken über die Jugend, wünschte ihr einen gemäßigten, unbeirrbaren Anarchismus „sozusagen des täglichen Lebens, der nicht die Welt verändern oder verbessern will, sondern sich einfach nicht zufriedengibt mit dem, was so ist, wie es ist".

»Nachdenkliches Wesen, viel Talent, aber da stellt sich das T und L um: Talent bleibt latent.«

FRIEDRICH THEODOR VISCHER

Das ist das Stichwort, sich in Richtung Universität zu wenden, entweder gemächlich durch den Schloßgarten spazierend oder mit der Straßenbahn U9 bis zur **Keplerstraße** fahrend. 1864 wurde hier zwischen See- und Alleenstraße das Polytechnikum, die spätere Technische Hochschule errichtet, heute ist in dem Gebäude Keplerstraße 7 das Rektorat der Universität (seit 1967) untergebracht. Ein Jahrhundert früher hat hier Friedrich Theodor Vischer (1807–1887) Vorlesungen über Ästhetik gehalten, die zu seiner besonderen Genugtuung keineswegs nur von Studenten gehört wurden, sondern von „einer bedeutenden Zahl freiwilliger Zuhörer aus verschiedenen Ständen": sogar Frauen waren zugelassen! Jeweils im Dezember hielt er einen öffentlichen Vortrag im Königsbau, an dem das Königspaar und die Spitzen der Gesellschaft teilnahmen: einmal sprach er vor 3000 Menschen über Shakespeare. Begeisterte Äußerungen über seine Stimme, seine Überzeugungskraft sind ebenso überliefert wie Beschreibungen seiner Vorlieben, einen wild wachsenden Bart und einen schwarzen Schlapphut zu tragen. In polemischem Ton hat Vischer sich in vielen Artikeln über die zeitgenössische Mode geäußert und – erst als Achtundvierziger, später deutsch-national ausgerichtet – über Politik. Bekannt wurde er mit seinem Roman *Auch einer* (1878) und darin vor allem durch seine Apotheose des Zufälligen, die „Tücke des Objekts". Dessen Erscheinungsformen ordnen sich hierarchisch, obenan steht der Katarrh, gefolgt von Hühnerauge, klecksender Schreibfeder und vom Ärger mit Hemdknöpfchen. Gestorben ist er – wie zum Beweis für die Existenz alltäglicher Übel – an einer Pilzvergiftung.

Friedrich Theodor Vischer wohnte in einer der ältesten und häßlichsten Mietskasernen Stuttgarts in der Keplerstraße 34 – im Zweiten Weltkrieg zerstört –, ganz in der Nähe des Polytechnikums, dessen Zukunft er sich präzise vorstellte: „Oft wenn ich über die Seewiese gehe, sehe ich als Traumbild ein stattliches Universitätsgebäude vor mir, das mit dem Polytechnikum, der Baugewerkschule, den weiteren akademischen Bauten, zu welchen der schöne Raum noch Platz genug bietet, eine stolze Gruppe bildet". Und er wünschte, daß sich hier Württembergs und Süddeutschlands geistige Kräfte zu einem Mittelpunkt sammeln und ihr Licht in die weite Welt ergießen würden. Die Gegenwart sah er freilich skeptisch: „Kein Zusammenleben, keine Gesellschaft – denn verhockte Wirtshauskreise sind nicht Gesellschaft – kein Gespräch [...], kein geselliges, verbreitetes, Städte durchfliegendes Ventilieren neuer Dinge, die jedermann interessieren. Kein warmes Wort, kein lebendiger Ideenstreit über neue Bücher, Theaterstücke, Kunstwerke, aufregende politische Ereignisse oder Fragen."

Der Lehrstuhl von Vischer, quasi „Säulenheiliger der Fakultät", existiert noch, besessen von den Professoren Fritz Martini (1909–1991) und Heinz Schlaffer unter dem Dach der Neueren Deutschen Literatur. Inzwischen waren zwei Hochhäuser, die Kollegiengebäude I und II, errichtet worden, und die Tiefenhörsäle füllten sich zu festgelegten Wochenterminen mit Studenten und Interessierten aus der Stadt. Hier hielt die unvergessene Käte Hamburger (1896–1992) nach ihrer Rückkehr aus dem schwedischen Exil 1959 Vorlesungen über Heine, Rilke, Thomas Mann und Schiller, den Mittelpunkt ihres wissenschaftlichen Werks, und hier trat Max Bense (1910–1990) auf:

Jeden Montagabend war Bense-Day. Alle Welt traf sich zu seiner Vorlesung in einem ziemlich häßlichen Hörsaal. Keineswegs nur Studenten und Schüler, sondern eine wilde Mischung aller möglichen und unmöglichen Leute aus Kunst und Kommerz, Architektur und Literatur. Auch diverse

schwäbische Unternehmer hielten es für ihre Pflicht, einmal in der Woche dem Klassenfeind zu Füßen zu liegen. Benses Montagsvorlesung zu besuchen war Pflicht und Vergnügen, Salon und Spektakel. [...]
An Max Bense, dem Ordinarius für Philosophie und Wissenschaftstheorie an der Technischen Hochschule, führte in der Tat kein oder kaum ein Weg vorbei. Der Mann mit dem „leichten Gemüt und dem strengen Begriff" (so nennt ihn Friederike Roth in einem ihm gewidmeten Gedicht), der überzeugte Rheinländer und halbe Franzos', war alles in einem: wissenschaftlicher Lehrer, Kultfigur, Enfant terrible und Paradiesvogel. Man stelle sich einmal vor: ein deutscher Hochschullehrer, der mit Vorliebe vom „Ungehorsam der Ideen" sprach, ein Ordinarius, der stolz darauf war, Atheist genannt zu werden, ein Philosoph, der, ohne zu erröten, den Nationalbolschewiken Ernst Niekisch erwähnte, all das fiel aus dem Rahmen, grenzte an Hoch- und Landesverrat und wurde auch so verstanden.
Für die stattliche Anzahl seiner Feinde war Max Bense denn auch Herr Satan persönlich, Scharlatan und politischer Verführer der Jugend. Die Rolle des „Lieblingsfeindes" spielte er freiwillig-unfreiwillig, aber mit Grandezza.

So charakterisiert ihn Marlis Gerhardt, Bense-Schülerin, Autorin und Hörfunk-Redakteurin in einer Erinnerung an die 1968er Zeit. Tatsächlich haben Benses Äußerungen gegen Kirche und Papst, gegen die „metaphysische Barbarei des Christentums und des Bolschewismus" zu Eklats geführt und im Baden-Württembergischen Landtag zweimal, 1961 und 1970, Diskussionen über den „Fall Bense" und die Grenzen der Lehrfreiheit ausgelöst.

Zwanzig Jahre vorher war Elisabeth Walther nach Stuttgart gekommen, um ihre Promotion bei Bense fortzusetzen; sie war ab 1950 seine Assistentin, nach ihrer Habilitation Dozentin und seit 1969 Professorin für Systematische Philosophie. Außerdem betreute sie als Redakteurin die von 1955–1961 erschienene literarisch-philosophische Zeitschrift *Augenblick* und führt bis heute ihren kleinen Verlag „edition rot" für Einzeltexte der experimentellen Literatur mit bisher 61 erschienenen Titeln. Elisabeth Walther erinnert sich an eine lebendige Kulturszene:

Stuttgart hatte eine Technische Hochschule, die sich den Luxus eines Philosophen leistete. An geisteswissenschaftlichen Fächern gab es hier nur Kunstgeschichte und Germanistik. Die räumlichen Verhältnisse waren im zerbombten Stuttgart ungemein beengt. Es gab nur einen einzigen Vorlesungssaal im [inzwischen abgerissenen] Ziegelbau in der Keplerstraße 10. Max Benses Büro war ein Raum von zwei mal zwei Metern. Da gingen grade ein Schreibtisch und ein Regal rein. Doch es begann in dieser Zeit ein sehr reges kulturelles Leben in der Stadt, vom Süddeutschen Rundfunk und vom Südwestfunk wurde schon vieles angebahnt, was dann in den fünfziger und sechziger Jahren eine große Hörergemeinde erreichte.

Auch Max Bense betätigte sich im Rundfunk, aber er gewann seine Zuhörer in der Stadt vor allem durch verschiedene Arbeitskreise des „Studium generale" – in die unter anderen Francis Ponge oder Nathalie Sarraute eingeladen wurden –, durch die „Studiengalerie" im Hahn-Hochhaus, später durch den „Club Voltaire" und die Buchhandlung Niedlich. Das 13stöckige sogenannte „Hahn-Hochhaus" der Volkswagenvertretung, heute Sitz der Landesbausparkasse in der **Friedrichstraße** 10, trägt übrigens eine Tafel, die an Georg Herwegh (1817–1875) erinnert: der Dichter des Vormärz und Kämpfer der 48er Revolution wurde hier geboren.

Benses „Institut für Philosophie und Wissenschaftstheorie" war nach Stationen in der Nachbarschaft – Huberstraße 16 und Schellingstraße 6 – ab 1965 im Hahn-Hochhaus untergebracht. Gewohnt hat Max Bense zuerst in der Pieschekstraße 63 und in der Cannstatter Badbrunnenstraße, ab 1979 zusammen mit Elisabeth Walther-Bense in der Alten Weinsteige 98, wo es im ersten Stock, außerhalb der Wohnung ein „konkretes Zimmer" gab: einen Ausstellungsraum mit allen erdenklichen Gegenständen, die in irgendeinem Zusammenhang zur Konkreten Kunst standen.

Max Bense, nach dem bisher keine Straße, doch immerhin der größte Veranstaltungsraum der Stadtbücherei im Wilhelmspalais benannt wurde, ist im allgemeinen Bewußtsein präsent – anders als es seine Äußerung vermuten läßt: „Daß Stuttgart eines Tages nur ein Ort meiner Füße gewesen sein wird".

Die Bezeichnung „Stuttgarter Schule", die nicht den Kreis seiner akademischen Schüler meinte, sondern eine Gruppe von Schriftstellern, geht auf Manfred Esser zurück und wurde von Ludwig Harig, dem Schriftsteller aus dem Saarland, der häufig auf Stippvisite hereinschaute, in verschiedenen Variationen beschrieben, analog der „Schule von Athen" auf Raffaels Gemälde. Während Max Bense, nicht als einzelne Person wie auf dem Bronzedenkmal, auf das ihn Arno Schmidt in seiner *Gelehrtenrepublik* gestellt hat, sondern als:

Plato und Aristoteles in einer Gestalt, auf höchster Treppenstufe steht, haben alle anderen konkreten Denker und Poeten links und rechts, an Pfeilern und Säulen Position bezogen: Döhl und Gomringer, Franz Mon und Ernst Jandl, Manfred Esser und Helmut Mader, und ich selbst stehe ja auch auf der Treppe, unterhalb von Bense, unmittelbar neben Heißenbüttel, der sich anschickt, einen Heißenbüttel-Diskurs zu führen.

Es sind also keineswegs nur Stuttgarter Koryphäen, die sich hier versammelten: Eugen Gomringer war an der Hochschule für Gestaltung in Ulm beschäftigt; Franz Mon arbeitete als Verlagslektor in Frankfurt; Helmut Mader (1932–1977) aus Waiblingen galt nach seinem Debüt *Lippenstift für die Seele* (1955) als hochgeschätztes lyrisches Talent. 1980 waren ihm die ersten beiden Publikationen der Edition Künstlerhaus gewidmet, die nach dem für alle Sparten offenen Künstlerhaus in der Reuchlinstraße 4b benannt wurden. Der Genius loci setzt sich in jüngster Zeit wieder fort in der Salon-Bar „Zadu", dem Treffpunkt der jüngsten Literatenszene.

Der Wiener Ernst Jandl (1925–2000) war durch Reinhard Döhl nach Stuttgart gekommen, der dessen frühe experimentelle Gedichte in der Anthologie *zwischen-räume* (1963) abdruckte – nachdem Jandl in Österreich für seine ersten Veröffentlichungen von den Medien boykottiert worden war. Im Jahr darauf erschienen *lange gedichte* in der „edition rot". Unvergessen sind außer zahlreichen Auftritten Jandls in Stuttgart seine frühen Radiosendungen in der von Heißenbüttel betreuten Reihe „Autorenmusik", in der er Jazz spielte und seine Poesie rezitierte.

Polytechnikum

Reinhard Döhl, dessen „Apfel"-Gedicht mit Jandls „lechts und rinks" um Platz eins des Bekanntheitsgrades konkurriert, wechselte 1959 – kurz nach einem Skandal um seine *missa profana* – auf Einladung von Max Bense an die Stuttgarter Universität, wo er seit 1967 lehrt. Neben wissenschaftlichen Arbeiten zu Literatur und Kunst hat er Hörspiele produziert, Gedichte und Prosa veröffentlicht, in zahlreichen Ausstellungen seine Collagen, Fotografien, Kalligraphien, Aquarelle, mail-art und vieles mehr gezeigt. Als einer der wenigen seiner Generation hat Döhl sich auch sofort ins Internet gewagt und darin ein „poets cornerle" installiert, einen virtuellen „Stuttgarter Poetenwinkel", der an vergessene, verzogene Autoren erinnert. Allerdings hat Reinhard Döhl sich seit langem mit der hiesigen Literaturszene beschäftigt, in den Botnanger Sudelheften ebenso wie mit seinen *Ansichtssachen & Klerri-juhs aus der kleinen Stuttgarter Versschule* (1985). Darin hat er sie alle, einschließlich sich selbst, despektierlich verewigt, zum Beispiel so:

Johannes Kapnion Reuchlin
hatte schon ein Bäuchlin
als er der Helligkeit verpflichtet
an Dunkelmänner Briefe gerichtet.

Georg Friedrich Wilhelm Hegel
hob es ab mit vollem Segel
und Prisen welche hanfverstärkt
wie man an der Sprache merkt

Reinhard Döhl
Verwandte in Waldbröl
denkt bei Schweinebauer und Wäscherin
manchmal noch an Wekhrlin

Friederike Roth
liebte Tollkirschenkompott
die Hochzeitsgäste kamen kaum mit
beim Wartburgritt

Wendelin Niedlich
Hauptsache man sieht sich
blieb in der Veste
der Fleck auf der Weste

Wendelin Niedlichs Buchladen war über 35 Jahre eine Institution in Stuttgart, um die sich Geschichten und Anekdoten ranken. Meist handeln sie vom Chaos, babylonischen Büchertürmen und verwirrenden Labyrinthen. Der Buchhändler selbst hatte das Problem auf den Punkt gebracht: „Hier finden Sie alles, was Sie nicht suchen! (Und alles, was Sie suchen, ist da)." Wenn man es auch vielleicht nicht fand, fügten Spötter mit langjähriger Sucherfahrung hinzu. Niedlichs Art und Weise, ein Sortiment zu führen, widersprach irgendwann nicht nur den branchenüblichen, sondern vor allem auch betriebswirtschaftlichen Gesetzmäßigkeiten. Lange, aber eben nicht auf Dauer, konnte die geistige Ordnung der materiellen Unordnung Paroli bieten; will heißen, die Begeisterung über die Bücher, die jeden Donnerstag stattfindenden Jour fixe mit Autoren und politisches Engagement überstrahlte Mißmut und Durcheinander. Denn Niedlich hatte eine kulturelle Anlaufstelle geschaffen, ein Forum neuer, linker, experimenteller Literatur und Kunst.

»Er begrüßt mich: ›Tach edler Meister‹, und ich antworte: ›Grüß Gott, sonniger Buchhändler.‹ Ich hoffe, daß es ihn ärgert, wenn ich ›Grüß Gott‹ sage, denn wir provozieren halt einander gern.«

HERMANN LENZ

Begonnen hatte alles 1960 und eher zufällig in Stuttgart – im nachhinein stellte es sich dann doch als richtiger Ort zum richtigen Zeitpunkt heraus –, als Wendelin Niedlich den kleinen Laden in der **Schmalen Straße** 14 mit dem „Bücherdienst" übernahm. Diese Versandbuchhandlung hatte Fritz Eggert (1926–1981) gegründet; ihn hatte die Stadt ursprünglich angeheuert, um aus Stuttgart eine Buchstadt zu machen. Er dachte sich dann zusammen mit den Antiquaren Frieder Kocher-Benzing und Fritz Neidhardt die Antiquariatsmesse aus, die zuerst im Gustav-Siegle-Haus und jetzt schon seit vielen Jahren im Kunstgebäude am Schloßplatz stattfindet.

Schon bald fanden trotz des beengten Raumes Lesungen und Ausstellungen statt, von Helmut Heißenbüttel für die Festschrift *Niedlich 10 Jahre über Wasser* chronologisch protokolliert, hier aus Platzgründen leider auf Namen reduziert: Paul Wunderlich,

Horst Janssen, Josua Reichert, Fritz Ruoff, Hans Bellmer, Ferdinand Kriwet, Rudolf Schoofs, Ernst Fuchs zeigten ihre Arbeiten, Käte Hamburger wurde gefeiert, Max Frisch erhielt Stapel seiner Bücher zum Signieren vorgelegt, Ror Wolf, Gerhard Rühm, Jacov Lind, H. C. Artmann, Peter O. Chotjewitz, Oswald Wiener lasen; die Rixdorfer reisten zum Fußballspielen an, Max Bense und Reinhard Döhl sprachen bei den Vernissagen; man traf sich bei einer Tasse Kaffee und diskutierte. Viele von denen, die am Anfang ihrer Karriere eingeladen waren, kamen immer wieder, obwohl es nie Honorare gab, nur eine sorgsame, individuelle Einführung und die Garantie, auf Polaroid und Kassette dokumentiert zu werden.

Nach dem Umzug in ein größeres Ladengeschäft, Schmale Straße 9, im Sommer 1977 änderte sich wenig: der gleiche rote Teppichboden, die unbequemen dreibeinigen Hocker, die ständig revidierten Veranstaltungsankündigungen, die großen Schriftzüge an den Fenstern („der Buchhändler empfiehlt") und natürlich das Signet: Doppelpunkt Komma Ausrufezeichen Apostroph – Chiffre der Literatur an sich. In den Anfangsjahren war jedes Buch identifizierbar: „Ohne dieses Lesezeichen ist ein Buch nicht von Niedlich". Irgendwann gab er das auf, ebenso den Versuch, der überall wachsenden, Ladentisch, Sessel, Klavier überwuchernden Bücherstapel Herr zu werden. Geblieben war der Anspruch, „kein Simmel, kein Konsalik und nicht unter Böll"; Koch- und Reisebücher nahm Niedlich erst ins Sortiment, als er merkte, daß Linke begeistert kochen und reisen. Im Untergeschoß, dem Friedrich-Wolf-Raum, stand die Kritische Theorie, regalweise die „MEW" (die legendäre blaue Marx-Engels-Werkausgabe), Zeitschriften und all das, was in den hedonistischen achtziger und neunziger Jahren niemand mehr haben wollte.

„Wir halten uns noch", hieß es zum 35jährigen Jubiläum, während ein Jahrzehnt zuvor die Anthologie *Ein Dichteralphabet für eine Buchhandlung* und 1987 zum 60. Geburtstag Niedlichs ein *Festbündel* aus Postkarten mit vielen seiner Gäste und Freunde erschienen waren.

Heute trifft man den Buchhändler Wendelin Niedlich in den

Theatern, dem Kleinen Haus, dem Depot und der tribühne, als Veranstalter von Lesungen etablierter und unbekannter Schriftsteller oder mit Büchertischen. Und in dem Eckgeschäft Schmale Straße/Neue Brücke werden statt Erstausgaben, Kleinverlagsprodukten und bibliophilen Raritäten Wanderausrüstungen verkauft. Helmut Heißenbüttel hätte die für seinen „Spaziergang in Stuttgart" sicher nicht benötigt:

die Zeichen der Bäume erheben sich wie zu Sätzen geordnet auf den Wiesen
und das Panorama der Stadt in pastellenen Tönen breitet sich aus hinter diesen

ein langsam vorübergeschobener Schauer dann macht der Regen
Muster aus Flecken das sich verdichtet im Park auf asphaltierten Wegen

von Halbhanglagen strömt nachmittags Ostergeruch in die Talsohle hinein
während Märzensonne das Tal überquert von Hang zu Hang mit gelbem Schein

Architektur aus Staffeln Stadtlandschaftstreppenarchitektur
Straßen und Jahre die ich mit der Straßenbahn zwei einundzwanzig neun abfuhr

Perspektive der Rotebühlstraße von der Staffel zur Reinsburgstraße aus gesehn
die Karrees des Westens und die spitzen und flachen Ecken von Ostheim richtig zu verstehn

Foto vom Nachmittagsgegenlichtpflaster Nähe Feuersee
Gegend durch die ich über Jahre mich verändert habend verändert geh
talhinab früh im Gegenlicht schwankende Straßenbahnen

plötzlich ist was erreicht nie wurde Unwiederbringliches zu
ahnen

Talabbeleuchtung früh Rotebühlstraße Gewittergußglanz
offen gestellt was gekommen erfüllt nie ganz

Foto die Staffel im Sünder betreffend oder Blick abwärts
Silberweg
Gablenberger Hauptstraße auf und ab Routen denen ich zu fol-
gen pflegte manchmal noch pfleg

im Sünder steigend als Ruth ungefähr fünf gewesen sein muß
Sommerlicht vormittags oberhalb Heslach Gedicht über die
Übung zu sterben und Schluß

des Spätfrühlings einst sich hier überstürzender Triumph
Unzahl ineinander verschlungener Wege vom Abgehn auch
stumpf

Donizettistraße mittlerer Kirchhaldenweg Feuerbacher Tal
Doggenburg Herdweg Berliner Platz
ein aus Straßennamen gebildeter variabel mit Inhalt auszu-
füllender Satz

Waldhinaufblick Chopinstraße abendlich im Schatten
Prospekt dessen was wir konkret entfaltet als Leben hatten

als wir in dieser Stadt ankamen waren die Kinder klein oder
noch nicht geboren
nun sind sie erwachsen und an die Welt wie ich mir siehe
Goethe verloren

Ort der die Kinder erwachsen gemacht hat was bedeutet das für
den Pendler zwischen Villa Berg und Botnang
Arbeitsplatz Arbeitsweg Mittagsgang irgendwo jene Stelle von
der ich mich und dann wieder nicht los schwang

los und nicht los eingebunden ins Vermischte aus Terminen
Ansprüchen Verlockungen Abfällen Kompromissen
Erledigungen und Bildern
zusammengestückt als Erinnerungsabfolge so weit und nicht weiter zu schildern

unterminiert von konkreter Erinnerung Bilanz gemacht
Stadt im Stehen eingeschlafen wie ich nie wieder richtig aufgewacht

Stadt von rückwärts gesehn und unverständlich was einst auf mich zukam
darüber die Spanne Lebens verrann die mir zustand und weder ab noch zu nahm

Winkel Verstecke verschwiegene Stellen Ecken Keller Lokale
unsichtbar in den Stadtplan eingezeichnete Initiale

Flecken von Pflaumenblütenweiß Kirschblütenweiß
Birnblütenweiß Apfelblütenrot
über die Hänge verstreut wo zu anderen Zeiten das Violett des Sommerflieders oder das Karmin des Essigbaumes loht

Arbogast Comes später pendelnd sagen wir Hausmannstraße am Rand des Tals entlang
bewachend diesen wie mit abrupter Hand in den Stuttgarter Stadtplan eingezeichneten Spaziergang

→ Dank

ist vielen zu sagen: Zuallererst Ursula Schleicher-Fahrion vom Kulturamt der Stadt Stuttgart, die dieses Buch für notwendig gehalten, den städtischen Zuschuß bereitgestellt und so die Realisierung überhaupt erst ermöglicht hat.

Natürlich Horst Brandstätter und Jürgen Holwein, deren voluminöser Band *Dichter sehen eine Stadt* seit einem Jahrzehnt nicht nur das Standardwerk über Literatur in Stuttgart und eine unübertroffene Textsammlung ist, sondern auch eine Herausforderung.

Dann Fred Oberhauser, Michael Bienert und Dirk Heißerer, die als Spaziergänger und Spezialisten für literarische Topographie Wege vorgaben und von fern mit Rat zur Seite standen.

Andrea Hahn nicht nur für sorgfältiges und kritisches Lesen, sondern auch – mit Ute Harbusch und Heike Schillo – für den fruchtbaren Austausch. Denn gleichzeitig mit dem Buch sind ihre „wirklichen" Spaziergänge in Stuttgart entstanden.

Vielen Freundinnen und Bekannten, die durch Anregungen und Hinweise, durch Material und Gespräche zum Gelingen beigetragen, die reale und virtuelle Spaziergänge mit mir unternommen oder das Entstehen einfach mit Interesse begleitet haben, namentlich Kerstin Sonnenwald, Usch Pfaffinger, Helmut Engisch, Klaus-Peter Hartmann, Ulrich Keicher, Jens Tismar und Folker Zais.

Immer gebührt Dank den „Marbachern", ohne deren Kataloge, Magazine und Spuren, geschweige denn ohne die immerwährende Unterstützung aus dem Deutschen Literaturarchiv keine literarischen Wegmarken zu setzen wären. Besonders gedankt sei: Michael Davidis, Rudi Kienzle, Gunther Nickel und Thomas Scheuffelen.

Ideal und fast schon selbstverständlich ist die Zusammenarbeit mit Stefanie Röger und Jörg Röttenbacher. Trotzdem sei ihnen für ihr großes Engagement gedankt. Und zuletzt Peter Jakobeit als dem ersten Leser für viel Geduld und Verständnis.

→ Quellennachweis und Literaturverzeichnis (Auswahl)

Autorin und Verlag haben sich bemüht, die zuständigen Lizenzgeber ausfindig zu machen. Dies ist nicht in allen Fällen gelungen. Sofern noch nicht abgegoltene Ansprüche bestehen, werden die entsprechenden Lizenzgeber gebeten, sich mit dem Verlag in Verbindung zu setzen.

Baur und Schubart oder Schieferdecker und Poet. Zwei schwäbische Volks-Originale. Buchhdlg. Johannes Ullrich, Stuttgart 1851 (Unveränderter Nachdruck, Marbacher Buchladen, Marbach a.N. 1978)

Ein altes Verlagshaus mit jungem Geist: Franckh'sche Verlagshandlung W. Keller & Co. Kosmos-Verlag, Stuttgart 1986

Treppauf Treppab in Stuttgart. Stäffeles-Spaziergänge und Verschnaufpausen. Silberburg Verlag, Tübingen 2000

Allgaier, Albert: *Spaziergänge in und um Stuttgart.* Bd. 1. Verlag Stähle + Friedel, Stuttgart 1973

Andersch, Alfred: *Fahrerflucht.* In: *Hörspiele.* Diogenes Verlag, Zürich 1973

Baader, Johannes: *Oberdada. Schriften, Manifeste, Flugblätter, Billets, Werke und Taten.* Hrsg. von Hanne Bergius, Norbert Miller und Karl Riha. Anabas-Verlag, Lahn-Gießen 1977

Bauer, Joe: *Stuttgart – my Cleverly Hills: Geschichten aus der Stadt.* © Konrad Theiss Verlag GmbH, Stuttgart 1998

Bausinger, Hermann: *Ein bißchen unsterblich. Schwäbische Profile.* Bleicher Verlag, Gerlingen 1999

Bayer, Dorothee: *Agnes Günther. Bestsellerautorin aus Hohenlohe.* In: *Frauen im deutschen Südwesten.* Hrsg. von Birgit Knorr und Rosemarie Wehling. Kohlhammer Verlag, Stuttgart 1993

Beckett, Samuel: *ne manquez pas à Stuttgart …* In: *Flötentöne.* Übertr. von Karl Krolow. © Suhrkamp Verlag, Frankfurt am Main 1981

Belzner, Emil: *Die Fahrt in die Revolution oder Jene Reise. Aide-mémoire.* München u.a., 1969. © Emil Belzner

Bendt, Jutta / Fischer, Heinrich: *Friedrich Wilhelm Hackländer.* Dt. Schillergesellschaft, Marbach a.N. 1998 (Marbacher Magazin 81)

Berner, Felix: *Louis und Eduard Hallberger. Die Gründer der Deutschen Verlags-Anstalt.* Sonderdruck Kohlhammer Verlag, Stuttgart 1983

Betten, Lioba: *Jella Lepman. „Gebt uns Bücher – gebt uns Flügel".* In: *Frauen im deutschen Südwesten.* Kohlhammer Verlag, Stuttgart 1993

Bez, Thomas u.a.: *Der Stuttgarter Buchhandel im 20. Jahrhundert.* Eva Hoffmann Verlag, Stuttgart 1997

Blasberg, Cornelia: *Verwirrungen eines Ingenieurs. Robert Musil in Stuttgart 1902–1903.* Dt. Schillergesellschaft, Marbach a.N. 1993 (Spuren 7)

Börne, Ludwig: *Sämtliche Schriften.* Hrsg. von Inge und Peter Rippmann. Joseph Melzer Verlag, Darmstadt 1968

Bosch, Manfred (Hrsg.): *Mit der Setzmaschine in Opposition. Auswahl aus Erich Schairers Sonntagszeitung 1920–1933.* Elster Verlag, Moos & Baden-Baden 1989

Brandstätter, Horst / Holwein, Jürgen (Hrsg.): *Stuttgart – Dichter sehen eine Stadt. Texte und Bilder aus 250 Jahren.* Verlag J.B. Metzler, Stuttgart 1989

Davidis, Michael u.a.: *Konstellationen. Literatur um 1955.* Dt. Schillergesellschaft, Marbach a.N. 1995 (Marbacher Kataloge 48)

Davidis, Michael: *„Das herrliche Bild, das von seiner Höhe ernst herabblickt…". 150 Jahre Schiller-Denkmal in Stuttgart.* Dt. Schillergesellschaft, Marbach a.N. 1989 (Spuren 4)

Delius, Friedrich Christian: *Selbstporträt auf dem Stuttgarter Schloßplatz.* In: *Ein Bankier auf der Flucht.* Rotbuch Verlag, Berlin 1975

Döhl, Reinhard / Ehehalt, Wolfgang: *5 Clerihews* aus *Ansichtssachen & Klerrijuhs aus der kleinen Stuttgarter Versschule.* HSW Verlag, Stuttgart 1985. © Reinhard Döhl

Druckenmüller, Alfred: *Der Buchhandel in Stuttgart seit Erfindung der Buchdruckerkunst bis zur Gegenwart.* J. B. Metzlersche Buchhandlung, Stuttgart 1908

Ehrenburg, Ilja: *Visum der Zeit.* Übers. von Hans Ruoff. Leipzig 1929

Engisch, Helmut: *Bohnenviertel. Streifzüge durch ein Stadtquartier.* H. 1 und 2. Verlag Weinbrenner, Stuttgart 1992 / 93

Ensslin, Gudrun / Vesper, Bernward (Hrsg.): *Gegen den Tod. Stimmen deutscher Schriftsteller gegen die Atombombe.* Studio neue Literatur, Stuttgart 1964 (Reprint. Edition Cordeliers, Stuttgart 1981)

Esser, Manfred: *Ostend-Roman.* © J. G. Cotta'sche Buchhandlung Nachfolger GmbH, Stuttgart 1983

Fiege, Gertrud: *Die Scherenschneiderin Luise Duttenhofer.* Dt. Schillergesellschaft, Marbach a.N. 1979 (Marbacher Magazin 13)

Förschler, Andreas: *Ein Rundgang durch das alte Stuttgart.* Wartberg Verlag, Gudensberg-Gleichen 1999

Friedmann, Herbert: *Kaffee und Kuchen bei Buchmacher Nüssle.* In: *Stuttgarter Schriftstellerhaus Almanach.* Bd. 1. Silberburg Verlag, Stuttgart 1990. © Herbert Friedmann

Fröhlich, Hans: *Die „Widmerin".* In: *Kunst und Künstler in Stuttgart.* Hrsg. von Rudolph Bernhard. © Horst Poller Verlag, Stuttgart 1979

Gahse, Zsuzsanna: *Anstelle eines Ackers.* In: *stuttgart-märchenhaft erzählungen.* Hrsg. von Reiner Brouwer und Matthias Ulrich. Edition Walfisch im Flugasche-Verlag, Stuttgart 1986. © Zsuzsanna Gahse

Gerhardt, Marlis: *Einmal in der Woche dem Klassenfeind zu Füßen.* In: *Der VFB grüßt den tapferen Vietkong. Stuttgart in den 60er Jahren.* Hrsg. von Helmut Böttiger. Flugasche Verlag, Stuttgart 1989. © Marlis Gerhardt

Goes, Albrecht: *Credo.* In: Ulrich Keicher: *Schlummert sanft, ihr modernde Gebeine. Leonberger Literaturgeschichte vom Mittelalter bis heute.* Leonberg 1994 (Beiträge zur Stadtgeschichte 2). © Rose Keßler

Goes, Albrecht: *Stuttgart.* In: *In Baden-Württemberg* 1/1992. G. Braun Buchverlag, Karlsruhe. Mit freundlicher Genehmigung von Rose Keßler, Privatdruck 1991

Goethe, Johann Wolfgang von: *Sämtliche Werke. Briefe, Tagebücher und Gespräche.* 2. Abtlg. Bd. 31: *Mit Schiller.* Tl. 1: *1794–1799.* Hrsg. von Volker Dörr und Norbert Oellers. Deutscher Klassiker Verlag, Frankfurt am Main 1998

Goßens, Peter: *Beckett in Stuttgart 1966–1986.* Dt. Schillergesellschaft, Marbach a.N. 2000 (Spuren 50)

Greiner, Michael / Schoch, Siegfried (Hrsg.): *Stuagerter Ei'gmacht's.* Stieglitz Verlag, Mühlacker 1988

Greven, Jochen: *„Er fährt nach dem Schwabenland". Karl und Robert Walser in Stuttgart.* Dt. Schillergesellschaft, Marbach a.N. 1996 (Spuren 34)

Griesinger, Carl Theodor: *Der Königsstraßenlöwe*. In: *Schwäbische Arche Noah. Eine heitere Charakterkunde*. Hrsg. von Martin Blümcke. K. Theiss Verlag, Stuttgart 1979

Griesinger, Carl Theodor: *Ein Sonntagmorgen in Cannstadt*. In: *Humoristische Bilder aus Schwaben. Sämmtliche belletristische Schriften*. Bd. 3. Verlag der Griesinger'schen Verlags- und Antiquariatshandlung, Stuttgart 1844

Gröper, Reinhard: *„Es ist mir wirklich gelungen, der berühmteste Däne zu werden …". H.C. Andersen zu Besuch in Stuttgart 1855 und 1860*. Dt. Schillergesellschaft, Marbach a.N. 1990 (Spuren 11)

Hahn, Andrea / Fischer, Bernhard: *„Alles … von mir!" Therese Huber (1764–1820), Schriftstellerin und Redakteurin*. Dt. Schillergesellschaft, Marbach a.N. 1993 (Marbacher Magazin 65)

Hahnemann, Gino: *hinter den kulissen*. In: *Akademie Schloß Solitude 1990–1991*. 1. Jahrbuch. © Gino Hahnemann

Harbusch, Ute: *„Die Neckarschlacht". Arthur Rimbaud in Stuttgart (1875)*. Dt. Schillergesellschaft, Marbach a.N. 2000 (Spuren 51)

Harig, Ludwig: *„Ich bin eine Geschichte von jemand"*. In: *Schrift écriture geschrieben gelesen. Für Helmut Heißenbüttel zum 70. Geburtstag*. Hrsg. von Christina Weiss. © J. G. Cotta'sche Buchhandlung Nachfolger GmbH, Stuttgart 1991

Harpprecht, Klaus: *Notizen aus Stuttgart und Umgebung*. In: *Welt-Anschauung. Reisebilder*. © Rowohlt Verlag GmbH, Reinbek bei Hamburg 1991

Hässlin, Johann Jakob (Hrsg.): *Stuttgart*. Prestel Verlag, München 1968

Hauff, Wilhelm: *Werke*. Hrsg. von Bernhard Zeller. Insel Verlag, Frankfurt am Main 1969

Hausenstein, Wilhelm: *Drinnen und Draußen. Ein Tagebuch über Landschaften und Städte, Tiere und Menschen*. Knorr & Hirth, München 1930. © Renée-Marie Parry Hausenstein und Kenneth Croose Parry, Gainesville, Florida

Heine, Heinrich: *Sämtliche Werke. Historisch-kritische Gesamtausgabe*. Hrsg. von Manfred Windfuhr Hoffmann & Campe Verlag, Hamburg 1973–1997

Heißenbüttel, Helmut: *Eindrücke und Einsichten*. In: *Merian Stuttgart*, 14. Jg. H. 2. Februar 1961. © Ida Heißenbüttel

Heißenbüttel, Helmut: *Spaziergang in Stuttgart*. In: *Ödipuskomplex made in Germany. Gelegenheitsgedichte Totentage Landschaften 1965–1980*. © J. G. Cotta'sche Buchhandlung Nachfolger GmbH, Stuttgart 1981

Hesse, Hermann: *Demian. Die Geschichte von Emil Sinclairs Jugend*. © Suhrkamp Verlag, Frankfurt am Main 1966

Hesse, Hermann: Der Auszug aus dem *Brief H. H.s an seine Mutter vom 20. Januar 1893* wurde dem Band *Kindheit und Jugend vor Neunzehnhundert* entnommen. Hrsg. von Ninon Hesse. © Suhrkamp Verlag, Frankfurt am Main 1966

Heuss, Theodor: *Schwabens Hauptstadt*. In: *Von Ort zu Ort*. Das Buch erschien erstmals 1959 beim Wunderlich Verlag, Tübingen / Stuttgart © Deutsche Verlags-Anstalt GmbH, Stuttgart 1984

Hinz, Ottmar: *Wilhelm Hauff mit Selbstzeugnissen und Dokumenten*. Rowohlt Taschenbuchverlag, Reinbek bei Hamburg 1989

Hochreuther, Ina: *„Es scheint mir, als lebte ich nicht ein Leben, sondern viele". In Stuttgart vergessen: Jella Lepman*. In: *Stuttgart für Frauen. Entdeckungen in Geschichte und Gegenwart*. Hrsg. vom Stuttgarter Frauenmuseum. Silberburg Verlag, Stuttgart 1992

Hölderlin, Friedrich: *Stutgard. An Siegfried Schmid*. In: *Sämtliche Werke. Kritische Textausgabe*. Hrsg. von D. E. Sattler. Verlag Roter Stern, Frankfurt am Main 1976

Holzwarth, Georg: *„Bei einem Wirte wundermild". Literarische Gasthäuser in Baden-Württemberg*. Deutsche Verlags-Anstalt, Stuttgart 1990

Huber, Therese: Ms. V.512.161. Nr. 142 *Brief an Paul Usteri, Augsburg 11. September 1826*. Mit freundlicher Genehmigung der Zentralbibliothek Zürich, Handschriftenabteilung

Huby, Felix: *Der Atomkrieg in Weihersbronn*. © Rowohlt Taschenbuch Verlag GmbH, Reinbek bei Hamburg 1977

Jamme, Christoph und Pöggeler, Otto: *„O Fürstin der Heimath! Glükliches Stutgard". Politik, Kultur und Gesellschaft im deutschen Südwesten um 1800*. J. G. Cotta'sche Buchhandlung Nachfolger GmbH, Stuttgart 1988

Joly, Jean-Baptiste: *„sempervivens". Johann Caspar Schiller auf der Solitude*. Dt. Schillergesellschaft, Marbach a.N. 1994 (Spuren 27)

Keicher, Ulrich: *„Dichtung bedeutet für mich Lebensform". Eugen Gottlob Winkler in Stuttgart-Wangen*. Dt. Schillergesellschaft, Marbach a.N. 1990 (Spuren 10)

Kienzle, Michael / Mende, Dirk: *Ludwig Pfau. Ein schwäbischer Radikaler (1821–1894)*. Dt. Schillergesellschaft, Marbach a.N. 1994 (Marbacher Magazin 67)

Kienzle, Michael / Mende, Dirk: *„Her mit dem hellen, gesunden, wohnlichen Eigenheim!" Dr. Friedrich Wolf, Stuttgart, Zeppelinstraße 43*. Dt. Schillergesellschaft, Marbach a.N. 1988 (Spuren 2)

Kienzle, Michael / Mende, Dirk: *„Wollt Ihr den alten Uhland niederreiten?" Wie die 48er Revolution in Stuttgart ausging*. Dt. Schillergesellschaft, Marbach a.N. 1998 (Spuren 44)

Kleinbeck, Jörg: *Eugen Gottlob Winkler ruft zurück – Tangenten, Gestalten und Probleme*. In: *Lokalzeitung Stuttgarter Osten*. Nr. 92. April 1997

Koeppen, Wolfgang: *Gedanken und Gedenken*. In: *Gesammelte Werke*. Bd. 6: *Essays und Rezensionen*. © Suhrkamp Verlag, Frankfurt am Main 1986

König, Gudrun M.: *Eine Kulturgeschichte des Spaziergangs. Spuren einer bürgerlichen Praktik 1780–1850*. Böhlau Verlag, Wien 1996

Kotarski, Carmen: *Spanisches ABC. Gedichte*. © Verlag Reiner Brouwer, Stuttgart 1989

Kreh, Ulrich: *Stuttgart und seine Stäffele*. Silberburg Verlag, Stuttgart 1989

Kuhn, Dorothea: *Cotta und das 19. Jahrhundert. Aus der literarischen Arbeit eines Verlages*. Dt. Schillergesellschaft, Marbach a.N. 1990

Kuhn, Dorothea: *„Tage – wie ich sie in Rom lebte". Goethes Reise durch Schwaben 1779 und 1797*. Dt. Schillergesellschaft, Marbach a.N. 1994 (Spuren 25)

Kunze, Agathe: *Die Sonntags-Zeitung von 1920–1937*. Sonderdruck. o.O. o.J.

Kurz, Hermann: *Schillers Heimatjahre. Die Wanderungen des Heinrich Roller*. Jürgen Schweier Verlag, Kirchheim unter Teck 1986

Kurz, Isolde: *Aus meinem Jugendland*. R. Wunderlich Verlag / Hermann Leins, Tübingen 1918

Kurz, Isolde: *Hermann Kurz. Ein Beitrag zu seiner Lebensgeschichte*. Deutsche Verlags-Anstalt, Stuttgart 1919. © Dieter Kormann

Lehmann, Christine: *Training mit dem Tod*. © Rowohlt Taschenbuch Verlag, Reinbek bei Hamburg 1998

Lenau, Nikolaus: *Schilflieder*. In: *Sämtliche Werke und Briefe*. Hrsg. von Walter Dietze. Insel Verlag, Frankfurt am Main 1971

Lenz, Hermann: *Ein Fremdling*. © Insel Verlag, Frankfurt am Main 1983

Lenz, Hermann: *Erinnerung an Stuttgart*. In: *Zeitlebens. Gedichte 1934–1980*. Münchner Edition. Hrsg. von Heinz Piontek. Franz Schneekluth Verlag, München 1981. © Hanne Lenz

Lenz, Hermann: *Platzmusik* und *Durch Straßen schlendern*. In: *Stuttgart*. Belser Verlag, Stuttgart / Zürich 1983. © Hanne Lenz

Lepman, Jella: *Die Kinderbuchbrücke*. S. Fischer Verlag, Frankfurt am Main 1964. © Internationale Jugendbibliothek, München 1964

Mayröcker, Friederike: *amikables Proëm vom Steinbruch der Worte*. In: *Schrift écriture geschrieben gelesen. Für Helmut Heißenbüttel zum siebzigsten Geburtstag*. Hrsg. von Christina Weiss. J. G. Cotta'sche Buchhandlung Nachfolger GmbH, Stuttgart 1991

Mebs, Gudrun: *Das Schriftstellerhaus heißt Schriftstellerhaus*. In: *Stuttgarter Schriftstellerhaus Almanach*. Bd. 1. Silberburg Verlag, Stuttgart 1990. © Gudrun Mebs

Meyer, Jochen: *Hie Welf! Hie Waiblingen! Wilhelm Raabe in Stuttgart 1862–1870*. Dt. Schillergesellschaft, Marbach a.N. 1981 (Marbacher Magazin 20)

Missenharter, Hermann: *Herzöge, Bürger, Könige. Stuttgarts Geschichte, wie sie nicht im Schulbuch steht*. J. F. Steinkopf Verlag, Stuttgart 1974

Mörike, Eduard: *Sämtliche Werke*. Winkler-Verlag, München 1967

Musil, *Der Mann ohne Eigenschaften* und *Vermächtnis II*. In: *Gesammelte Werke* Bd. 5 und 7. © Rowohlt Verlag GmbH, Reinbek bei Hamburg 1978

Nicolin, Friedrich: *Von Stuttgart nach Berlin. Die Lebensstationen Hegels*. Dt. Schillergesellschaft, Marbach a.N. 1991 (Marbacher Magazin 56)

Oberhauser, Fred und Gabriele: *Literarischer Führer durch Deutschland. Ein Insel-Reiselexikon für die Bundesrepublik Deutschland und Berlin*. Insel Verlag, Frankfurt am Main 1983

Ophüls, Max: *Spiel im Dasein. Eine Rückblende*. Henry Goverts Verlag, Stuttgart 1959

Ortheil, Hanns-Josef: *Blauer Weg*. © Piper Verlag GmbH, München 1996

Pfäfflin, Friedrich / Dambacher, Eva: *Friedrich Schiller*. Dt. Schillergesellschaft, Marbach a.N. 1980 (Marbacher Kataloge 32)

Pfäfflin, Friedrich / Renz Irina / Scheuffelen, Thomas: *Literarische Museen und Gedenkstätten in Baden-Württemberg*. Dt. Schillergesellschaft, Marbach a.N. 1991

Pfäfflin, Friedrich und Waltraud / Dickenberger, Udo: *Der Stuttgarter Hoppenlau-Friedhof als literarisches Denkmal*. Dt. Schillergesellschaft, Marbach a.N. 1991 (Marbacher Magazin 59)

Pfäfflin, Friedrich: *Wilhelm Hauff (1802–1827)*. Dt. Schillergesellschaft, Marbach a.N. 1981 (Marbacher Magazin 18)

Pfisterer, Helmut: *Die Oase*. In: *Stuttgarter Schriftstellerhaus Almanach*. Bd. 2. Silberburg Verlag, Tübingen 1991. © Helmut Pfisterer

Politycki, Matthias: *Was aber bleibet, stiften die Wirte*. In: *Stuttgarter Zeitung (Feuilleton)* vom 20. März 1991. © Matthias Politycki

Politycki, Matthias: *Weiberroman*. © Luchterhand Literaturverlag GmbH, München 1997

Raabe, Wilhelm: *Sämtliche Werke*. Im Auftrag der Braunschweigischen Gesellschaft hrsg. von Karl Hoppe. Vandenhoeck & Ruprecht, Göttingen 1970

Rabsch, Udo: *Der Hauptmann von Stuttgart. Ein Roman über Liebe, Gewalt und Tod*. © Konkursbuch Verlag, Stuttgart/Tübingen 1981

Reinhardt, Stephan: *Alfred Andersch. Eine Biographie*. © Diogenes Verlag AG, Zürich 1990

Riepl-Schmidt, Maja: *Wider das verkochte und verbügelte Leben. Frauen-Emanzipation in Stuttgart seit 1800*. Silberburg Verlag, Stuttgart 1990

Ringelnatz, Joachim: *Stuttgart*. In: *Gedichte. Das Gesamtwerk in sieben Bänden*. Hrsg. von Walter Pape. Henssel Verlag, Berlin 1985. © Diogenes Verlag AG, Zürich 1994

Roi-Frey, Karin de la: *Frauenleben im Biedermeier. Berühmte Besucherinnen bei Justinus Kerner in Weinsberg*. DRW Verlag, Leinfelden-Echterdingen 1998

Römer, Gerhard: *Bücher, Stifter, Bibliotheken. Buchkultur zwischen Neckar und Bodensee*. W. Kohlhammer Verlag, Stuttgart 1997

Sauer, Paul: *Geschichte der Stadt Stuttgart*. Bd. 3. Verlag W. Kohlhammer, Stuttgart 1995

Scheffler, Walter / Bergold, Albrecht: *Ludwig Uhland 1787–1862. Dichter, Germanist, Politiker*. Dt. Schillergesellschaft, Marbach a.N. 1897 (Marbacher Magazin 42)

Scheffler, Walter: *Lenau in Schwaben. Eine Dokumentation in Bildern*. Dt. Schillergesellschaft, Marbach a.N. 1977 (Marbacher Magazin 5)

Scheuffelen, Thomas: *Alfred Andersch, „Texte und Zeichen"*. Dt. Schillergesellschaft, Marbach a.N. 1980 (Marbacher Magazin 17)

Scheuffelen, Thomas: *Berthold Auerbach 1812–1882*. Dt. Schillergesellschaft, Marbach a.N. 1985 (Marbacher Magazin 36)

Schiller, Friedrich: *Erste Karlsschulrede zum Geburtstag der Herzogin Franziska*. Mit einem Nachwort von Rudi Kienzle. Schillerverein Marbach a.N. 1993 (Widerdrucke 2)

Schiller, Friedrich: *Schillers Werke. Nationalausgabe*. Hrsg. von Georg Kurscheidt und Norbert Oellers. Verlag Hermann Böhlaus Nachfolger, Weimar 1940 ff.

Schlaffer, Heinz / Mende, Dirk: *Friedrich Theodor Vischer 1808–1887*. Dt. Schillergesellschaft, Marbach am Necker 1987 (Marbacher Magazin 44)

Schlichter, Rudolf: *Stuttgart*. In: *Drohende Katastrophe. Gedichte 1931–1936*. Hrsg. von Dirk Heißerer. Verlag Ulrich Keicher, Warmbronn 1997

Schmid, Manfred: *250 000 Jahre Cannstatter Geschichte*. J. G. Cotta'sche Buchhandlung Nachfolger GmbH, Stuttgart 1996

Schmid, Manfred: *Stadtgeschichte(n) im Tagblatt-Turm*. Ein Begleitbuch zur ständigen Ausstellung des Stadtarchivs Stuttgart. J. G. Cotta'sche Buchhandlung Nachfolger GmbH, Stuttgart 1995

Schubart, F. C. D.: *Werke in einem Band*. Aufbau Verlag, Weimar 1959

Schukraft, Harald (Hrsg.): *Stuttgarter Indiskretionen ausgeplaudert von A.K. Eine Schrift aus dem Jahr 1892*. Silberburg Verlag, Stuttgart 1986

Schukraft, Harald: *Stuttgart. Ein verlorenes Stadtbild*. Wartberg Verlag, Gudensberg-Gleichen 1999

Schukraft, Harald: *Stuttgarter Straßengeschichte(n)*. Silberburg Verlag, Stuttgart 1986

Schumacher, Tony: *Wohnung suchen und richtiges Finden.* In: *Spaziergänge ins Alltagsleben. Plaudereien.* Deutsche Verlags-Anstalt GmbH, Stuttgart 1902

Selbmann, Rolf: *Dichterdenkmäler in Deutschland. Literaturgeschichte in Erz und Stein.* J. B. Metzler Verlag, Stuttgart 1988

Serner, Walter: *Das Zéro.* In: *Der Pfiff um die Ecke. Das Gesamtwerk.* Bd. 5. Hrsg. von Thomas Milch. © Verlag Klaus G. Renner, München 1979

Simon, Hans-Ulrich: *Mörike-Häuser. Wohnen in Stuttgart zwischen 1851 und 1875.* J. G. Cotta'sche Buchhandlung Nachfolger GmbH, Stuttgart 1996

Skrentny, Werner u.a. (Hrsg.): *Stuttgart zu Fuß. 18 Stadtteilrundgänge durch Geschichte und Gegenwart.* VSA-Verlag, Hamburg 1988

Steiner, Katharina (Hrsg.): *Kleine Bettlektüre für gscheite Stuttgarter.* Scherz Verlag, o.O. o.J.

Steinfest, Heinrich: *Der Stern von Stuttgart.* Unveröffentlichtes Manuskript. Erscheint im Frühjahr 2001 unter dem Titel *Der Mann, der den Flug der Kugel kreuzte* im Verlag Bastei Lübbe. © Heinrich Steinfest

Ströhmfeld, Gustav: *Kleiner Führer durch Groß-Stuttgart.* Hrsg. vom Verein für Fremdenverkehr. J. B. Metzler Verlag, Stuttgart o.J.

Stuttgarter Frauenmuseum e.V.: Stuttgart für Frauen. *Entdeckungen in Geschichte und Gegenwart.* Silberburg Verlag, Stuttgart 1992

Taschau, Hannelies: *Das kleinste Land in uns oder Eröffnung Stuttgarts.* Verlag Ulrich Keicher, Warmbronn 1992. © Hannelies Taschau

Troll, Thaddäus: *Jugendtage in Cannstatt.* In: *Cannstatter Zeiten (… unsere Stadt zu ehren).* Hrsg. von Hans Otto Stroheker. © Horst Poller Verlag, Stuttgart 1979

Troll, Thaddäus: *Wir Cannstatter.* In: *Almanach für Bad Cannstatt auf das Jahr 1955.* Hrsg. von G. Ad. Stehn. Stehn's Verlagsbuchhandlung, Stuttgart 1955. © Susanne Bayer-Ulrici

Volke, Werner: *Hölderlin.* Dt. Schillergesellschaft, Marbach a N. 1980 (Marbacher Kataloge 33)

Vring, Georg von der: *Die Verlassenheit der Wälder.* In: *Die Lieder des Georg von der Vring. 1906–1956.* Albert Langen / Georg Müller Verlag, München 1956

Waiblinger, Wilhelm: *Werke und Briefe.* J. G. Cotta'sche Buchhandlung Nachfolger GmbH, Stuttgart 1980–1985

Wais, Gustav: *Alt-Stuttgarts Bauten im Bild.* Deutsche Verlags-Anstalt, Stuttgart 1951

Wais, Gustav: *Stuttgarts Kunst- und Kulturdenkmale.* Kohlhammer Verlag, Stuttgart 1954

Walser, Martin: *Brandung.* Roman. Suhrkamp Verlag, Frankfurt am Main 1985

Walser, Robert: *Die Brüder* und *Wenzel.* In: *Das Gesamtwerk.* Bd. 1 und 2. © Suhrkamp Verlag, Frankfurt am Main 1978. Mit Genehmigung der Inhaberin der Rechte, der Carl-Seelig-Stiftung, Zürich

Walter, Eva / Pfündel, Thomas: *Die Stuttgarter Straßennamen.* Silberburg Verlag 1992

Walter, Harry: *„… nur ein Ort meiner Füße". Max Bense in Stuttgart.* Dt. Schillergesellschaft, Marbach a.N. 1994 (Spuren 28)

Walther-Bense, Elisabeth: *Wie sind Sie Philosophin geworden?* Interview mit Harry Walter. In: *Literaturblatt.* 5 / 1994. © Elisabeth Walther-Bense

Wiedermann, Fritz: *Bubenbad und Affenwerner. Wirtshäuser im alten Stuttgart.* Silberburg Verlag, Stuttgart 1987

Wildermuth, Ottilie: *Ottilie Wildermuths Leben. Nach eigenen Aufzeichnungen zusammengestellt.* Kröner, Stuttgart 1888

Wildermuth, Ottilie: *Verehrte Freundin! Wo sind Sie? Justinus Kerners Briefwechsel mit Ottilie Wildermuth 1853–1862.* Hrsg. von Rosemarie Wildermuth. Lithos Verlag, Stuttgart 1996

Winkler, Eugen Gottlob: *Missetat.* In: *Die Erkundung der Linie. Erzählung, Aufsatz, Gedicht.* Verlag Reclam, Leipzig 1993

Wolf, Friedrich: *Die Jahre in Stuttgart.* Zit. n.: Kienzle, Michael / Mende, Dirk: *„Her mit dem hellen, gesunden, wohnlichen Eigenheim!" Dr. Friedrich Wolf, Stuttgart, Zeppelinstraße 43.* Dt. Schillergesellschaft, Marbach a.N. 1988 (Spuren 2). © Markus Wolf

Woltmann, Johanna: *Gertrud Kolmar 1894–1943.* Dt. Schillergesellschaft, Marbach a.N. 1993 (Marbacher Magazin 63)

Zeller, Bernhard / Scheffler, Walter / Simon, Hans-Ulrich (Hrsg.): *Mörike. Gedenkausstellung zum 100. Todestag.* Dt. Schillergesellschaft, Marbach a.N. 1975 (Katalog 25)

Zeller, Bernhard / Scheffler, Walter: *Literatur im deutschen Südwesten.* Konrad Theiss Verlag, Stuttgart 1987

Zeller, Bernhard und Margrit (Hrsg.): *Städte in alter Zeit. Eine literarisch-historische Reise durch Baden und Württemberg. Mit zahlreichen zeitgenössischen Ansichten.* J. B. Metzler Verlag, Stuttgart 1990

→ Bildnachweis

Thomas Pfündel, Stuttgart: Umschlag
Stadtarchiv Stuttgart: S. 10, 19, 94, 97, 98, 105, 116, 121, 148, 171, 183, 189, 191, 196, 210, 213, 219
Haus der Geschichte Baden-Württemberg, Slg. Metz: S. 15, 142
Schaller: S. 22, 91, 149
Landesbildstelle Württemberg: S. 30, 50, 67, 126, 152, 178,
Deutsches Literaturarchiv, Marbach am Neckar: S. 34, 37, 60, 64, 69, 166,
Gustav Wais, Stuttgart: S. 72
Stadtarchiv Braunschweig (H III 10: 1. Nr. 49a): S. 79
Württembergische Landesbibliothek, Stuttgart (Code. Hist. Qt. 327, 8a, 64): S. 87
Eleonore Hacklaender, Wien (Aquarell von H. Herdtle in Familienbesitz): S. 146
Bernd Hoffmann, Marbach a.N.: S. 186
Irene Ferchl, Gerlingen: S. 200

→ Ausstellungen und Öffnungszeiten

Stadtgeschichte(n) im Tagblatt-Turm. Eberhardstraße 61E (bis Ende 2000)
Öffnungszeiten: Mo und Mi 10–17.30 Uhr, Sa 10–16 Uhr

Stadtmuseum Bad Cannstatt in der Klösterle Scheuer, Marktstraße 71/1
Öffnungszeiten: Mi 14–16 Uhr, Sa 10–13 Uhr, So 10–16 Uhr

Städtisches Lapidarium, Mörikestraße 24/1
Öffnungszeiten: Mi, Sa, So 14–17 Uhr (im Sommerhalbjahr)

Hegelhaus, Eberhardstraße 53
Öffnungszeiten: Di und Fr 10–17.30 Uhr, Do 10–18.30 Uhr

Stadtbücherei im Wilhelmspalais, Konrad-Adenauer-Straße 2
mit Stuttgarter Literaturszene und Mörike-Kabinett
Öffnungszeiten: Mo–Fr 11–19 Uhr, Sa 10–16 Uhr

Württembergische Landesbibliothek, Konrad-Adenauer-Straße 8
Öffnungszeiten: Mo–Fr 8–20 Uhr, Sa 9–13 Uhr

Schiller-Nationalmuseum, Schillerhöhe 8–10, Marbach am Neckar
Öffnungszeiten: täglich 9–17 Uhr

Warum nur zu Hause allein im Sessel lesen ...

... wenn man gemeinsam an den Originalschauplätzen auf Spurensuche gehen kann. Geführt werden Sie zu festen Terminen oder nach Absprache in Gruppen ab fünf Personen von den Literaturwissenschaftlerinnen Andrea Hahn, Ute Harbusch und Heike Schillo.

Das Programm:

„Ein Paradies – nur ohne Engel". Das literarische Stuttgart um 1800

„Ein Litteraturleben im besten Sinne". Das literarische Stuttgart um 1860

„Geistig zerklüftete Landschaft der Nachkriegsära". Das literarische Stuttgart um 1945

„En passant und Avanti – Kommen und Gehen". Internationale Literaten zu Besuch in Stuttgart

„Es muß nicht immer Schiller sein". Literatur-Spaziergang durch Marbach am Neckar

„Zwei Teufelsweiber, ein Philosoph und ein verrückter Dichter im Schwäbischen Wald". Literaturspaziergang durch Murrhardt

„Die Konstellation war glücklich". Literatur-Exkursion nach Frankfurt am Main und Winkel am Rhein

Näheres bei der Geschäftsstelle der „Literatur-Spaziergänge Hahn & Schillo", Mainzer Str. 42, 71672 Marbach am Neckar. Tel. 07144 / 84 12 16, Fax 07144 / 84 12 17, Email LitSpaz@aol.com. und Internet http://members.aol.com/LitSpaz/Info.html. Hier erhalten Sie auch den aktuellen Prospekt.

→ Register der wichtigsten Personen, Buchhandlungen und Verlage

A. K. 23
Ackermann, Max 27, 150
Altenberg, Peter 18
Améry, Jean 8, 82,
Andersch, Alfred 7, 13, 203, 204, 205, 206, 207
Andersch, Gisela 204, 206, 207
Andersen, Hans Christian 18, 19, 145
Auerbach, Berthold 41, 110, 112, 122, 123

Baader, Johannes 184, 185
Bachmann, Ingeborg 205, 206
Balzac, Honoré de 112, 113
Bauer, Joe 161
Baumeister, Willi 14, 142, 143, 150
Baur, Leopold 31, 124
Bausinger, Hermann 31, 130
Beckett, Samuel 9, 201, 202, 206
Belzner, Emil 174, 175
Bense, Max 156, 205, 206, 207, 208, 215, 216, 217, 218, 222
Biedrzynski, Effi 143
Birch-Pfeiffer, Charlotte 41
Bloch, Ernst 26
Boisserée, Sulpiz und Melchior 17, 51
Bonatz, Paul 193, 194, 195
Börne, Ludwig 8, 47, 49, 50, 55, 61, 68, 121
Bosch, Robert 102, 134, 147, 185, 203
Brenz, Johannes 50, 52
Brodhag, Johann 32, 70
Brunnow, Marie von 24, 82, 83
Buchhandlung Wittwer 19

Carl Eugen, Herzog 23, 26, 27, 31, 35, 36, 37, 38, 39, 124, 149
Casanova, Giacomo Girolamo 27
Celan, Paul 198
Chopin, Frédéric 47, 48, 113
Chotjewitz, Peter O. 128, 156, 222
Cotta, Johann Friedrich, 7, 17, 20, 47, 48, 50, 51, 53, 54, 55, 56, 57, 59, 62, 101, 129, 144, 168, 186

Dannecker, Johann Heinrich 43, 50, 51, 52
Delius, Friedrich Christian 25
Deutsche Verlags-Anstalt 139, 202, 203
Dietz, Johann Heinrich Wilhelm 27, 134, 174
Dingelstedt, Franz 45, 84
Döhl, Reinhard 9, 128, 218, 219, 220, 222
Droste-Hülshoff, Annette von 55, 100
Duttenhofer, Luise 21, 63, 186

Eberle, Josef (Pseud. Sebastian Blau) 52, 182
Eggert, Fritz 163, 221
Ehrenburg, Ilja 192
Ehrmann, Marianne geb. von Brentano 129
Engisch, Helmut 161
Ensslin, Gudrun 114
Enzensberger, Hans Magnus 203, 205, 206
Esser, Manfred 156, 210, 218,

Franckh, Friedrich und Gottlob 17, 74, 135, 167, 186
Freiligrath, Ferdinand 7, 54, 84, 101, 107, 110, 112, 123, 144, 145
Fried, Erich 159
Friedmann, Herbert 28
Friedrich, König von Württemberg 14, 25, 43, 47
Frischlin, Nicodemus 26, 28
Fröhlich, Hans 156
Fuchs, Karlheinz 163
Fürst, Max 26

Gahse, Zsuzsanna 172
Ganzhorn, Wilhelm 114, 123
Geiger-Gog, Anni (Pseud. Hanne Menken) 27
Georgii, Eberhard Friedrich von 74, 93
Gerhardt, Marlis 210, 216
Gerok, Karl 9, 101, 141
Goes, Albrecht 101, 102, 143, 197
Goethe, Johann Wolfgang von 8, 24, 25, 35, 37, 41, 42, 43, 50, 51, 54, 63, 68, 69, 96, 98, 140, 168, 224
Goldt, Max 8
Griesinger, Carl Theodor 16, 114, 115, 117, 121
Grosche, Hildegard 138
Günther, Agnes geb. Breuning 130

Hackländer, Friedrich Wilhelm 13, 25, 78, 84, 101, 130, 140, 143, 144, 145, 146, 147, 203
Hahnemann, Gino 70
Hallberger, Eduard und Luis 17, 84, 139, 145, 202, 203
Hamburger, Käte 8, 215, 222
Handke, Peter 8, 198
Harbusch, Ute 184

Harpprecht, Klaus 14, 35, 36, 138
Härtling, Peter 9, 74
Hartmann, August und Mariette von 48, 62, 63, 168, 186
Hartmann, Johann Georg 63
Hauff, Hermann 18, 78, 165, 186
Hauff, Wilhelm 30, 47, 54, 59, 60, 63, 135, 165, 166, 167, 168, 186
Haug, Johann Christoph Friedrich 63, 168, 186
Hausenstein, Wilhelm 107
Hebbel, Friedrich 9, 114
Hegel, Christiane 32
Hegel, Georg Wilhelm Friedrich 7, 32, 33, 102, 220
Heine, Heinrich 20, 55, 56, 59, 119, 120, 138, 139, 176
Heinrich von Sachsenheim 50
Heißenbüttel, Helmut 8, 15, 81, 150, 204, 206, 208, 209, 213, 218, 219, 221, 223
Herrmann, Lilo 26
Herwegh, Gustav 7, 30, 217
Hesse, Hermann 105, 110, 111, 117, 118, 119, 120, 196
Heuss, Theodor 7, 180
Hoffmann, Carl 18, 77
Hohnecker, Martin 163
Hölderlin, Friedrich 11, 12, 13, 31, 54, 59, 140, 160, 212
Holwein, Jürgen 187
Horkheimer, Max 185
Huber, Ludwig Ferdinand 53, 62
Huber, Therese 9, 48, 55, 56, 60, 61, 62, 63, 100
Huby, Felix (d.i. Eberhard Hungerbühler) 136, 137, 162
Humboldt, Alexander von 9, 54
Humboldt, Wilhelm von 31, 54

Ifland, Fritz und Margarete, 143

Jandl, Ernst 218, 219
Jean Paul (d.i. Johann Paul Friedrich Richter) 8, 47, 48, 49, 54, 58, 61, 63
Jung, Franz 213

Kapff, Ernst 105, 120
Karl, Kronprinz und König von Württemberg 100, 144, 214
Kästner, Erich 148
Katharina, Königin von Württemberg 51, 63, 97, 160
Kerner, Friederike 59
Kerner, Justinus 20, 54, 59, 61, 67, 68, 73, 95, 114, 131, 132, 145
Kerner, Theobald 84, 114
Klett, Michael 209
Klett-Cotta 77, 81, 82
Klinckerfuß, Margarethe 187
Koeppen, Wolfgang 204, 205
Kolmar, Gertrud 192
Kommerell, Max 123
Kossuth, Joseph 33
Kotarski, Carmen 125
Krabbe, Adolph 78, 145
Kröner, Adolf 57, 84, 138, 145, 147
Kurz, Hermann 44, 59, 70, 82, 83, 86
Kurz, Isolde 24, 29, 82, 83, 96

Lämmle, August 123
Landauer, Christian 12
Ledig-Rowohlt, Heinrich Maria 148
Lehmann, Christine 202
Leibniz, Gottfried Wilhelm von 106
Lenau, Nikolaus (d.i. Niembsch Edler von Strehlenau) 8, 25, 59, 64, 65, 66, 67, 80, 203
Lenin, Wladimir Iljitsch 134, 156, 174, 175
Lenz, Hermann 7, 13, 18, 23, 24, 47, 96, 110, 111, 139, 143, 162, 177, 178, 197, 198, 207, 221
Lepman, Jella geb. Lehmann (Pseud. Katherine Thomas) 180, 181, 182
Lindemanns Buchhandlung 51
Luxemburg, Rosa 134, 135, 162

Mader, Helmut 156, 218
Mann, Thomas 41, 212, 215
Martini, Fritz 215
Marx, Leopold 111, 112
Matthisson, Friedrich von 48, 63
Mayer, Karl, 20, 63
Mayröcker, Friederike 209
Mebs, Gudrun 164
Menzel, Wolfgang 18, 55, 78, 186
Merian, Matthäus 105
Metzler, J.B. Verlagsbuchhandlung 58, 138, 167
Mörike, Eduard 44, 52, 59, 73, 74, 75, 76, 77, 81, 85, 86, 87, 88, 89, 90, 92, 93, 94, 95, 96, 97, 98, 99, 100, 101, 102, 196
Mörike, Klara 75, 81, 86, 88, 101
Mörike, Margarethe geb. Speeth 75, 76, 77, 81, 86, 88, 89, 92, 101
Musil, Robert 150, 151

Niedlich, Wendelin 155, 177, 200, 217, 220, 221, 222
Nietzsche, Friedrich 13

Ophüls, Max 8, 40, 41
Ortheil, Hanns-Josef 12
Osiandersche Buchhandlung 21

Paulus, Eduard 16, 73, 75
Pfaffinger, Usch 165
Pfäfflin, Friedrich und Waltraud, 186
Pfau, Ludwig 179
Pfisterer, Helmut 164
Pischl, Julius Buchhandlung 161
Poethen, Johannes 128, 163, 210
Politycki, Matthias 153, 156

Raabe, Bertha geb. Leiste 78, 79, 84
Raabe, Wilhelm 7, 9, 78, 79, 80, 83, 84, 85, 86, 99, 159, 203
Rabsch, Udo 211
Rapp, Gottlob Heinrich 43, 50, 51, 52, 186
Reichert, Willy 192
Reinbeck, Emilie geb. Hartmann 48, 62, 64, 65, 66, 186
Reinbeck, Georg 48, 62, 64, 160, 186
Reuchlin, Johannes 157, 158, 220
Rimbaud, Arthur 183, 184
Ringelnatz, Joachim (d.i. Hans Bötticher) 8, 188, 189, 191
Rommel, Manfred 30
Roth, Friederike 210, 216, 220

Schairer, Erich 52, 182, 195
Schelling, Friedrich Wilhelm Joseph 54, 94
Schiller, Charlotte 43, 51
Schiller, Friedrich 7, 19, 32, 35, 37, 38, 39, 41, 43, 44, 45, 46, 50, 51, 53, 54, 60, 63, 68, 69, 70, 102, 141, 159, 162, 168, 190
Schiller, Johann Caspar 63
Schlichter, Rudolf 17
Schmidt, Arno 204, 205, 207
Schubart, Christian Friedrich Daniel 31, 32, 36, 63, 124, 186
Schukraft, Harald 23, 138
Schumacher, Tony geb. von Baur-Breitenfeld 101, 131, 132, 133, 139
Schwab, Gustav 7, 13, 20, 45, 54, 58, 59, 64, 73, 95, 160, 168, 186
Schwab, Sophie 59, 186
Schwitters, Kurt 195, 196
Serner, Walter 187
Simon, Hans-Ulrich 87, 90
Spemann, Wilhelm von 38, 138
Stäudlin, Gotthold Friedrich 31
Steinfest, Heinrich 128
Steinkopf, Verlag und Buchhandlung 81, 86, 130
Storm, Theodor 80, 89, 92
Suckow, Emma von (Pseud. Niendorf) 67

Taschau, Hannelies 164
Thienemann Verlag 134
Thoma, Ludwig 162, 183
Thorvaldsen, Bertel 19, 38, 44, 45, 47
Troll, Thaddäus (d.i. Hans Bayer) 9, 107, 108, 109, 114, 143, 163
Turgenjew, Iwan 95, 96

Uhland, Emilie geb. Vischer 20
Uhland, Ludwig 20, 21, 54, 73, 85, 95, 125, 131, 168, 176
Verlaine, Paul 176, 183, 184, 197
Vischer, Friedrich Theodor 7, 85, 99, 101, 203, 214, 215
Vring, Georg von der 13, 196, 197, 198

Wagner, Christian 9, 13, 185, 196
Wagner, Richard 18
Waiblinger, Wilhelm 59, 135, 159, 160
Walser, Karl 175, 176, 177
Walser, Martin 203, 207, 208
Walser, Robert 40, 175, 176, 177
Walther-Bense, Elisabeth 216, 217
Weber, Carl Maria von 178
Weber, Karl Julius 106, 203
Weckherlin, Wilhelm Ludwig 7
Weise's Hofbuchhandlung 18
Wildermuth, Ottilie 67, 68, 145, 147
Wilhelm I., König von Württemberg 24, 58, 100, 106, 113, 121, 128, 145, 162
Winkler, Eugen Gottlob 212, 213
Wolf, Friedrich 13, 25, 27, 173, 174
Wolf, Hugo 95, 187

Zetkin, Clara 134, 135, 162, 174
Zumsteeg, Emilie 65, 186
Zumsteeg, Johann Rudolf 43

→ Register der literarischen Orte und Straßen

Akademiegarten 35
Alleenstraße (heute Geschwister-Scholl-Straße) 88
Alte Poststraße 62
Alte Weinsteige 14, 180, 217
Alter Postplatz 67, 95
Altes Schloß 19, 23, 25, 26, 42, 133, 199
Am Hohengehren 148
Augustenstraße 63, 75, 80, 81, 86

Badstraße 111, 112, 113, 114
Bärenstraße 27, 28, 29
Birkenwaldstraße 13, 198
Blauer Weg 12
Blumenstraße 134
Botnang 209, 224
Brunnenstraße 117
Brunnenwirt 157
Büchsenstraße 58, 93, 185, 189
Büchsentor 90, 93, 94

Café Marquardt 18
Café Reinsburg 83
Café Stella 153
Casernenstraße (heute Leuschnerstraße) 63, 168
Charlottenplatz 100, 136, 153, 167, 203
Charlottenstraße 13, 49, 161
Club Voltaire 156

Dorotheenstraße 26, 47

Eberhardstraße (früher Kleiner Graben) 22, 32, 69, 160, 166, 178
Esslinger Straße 162
Eugensplatz und -staffel 149, 150
Excelsior 189

Forststraße 81
Friedrichsbau(theater) 191, 192
Friedrichstraße 19, 47, 64, 97, 100, 187, 191, 192, 217
Furtbachkrankenhaus 173
Furtbachstraße 174

Gaisburg 212, 213
Gänsheide(straße) 13, 130, 139, 140, 141, 143, 145, 147, 148
Gasthaus Adler 31, 91, 124
Gasthaus Zum Goldenen Ochsen 32, 69
Gasthaus Zum König von Württemberg 78
Gasthof Alter Hasen 107
Gasthof Bären 110, 118
Gasthof König von England 47, 48, 49
Gerberstraße 175, 177
Gerokstraße 138, 139, 147
Grünewaldstraße 13, 206
Gustav-Siegle-Haus 158, 179, 185, 221
Gymnasium Illustre 32, 53, 74, 93
Gymnasiumstraße 12, 58, 78, 93

Haidehaus 130, 140, 144, 146
Hasenbergsteige 13, 184
Hauptbahnhof 33, 192, 193, 194, 205
Hauptstätter Straße 69, 153, 155, 175
Haußmannstraße 149, 225
Hegel-Haus 32
Hermannstraße 79, 81
Hofen 123, 124, 125
Hohe Carlsschule 35, 36, 37, 38, 39, 63, 203
Hohe Straße 58, 59, 92
Hoppenlau-Friedhof 101, 168, 186, 187, 188
Hospitalkirche 87, 158
Hospitalstraße 86, 87
Hotel Hermann 107, 112, 122
Hotel Marquardt 13, 19, 187, 191
Hotel Römischer Kaiser 68, 69
Hotel Silber 26
Hotel Waldhorn 68
Hotel Wilhelmsbad 115, 116, 117
Hotel Zum Bären 27, 28

Kanalstraße 154, 162, 164
Kanonenweg (heute Haußmannstraße) 95, 149
Kanzleistraße (heute Willi-Bleicher-Straße) 94, 95, 99
Karlsplatz 26
Katharinenstift 96, 97, 98, 180
Keplerstraße 214, 215, 217
Killesberg 195, 206
Kirchheimerstraße 134
Kirchstraße 21, 92
Kleiner Schloßplatz 23, 94
Königliches Hoftheater 23, 40, 95, 120, 160, 177
Königstraße (früher Großer Graben) 14, 15, 16, 17, 18, 22, 23, 24, 53, 58, 95, 130, 188, 205
Konrad-Adenauer-Straße 35, 129

Kräherwald 174, 197
Kunstgebäude am Schloßplatz 23, 206, 221
Kursaal und Kurpark 106, 119, 120, 121, 122

Lange Straße 32, 62, 92
Legionskaserne 22, 69, 179
Leonhardskirche 58, 157, 158, 159
Leonhardstraße 155, 162
Liederhalle (Alte) 84, 175
Lindenstraße (heute Kienestraße) 53, 92, 94

Marienstraße 62, 68, 83, 184, 204
Marktplatz 29, 31, 91
Marktstraße (Cannstatt) 108, 109, 110, 111, 118
Militärstraße (heute Breitscheidstraße) 81, 82
Moserstraße 100
Museum, Oberes 94, 95, 98, 99, 100

Neckarklause 201
Neckarstraße 8, 201, 202, 203, 204, 212
Neckartalstraße 107
Neue Weinsteige 17, 151
Neues Schloß 23, 24, 35, 36, 42, 95, 140

Olgastraße 131
Ostendplatz 211
Ostheim 210, 211

Palast der Republik 19
Paulinenstraße 82, 83
Petersburger Hof 178, 179
Pfarrstraße 152, 160, 161
Pfizerstraße und -staffel 135, 136, 137
Planie 25, 35, 36
Pragfriedhof 101, 103

Rathaus 29
Reinsburgstraße 75, 223
Restauration Zum Bubenbad 142
Restauration Zur Kiste 154, 162, 163
Reuchlinstraße 218
Richard-Wagner-Straße (früher Heine-Straße) 138
Römisches Wirthaus in Hohenheim 74
Rote Straße (heute Theodor-Heuss-Straße) 92, 94, 185
Rotebühlkaserne 67, 78
Rotebühlplatz 68, 86
Rotebühlstraße 77, 134, 185, 223, 224

Schillerplatz 34, 44, 46, 199
Schillerstraße 14, 44, 97
Schloßgarten 25, 103
Schloßplatz 18, 21, 22, 23, 24, 42, 43, 145, 221
Schloßstraße 11, 18, 19, 95, 185, 191
Schmale Straße 221, 222, 223
Schriftstellerhaus 154, 163, 164, 165
Schwabstraße 58
Schwarenbergstraße 212, 213
Silberburg 48, 72, 75, 80, 100
Silberburgstraße 75, 81
Solitude 14, 36, 39, 70, 130
Sophienstraße 74, 85, 180
Stadtgarten 95, 188, 189
Stafflenbergstraße 136, 138
Steigfriedhof 107
Steingrübenweg 138
Stiftskirche 23, 50, 89
Stiftstraße 50, 52, 92
Süddeutscher Rundfunk (heute SWR) 196, 197, 201, 203, 204, 207, 208, 217
Sünderstaffel 126, 137, 138, 224

Tagblatt-Turm 70, 92, 148, 170, 180, 181, 182
Taubenheimstraße 122, 123
Thaddäus-Troll-Platz 108, 109
Theodor-Heuss-Straße 185
Tübinger Straße 172

Uffkirchhof 123
Uhlandshöhe 95, 149
Uhlandstraße 127, 131
Ulrichstraße 107
Universität (Polytechnikum, Techn. Hochschule) 154, 192, 214, 215, 216, 217, 219
Urbanstraße 129, 130, 150

Vogelsang 65, 80

Wangen 202, 212
Weinstube Fröhlich (vormals Widmer) 155
Weißenhof(siedlung) 14, 173, 178, 194, 195, 196
Wilhelmsbrücke 104, 107, 108
Wilhelmspalais (heute Stadtbücherei) 100, 127, 128, 129, 182, 203, 218
Wilhelmsplatz (Cannstatt) 110, 111
Wilhelmsplatz (Stuttgart) 179
Willi-Bleicher-Straße 94
Wirtshaus Zum Schatten 21
Württ. Staatstheater 38, 40, 41, 173, 180, 223

Zeppelinstraße 13, 174

Klett-Cotta
© J. G. Cotta'sche Buchhandlung Nachfolger GmbH, gegr. 1659.
Stuttgart 2000
Alle Rechte vorbehalten. Fotomechanische Wiedergabe nur mit
Genehmigung des Verlags
Printed in Germany
Karten: © Stadtmessungsamt Stuttgart
Gestaltung: r² röger & röttenbacher, Leonberg
Abbildungen auf dem Umschlag: Thomas Pfündel
Gesetzt aus der 10 Punkt Aldus
Auf säure- und holzfreiem Werkdruckpapier
gedruckt und gebunden von Gutmann & Co., Talheim
ISBN 3-608-94267-X

STUTTGART
Gefördert vom Kulturamt der Stadt Stuttgart

Literarische Reisebegleiter bei Klett-Cotta

»...eine neue Art von Reiseleiter, der geschickt zwei Formen miteinander verbindet. Zum einen werden Reiseberichte immer beliebter, weil jeder auf der Suche nach dem ultimativen Insidertip ist, und auf der anderen Seite ist die Kulturreise mehr denn je im Kommen: Hier hat man alles kompakt in einem Band.«
Martina Klein / Süddeutsche Zeitung

Karen Nölle-Fischer:
Die Elbe
Ein literarischer Reisebegleiter von der Mündung bis zum Riesengebirge

200 Seiten, gebunden, zahlreiche Illustrationen, eine Karte, Lesebändchen
ISBN 3-608-91772-1

Eine Elbereise gegen den Strom: von Hamburg ausgehend führt sie tief in den Osten Deutschlands über Magdeburg, Wittenberg, Meißen und Dresden durch grandiose und liebliche Landschaften.

Hartmut Binder:
Prag
Literarische Spaziergänge durch die Goldene Stadt

318 Seiten, gebunden, 20 Abbildungen, eine Karte, Lesebändchen
ISBN 3-608-93408-1

»Der Kafka-Spezialist Binder hat sein Füllhorn nicht nur ausgeschüttet, sondern den Inhalt auch zweckmäßig sortiert. Ein Stadtführer für Haupt- und Nebenwege im wörtlichen Sinn, für bisher Unkundige und für Kenner.«
Neue Zürcher Zeitung

Klett-Cotta

Peter Peter:
Sizilien
Literarische Erkundungen im Land, wo der Teufel sein Weib nahm

220 Seiten, gebunden, zahlreiche Illustrationen, eine Karte, Lesebändchen
ISBN 3-608-91772-1

»Hier hat sich jemand wirklich bemüht, diese widersprüchliche und widerspenstige Insel zu erklären und – im zweifachen Wortsinn – erfahrbar zu machen.«

Falter Wien

Doris und Dieter Schiller:
Bodensee
Literarische Erkundungen rund um das Schwäbische Meer

198 Seiten, gebunden, zahlreiche Illustrationen, eine Karte, Lesebändchen
ISBN 3-608-93393-X

»Ein hübsches Reise-Lese-Buch ist aus den unterschiedlichen Texten entstanden. Mit seinen zurückhaltenden Kommentaren, in denen manch reizvoller Spaziergang empfohlen wird, überläßt es den Leser beinahe ganz den Eindrücken der Literaten, die an den Bodensee gereist sind, dort gelebt haben oder noch leben.«

Die Zeit

Michael Bienert:
Berlin
Wege durch den Text der Stadt

227Seiten, gebunden, zahlreiche Illustrationen, eine Karte, Lesebändchen
ISBN 3-608-91967-8

Mit dem Buch in der Hand läßt sich die Literaturmetropole Berlin auf 10 mühelos nachzuvollziehenden Spaziergängen erwandern. Dabei kommen neben klassischen Autoren auch Schriftsteller der Gegenwart wie Christa Wolf, Oskar Pastior und Uwe Kolbe zu Wort.

Klett-Cotta

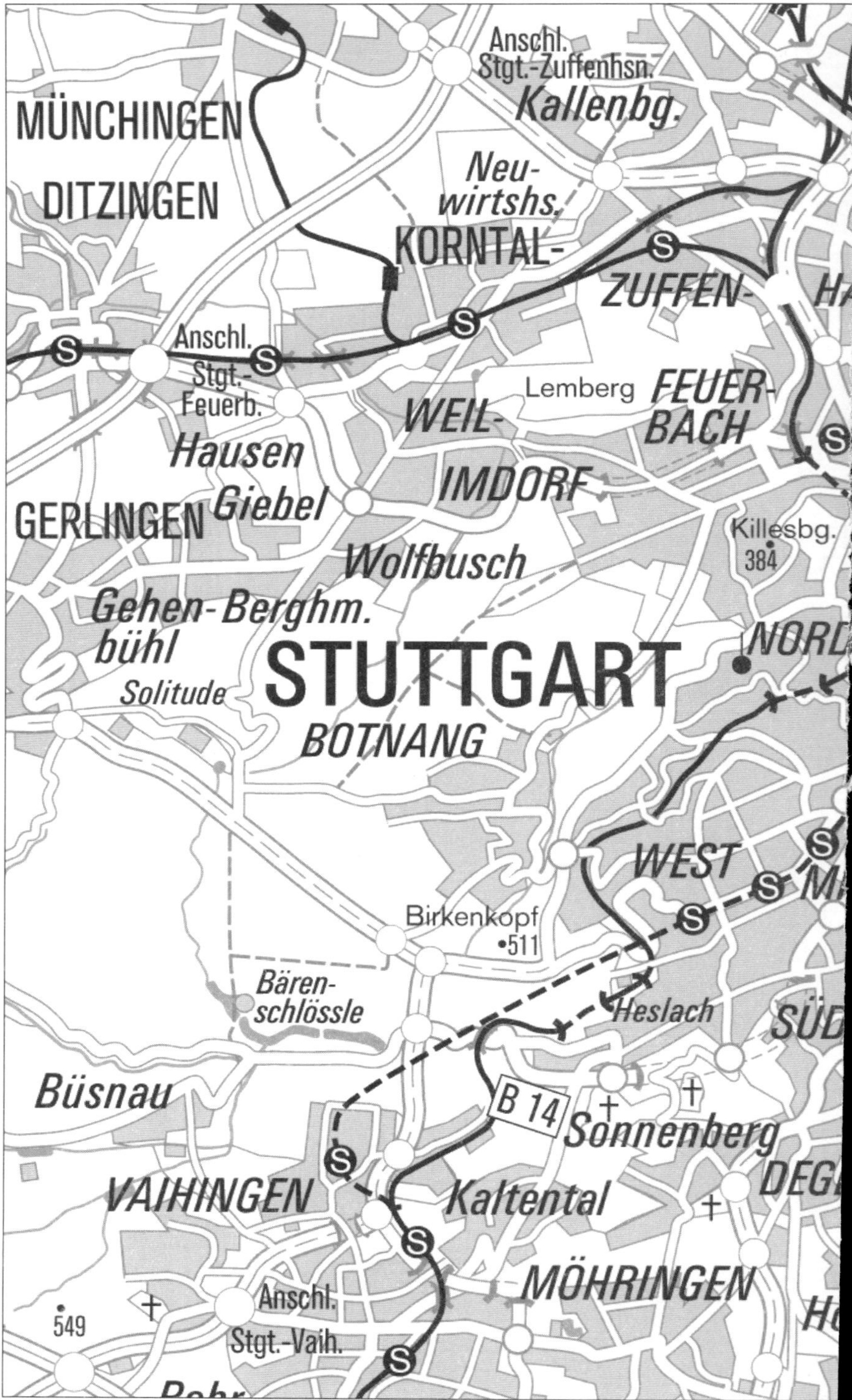
MÜNCHINGEN
DITZINGEN
Anschl.
Stgt.-Zuffenhsn.
Kallenbg.
Neu-
wirtshs.
KORNTAL-
ZUFFEN-
Anschl.
Stgt.-
Feuerb.
Lemberg
FEUER-
BACH
WEIL-
IMDORF
Hausen
GERLINGEN
Giebel
Killesbg.
384
Wolfbusch
Gehen-
bühl
Berghm.
STUTTGART
Solitude
BOTNANG
WEST
Birkenkopf
511
Bären-
schlössle
Heslach
Büsnau
B 14
Sonnenberg
VAIHINGEN
Kaltental
MÖHRINGEN
Anschl.
Stgt.-Vaih.
549